Research on the Green Transformation of Chinese Industry under Informal Environmental Regulation

非正式环境规制下中国工业绿色转型研究

■刘 备 著

南京大学出版社

图书在版编目(CIP)数据

非正式环境规制下中国工业绿色转型研究 / 刘备著
. —南京：南京大学出版社，2023.9
　ISBN 978-7-305-25928-9

　Ⅰ.①非… Ⅱ.①刘… Ⅲ.①工业经济－绿色经济－研究－中国 Ⅳ.①F424

中国国家版本馆CIP数据核字(2023)第144913号

出版发行	南京大学出版社
社　　址	南京市汉口路22号　　邮　编　210093
出 版 人	王文军

书　　名	非正式环境规制下中国工业绿色转型研究
著　　者	刘　备
责任编辑	王日俊
照　　排	南京开卷文化传媒有限公司
印　　刷	苏州市古得堡数码印刷有限公司
开　　本	718 mm×1000 mm　1/16　印张 15.25　字数 273 千
版　　次	2023年9月第1版　2023年9月第1次印刷
ISBN	978-7-305-25928-9
定　　价	80.00元

网　　址：http://www.njupco.com
官方微博：http://weibo.com/njupco
官方微信号：njupress
销售咨询热线：(025)83594756

＊版权所有，侵权必究
＊凡购买南大版图书，如有印装质量问题，请与所购
　图书销售部门联系调换

本书受江苏省社会科学基金资助出版

本书为江苏省发展和改革委员会服务业重大课题、江苏高校优势学科建设工程(PAPD)、江苏高校现代服务业协同创新中心、江苏高校人文社会科学校外研究基地"江苏现代服务业研究院"和江苏省重点培育智库"现代服务业智库"研究成果。

本书出版得到江苏省服务业重大课题专项资金、江苏高校优势学科建设工程(PAPD)、江苏高校现代服务业协同创新中心、江苏高校人文社会科学校外研究基地"江苏现代服务业研究院"和江苏省重点培育智库"现代服务业智库"的资助。

书　　名：非正式环境规制下中国工业绿色转型研究
著　　者：刘　备
出版社：南京大学出版社

前　　言

党的二十大报告明确提出："深入推进环境污染防治,积极稳妥推进碳达峰碳中和。"工业作为支撑国民经济发展的"脊梁",自 1978 年以来,凭借超过 10% 的发展增速驱动中国经济腾飞。而经济飞速发展的代价是资源的过度消费,由环境污染与气候变化诱发的社会福利损失严重制约经济转型升级和社会可持续发展。尤其是当前处于后疫情发展阶段,经济发展潜在的排放反弹风险增加了环境治理的难度,如何实现经济的绿色复苏对构筑"中国发展模式"乃至全球经济发展意义重大。事实上,通过提升考虑了资源环境约束的工业绿色全要素生产率(Green Total Factor Productivity,GTFP)已然成为协调经济发展与环境质量的重要抓手。随着《环境保护公众参与办法》《十三五规划纲要》以及十九大报告中相继提出政府、企业、公众三方"共建、共治、共享"的治理理念,不可否认,公众已然成为健全环境治理体系的重要组成部分。

基于上述背景,本书立足非正式环境规制维度,探讨公众环境诉求对提升工业绿色全要素生产率的影响,以期探讨"波特假说"在非正式环境规制下的存在性。为此,本书首先扩展 Acemoglu 等(2012)的环境技术进步方向模型,就公众环境诉求对绿色全要素生产率的影响及其作用机制进行数理阐述;并分别以工业环境污染物和工业二氧化碳排放为非期望产出,结合 EBM(Epsilon-Based Measure)模型分类测算环境和碳绩效维度的工业 GTFP,同时实证检验不同维度下,公众环境诉求对工业绿色全要素生产率的提升效应及其作用机制。本书旨在检验非正式环境规制下的工业绿色全要素生产率提升效应,试图从公众环境诉求的视角为构建"三方共治"的健全环境治理体系提供理论参考,为实现经济转型与可持续发展提供政策建议。

首先,在理论分析部分,本书扩展 Acemoglu 等(2012)的环境技术进步方向模型,构建由生产部门、公众部门和政府部门组成的三部门基本框架,将环境诉求引入公众部门效用函数进行拓展,通过求解模型均衡理论考察公众环境诉求的绿色全要素生产率增长效应及其作用机制。研究表明:公众环境诉求对提升绿色全要素生产率产生激励作用。这意味着较高的公众环境参与(关注)度将对地区的经济增长方式转型产生推动力,验证了"波特假说"在非正式环境规制下的存在性。公众健康需求、财富水平以及人力资本水平显著助推公众环境诉求对工业绿色全要素生产率的影响,降低经济发展落入"环境健康贫困陷阱"的风险。而公众环境诉求对提升工业绿色全要素生产率影响的激励作用主要来源于三个方面:政府协同治理效应,从政府治理强度而言,公众环境诉求驱动政府增强治理投资力度;从政府治理方式而言,绿色技术研发补贴和工业绿色全要素生产率之间存在倒"U"型关系,过度的绿色技术研发补贴率反而不利于提升工业环境绩效;而环境税对提升绿色全要素生产率产生激励作用。产业结构升级效应,即公众环境诉求可以驱动地区产业结构朝绿色产业方向转型升级。绿色技术创新效应,即在企业层面,随着公众环境诉求的提升,推动企业绿色技术专利转化,助力企业绿色技术创新,实现绿色全要素生产率提升。

考虑到当前环境污染与气候变化的"双约束"特征,本书以工业污染排放和工业碳排放为非期望产出,结合融合径向和非径向优势的混合 EBM(Epsilon-Based Measure)模型对工业 GTFP 进行测算,并结合 H-P 滤波、MS-AR 模型进行特征分析,最后对工业 GTFP 进行指标分解。H-P 滤波结果表明:从趋势成分看,进入 21 世纪以来,中国工业绿色全要素生产率增长呈现波动下降趋势;从波动成分看,环境与碳绩效维度工业 GTFP 整体波动较为明显,不确定性较强。非线性 MSM(3)-AR(3)模型结果显示:环境绩效维度工业 GTFP 与碳绩效维度工业 GTFP 均存在"缓慢-中速-快速"增长的三区制特征。区制属性结果显示:不同区制下,工业 GTFP 增长存在非对称性;环境绩效维度工业 GTFP 增速处于"缓慢增长区制"内的持续性较高,表现出明显的"惰性"特征;而碳绩效维度工业 GTFP 增速处于"快速增长区制"内的稳定性较强,表现出较强的"惯性"特征。分解结果显示:样本期内,环境(碳)绩效维度中国工业 GTFP 年均增长率为 6%(5.6%),其中技术效率(EC)年均增长率为 -0.4%(-0.5%),而技术进步(TC)年均增长率为 6.4%(6.1%)。

其次,为了探究公众环境诉求对工业绿色全要素生产率的影响,本书采用动态面板数据,同时结合系统 GMM(SYS-GMM)与差分 GMM(DIFF-GMM)方法,分类实证检验在环境绩效维度与碳绩效维度下,公众环境诉求对提升工业绿色竞争力的影响,并进行异质性问题探讨。本书的结论如下:公众环境诉求有利于提升工业 GTFP,验证了"波特假说"在非正式环境规制约束下的存在性。此外,公众环境诉求对提升碳绩效的作用强于对环境绩效的影响。而对工业 GTFP 的不同分解项而言,环境绩效维度,公众环境诉求主要提升纯技术进步与规模效率;碳绩效维度,公众环境诉求主要激励规模技术进步与纯技术进步。在异质性方面,从工业 GTFP 不同分位点来看,随着工业 GTFP 由低分位点向高分位点变化时,公众环境参与的影响系数在逐渐增大,而公众环境关注的影响大小呈现先下降后上升再下降的倒"N"型特征;从区域异质性来看,公众环境诉求对提升东部地区工业绿色竞争力的影响最大,而对中西部地区的影响递减;从不同公众诉求对象来看,公众空气诉求对提升工业绿色竞争力的影响最大,而对水污染和固体废弃物污染关注对提升工业绿色发展绩效的影响依次递减。

此外,基于公众视角,从健康需求、财富水平以及人力资本三个维度探讨其在公众环境诉求对提升工业 GTFP 中的调节影响,并探讨不同调节作用的区域异质性。结果表明:健康需求水平、财富水平以及人力资本水平在公众环境诉求对提升工业 GTFP 产生增强型调节作用,削弱了经济发展落入"环境健康贫困陷阱"的风险;而在资源依赖区,不同因素的调节作用并不显著,表明资源依赖区高污染、高排放的特征使其形成粗放式的发展路径,形成污染锁定特征,进而印证了"资源诅咒假说"。此外,不同的调节作用存在门槛特征,即随着健康需求、财富水平以及人力资本提升,环境诉求对工业 GTFP 的影响呈现"梯度性增强"特征。

进一步地,本书从政府、产业与企业三维视角并结合中介效应模型,分别以环境绩效和碳绩效维度工业 GTFP 作为被解释变量,对公众环境诉求影响工业 GTFP 的传导机制进行实证检验。结果表明:在政府治理强度上,公众环境诉求显著驱动政府增加环境治理投入,激励环境治理效率提升。而在政府治理方式上,研发补贴对 GTFP 产生倒"U"型影响,研发补贴仍未达到最优,政府部门可以适度提升研发补贴来提升环境效率;相反,环境税对 GTFP 产生"U"型影响,且环境税已经跨越拐点;相较于研发补贴,环境税的治理方式更优。从产业层面来看,公众环境诉求可以倒逼产业转型升级,促进产业结构由低级向高级转化,且通过增强地区产业间的耦合与产业内的资源利用程度,提升产业结构合理化促进绿色 GTFP 提升。从企业层面来看,为了提升行业竞争力,企业通过增强绿色技术的研发与使用,助推绿色技术创新实现转型升级。

最后,针对理论分析与实证检验得到的主要结论,本书指出公众需增强环保意识、提升人力资本水平,推动自下而上的环境监管模式,从而更为有效地参与环境治理;政府部门应积极疏通公众诉求通道、适度采用政策干预手段,以扮演好环境治理中自上而下的监管者角色;企业部门积极开展绿色技术研发活动,提升绿色技术创新能力,以谋求企业可持续发展,并发挥环境治理的主体作用。

目　　录

第1章　导　　言 ··· 001
　1.1　研究背景与研究意义 ··································· 001
　1.2　研究内容与研究路线 ··································· 004
　1.3　相关文献综述 ··· 007
　1.4　研究方法与创新之处 ··································· 018

第2章　模型设定与理论分析 ································ 021
　2.1　模型的基本设定 ·· 021
　2.2　模型均衡求解与分析 ··································· 026
　2.3　公众环境诉求对工业绿色全要素生产率影响的传导机制 ····· 042
　2.4　本章小结 ··· 047

第3章　概念界定与特征事实 ································ 050
　3.1　公众环境诉求内涵、指标衡量及特征分析 ········ 050
　3.2　工业绿色全要素生产率测算方法 ···················· 055
　3.3　工业绿色全要素生产率的测算、特征与分解 ···· 062
　3.4　本章小结 ··· 085

第4章　主效应检验：基于公众层面的绩效分类考察 ···· 087
　4.1　公众环境诉求对环境绩效维度工业GTFP的影响检验 ······· 087
　4.2　公众环境诉求对碳绩效维度工业GTFP的影响检验 ········· 108
　4.3　公众环境诉求对工业绿色全要素生产率影响的异质性分析 ····· 123
　4.4　本章小结 ··· 133

第5章 调节机制检验:基于软约束视角的交互与门槛效应 ······ 135
5.1 健康需求水平在公众环境诉求对工业GTFP影响中的调节作用 ······ 135
5.2 公众财富水平在公众环境诉求对工业GTFP影响中的调节作用 ······ 146
5.3 人力资本水平在公众环境诉求对工业GTFP影响中的调节作用 ······ 156
5.4 本章小结 ······ 168

第6章 传导机制检验:基于三方共治的中介效应模型 ······ 170
6.1 政府协同治理效应在公众环境诉求影响工业GTFP中的传导作用 ······ 170
6.2 产业结构升级效应在公众环境诉求影响工业GTFP中的传导作用 ······ 187
6.3 绿色技术创新效应在公众环境诉求影响工业GTFP中的传导作用 ······ 195
6.4 本章小结 ······ 201

第7章 研究结论与政策建议 ······ 202
7.1 基本结论 ······ 202
7.2 政策建议 ······ 205
7.3 不足与展望 ······ 207

参考文献 ······ 209

后 记 ······ 231

第1章 导　　言

1.1　研究背景与研究意义

1.1.1　研究背景

改革开放以来,中国"环境库兹涅茨曲线"左侧特征明显,即经济腾飞与环境质量恶化相伴随。1979—2019年,工业跨越式发展,强有力地支撑中国经济以平均近10%的速度增长。作为能源消费主体,工业经济的快速发展带动能源消费攀升。一方面,居高不下的能源消费,造成环境质量恶化严重;另一方面,作为碳排放大国,中国碳减排挑战与压力并存。环境污染与气候变化成为可持续发展道路上的双重制约。近些年,虽然政府针对环境污染、碳排放达峰积极地进行环境整治与开展减排行动,但是能源强度和碳排放强度依然高于世界平均水平,且治理难度逐渐增大。究其原因,长期以来粗放、外延式的发展模式驱动经济发展的"数量型"增长,而非"质量型"增长。如何有效缓解经济增长与环境污染的"两难困境",实现通过"青山绿水"打造"金山银山"的愿景,已经成为经济新常态下保证中国经济高质量发展的关键。

提升全要素生产率是改善资源配置效率的重要表现形式,同时也是经济增长的核心动能。尤其是在资源环境的约束下,提高绿色全要素生产率(Green Total Factor Productivity,GTFP),已然成为缓解经济发展与生态环境恶化双重矛盾的重要手段。而政府往往通过命令控制抑或市场激励等手段促进绿色发展。不可否认,正式环境规制在短期内有利于改善环境质量,但从长期来看,提升GTFP才是本质上实现生态环境可持续发展的关键,而当前正式环境规制对提升GTFP的影响并不明确,"遵循成本说"与"创新补偿说"莫衷一是。那么,一个自然的问题是除了这种自上而下的正式规制外,有没有其他力量能够推动绿色全要素生产率提升,进而从本质上改善环境质量?

事实上,生态环境改善离不开政府、企业与公众三方力量的合力参与,相较于政府与企业,公众作为环境质量的利益相关者与重要参与者,对于提升环境质量的诉求愈发强烈。自2005年以来环境群体性事件频发,在2007年"临港新城规划事件"中,公众通过"散步"形式反对这一石油化工中下游产业规划区项目落地;2012年"启东事件"爆发,数千市民举行游行抗议活动,最终阻止了排污项目启动。此外,2019年《中国城市居民环保意识调查》报告显示:垃圾分类、汽车限行以及其他有利于提升环境质量的政策得到了近95%的受访者支持。这些事件无一不彰显出公众在环境保护中的积极作用。

《环境保护公众参与办法》和新《环保法》均肯定了公众在环境治理中的重要作用,前者首次对公众环境参与做出规定的法律制度,后者明确指出公众的环境权利,包括知情权、监督权和参与权等。《"十三五"规划纲要》和十九大报告更是进一步强调"共建、共治、共享"的治理理念,表明公众已然成为重构环境治理体系中的重要组成部分。且在服务型政府建设改革推进过程中,针对公众合理诉求的回应与解决更是体现"以人为本"政府治理理念的应有之义。

不可否认,短期内公众的环境诉求可能在一定程度上改善了环境质量。那么,这种"自下而上"的约束能否有效推动我国工业GTFP提升,进而从本质上提升环境质量?"波特效应"在非正式环境规制条件下是否存在?而从公众视角来看,健康需求水平、财富水平以及人力资本水平在公众环境诉求对工业GTFP的影响中产生何种作用?此外,公众环境诉求又是通过何种机制作用于工业GTFP?具体来说,政府层面、产业层面以及企业层面又是分别发挥何种传导效应?而针对上述问题的回答是对"波特假说"相关研究的拓展,同时对推进环境污染达标与碳排放达峰的"双达"进程,为构建健全环境治理体系及实现可持续发展提供现实指导。

1.1.2 研究意义

(一) 理论意义

首先,从非正式环境规制视角下,考察公众环境诉求对工业绿色全要素生产率的影响,这有利于拓展"波特假说"的适用范围,即将正式环境规制条件转变为非正式环境规制条件,"波特效应"是否依旧成立？此外,鲜有文献通过数理模型的方式探究非正式环境规制的作用,而本书扩展 Acemoglu 等（2012）的环境技术进步方向模型,构建由生产部门、公众部门和政府部门组成的三部门基本框架,将公众环境诉求引入公众部门效用函数进行拓展,求解模型均衡,理论考察公众环境诉求在提升工业 GTFP 的影响及其作用机制,扩展了关于 GTFP 的理论分析框架。

其次,立足绿色效率维度,在能源环境领域,首次引入马尔科夫区制转移模型（Markov Switching Autoregression,MS-AR 模型）,以期透析与识别工业绿色全要素生产率变化的动态演变特征规律,丰富了关于工业 GTFP 特征分析研究视角,并结合动态面板数据模型,经验考察公众环境诉求对提升工业 GTFP 的影响及其调节作用,深入挖掘公众在提升环境绩效中的重要作用。

最后,基于政府、产业与企业三维视角并结合中介效应模型,对公众环境诉求影响工业 GTFP 的传导机制进行实证检验,探讨政府协同治理效应、产业结构升级效应以及绿色技术创新效应在公众诉求环境效应中的作用,以期为形成公众—政府—企业三方共治的良性互动提供经验证据。

（二）实践意义

一方面,经济发展新常态下,提升工业 GTFP 是实现经济增长与环境保护"双赢"的关键一环,同时也是实现经济发展方式转变、力求高质量发展的重要驱动力。为此,探究工业 GTFP 的驱动作用,对于提升区域环境协同发展具有重要意义。伴随一国经济发展和居民财富及生活水平的日益提升,公众环境和高质量生活意识不断提高,公众在环境治理过程中开始扮演愈发重要的角色,公众环境诉求这类非正式规制也开始受到学者重视。合理评估非正式约束下的公众环境诉求对 GTFP 的影响,是"以人为本"发展理念在环境领域的重要体现,为可持续发展提供现实指导。

另一方面,本书分别从污染排放绩效与碳排放绩效维度,分类探讨公众环境诉求对提升工业 GTFP 的影响,有利于缩减碳排放达峰与空气质量达标的"双达"进程。尤其是在气候变化与环境污染对经济可持续发展产生"双制约"的条件下,探究公众在空气污染与二氧化碳协同减排中的作用,对加速我国

2060年实现"碳中和"的伟大目标以及提升环境质量具有重要意义。

1.2 研究内容与研究路线

1.2.1 研究内容

本书主要从理论和实证两个视角，立足非正式环境规制维度，探究公众环境诉求这一软约束对工业绿色全要素生产率的影响与作用机制，以期检验"波特假说"在非正式环境规制条件下的存在性；并探讨工业绿色全要素生产率在不同分位点、不同区域以及不同公众环境诉求对象的影响差异。同时，从公众的视角，探讨健康需求水平、财富水平以及人力资本水平是否会对公众环境诉求的工业 GTFP 提升效应产生耦合影响。此外，从政府、产业和企业三个视角厘清公众环境诉求对工业 GTFP 产生影响的作用路径与传导机制。基于此，本书的重点研究内容如下：

第一，公众环境诉求对工业 GTFP 影响的理论分析。基于 Acemoglu 等（2012）的环境技术进步方向模型，构建由生产部门、公众部门和政府部门组成的三部门基本框架，将公众环境诉求引入公众部门效用函数进行拓展，求解模型均衡，理论考察公众环境诉求的工业绿色全要素生产率提升效应。进一步地，引入公众健康需求水平、财富水平与人力资本水平，理论阐述不同条件下，公众环境诉求对提升工业 GTFP 的影响的异质性分析；最后，从政府、产业和企业视角，分别探讨公众环境诉求可以通过政府部门加大环境治理投入、提升环境税率，通过研发补贴等市场型方式实现环境治理、产业结构优化升级效应以及在企业层面的绿色技术创新效应，加快 GTFP 提升。

第二，中国工业 GTFP 的指标测算、特征与分解。基于非参数型 DEA 测算绿色全要素生产率的前沿研究方法，在空气污染与气候变化制约中国经济高质量发展的现实背景下，分别以工业污染排放和工业碳排放作为非期望产出，采用 EBM（Epsilon-Based Measure）模型对工业 GTFP 进行测算，同时创新性地将马尔科夫区制转移模型（Markov Switching Autoregression，MS-AR 模型）引入能源环境领域，探究工业 GTFP 增长的动态演变特征。最后，对工业 GTFP 进行再分解测算。

第三,公众环境诉求对中国工业 GTFP 影响的经验考察。分别以工业环境绩效维度与工业碳绩效维度的工业 GTFP 为被解释变量,利用动态面板模型,同时综合利用公众环境参与和公众环境关注两个指标量化公众环境诉求,最大程度上量化公众环境诉求程度。结合系统 GMM 和差分 GMM 两种回归方法,探究公众环境诉求对提升工业 GTFP 以及其分解项的影响。此外,在异质性分析部分,探讨工业 GTFP 处于不同的分位点以及不同区域下,公众环境诉求对提升工业 GTFP 的影响差异;并且将公众环境诉求进一步细化为对空气、土壤以及固定废弃物的不同诉求对象的差异,重新考察异质性公众环境诉求影响效果的差异。

第四,公众环境诉求影响工业 GTFP 的调节机制分析。分别从公众的视角,基于健康需求、财富水平以及人力资本水平三个维度探讨其在提升工业 GTFP 中的耦合影响。并进一步从资源依赖的视角,探讨不同因素耦合作用下,公众诉求在提升工业环境绩效的区域异质性,并进一步讨论"环境健康贫困陷阱""资源诅咒效应"的存在性。最后,为了深入挖掘不同维度下耦合效应的作用方式,借助面板门槛模型,探讨公众环境诉求对提升工业 GTFP 的健康需求水平、财富水平以及人力资本水平的门槛效应。

第五,公众环境诉求影响工业绿色全要素生产率的传导机制分析。从政府、产业与企业三维视角并结合中介效应模型,对公众环境诉求影响工业 GTFP 的传导机制进行实证检验,探讨政府协同治理效应、产业结构升级效应以及企业绿色技术创新效应在公众环境诉求环境效应中的作用,以期为形成"共建、共治、共享"的健全治理理念提供理论参考。

1.2.2 研究路线

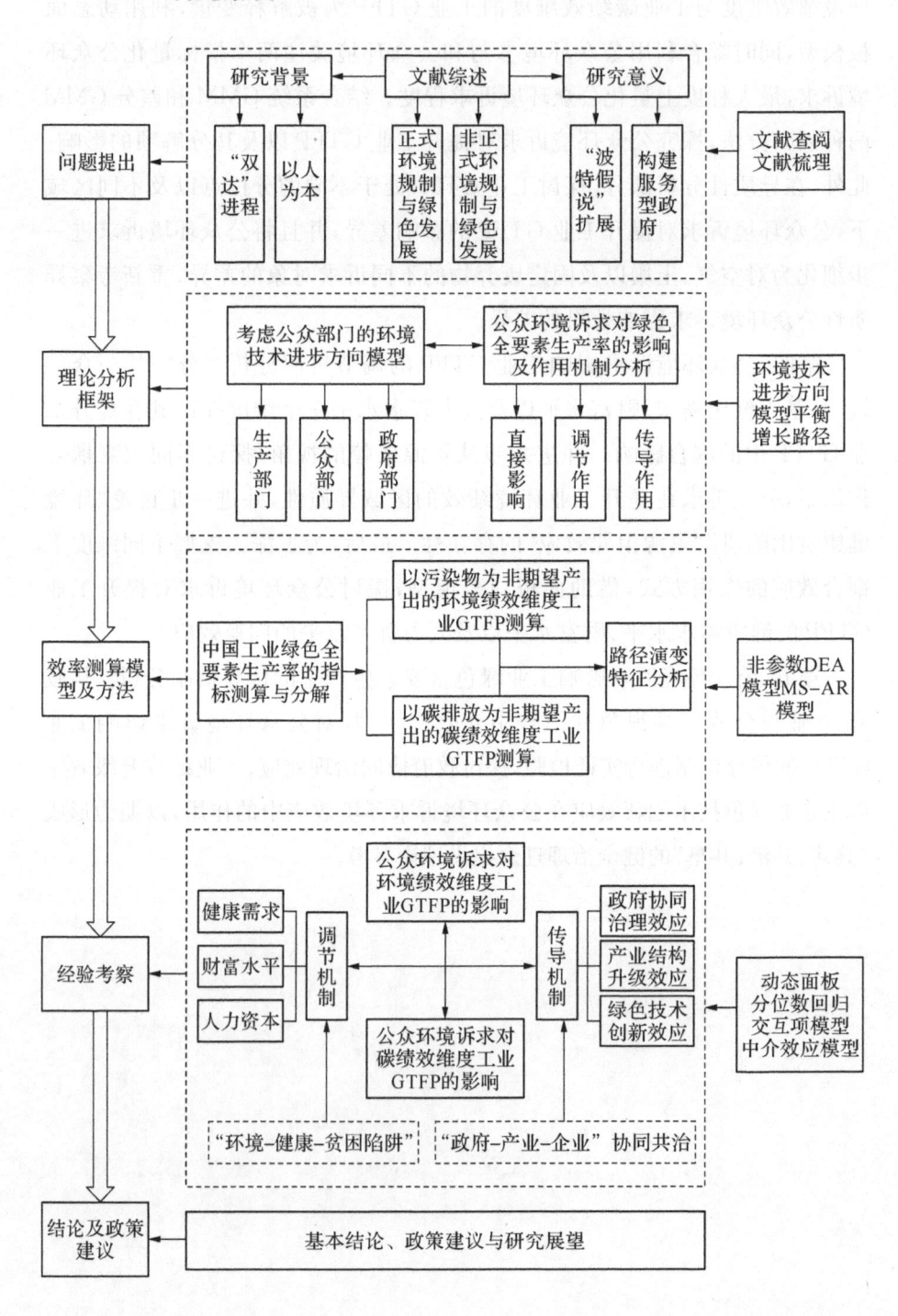

1.3 相关文献综述

随着中国经济发展结构性矛盾突出、资源环境约束趋紧以及生产效率低下等现实性问题日益严重,社会各界对环境问题的关注度逐渐提升。当前提升绿色全要素生产率已然成为助力经济发展转型升级的重要方式。在自由市场条件下,鉴于绿色技术创新存在先天利润劣势,单凭市场力量并不能扭转技术进步,呈现能源节约偏向特征,不利于提升绿色全要素生产率(Gollop 和 Roberts,1983;Barbera 和 Mcconnell,1999;Andreoni 和 Levinson,2001;董直庆和王辉,2019)。为此,通过环境规制来提升绿色全要素生产率是转型经济下实现绿色发展的重要方式。而当前环境规制对绿色全要素生产率的影响并未达成一致意见。以新古典理论分析来看,基于企业生产技术、资源配置等视角的静态假定条件,环境规制存在"遵循成本效应",环境治理成本高企,不利于企业的技术创新,更挤出了企业的绿色创新投入(Gray 和 Shadbegian,2003;Hancevic,2016)。与静态约束性的视角相比,从动态、非限制性约束考察企业的创新能力更具科学性与合理性(Porter 和 Linde,1995)。而在动态视角下,环境规制存在"创新补偿效应",即环境规制可以盘活企业生产要素存量,有效提升要素配置效率并激励企业加大创新要素投入,从而促进突破式创新,助力全要素生产率提升,即"波特假说"成立(Hamamoto,2006;Telle 和 Larsson,2007)。当然,还有学者认为二者关系并不明确,受制于不同的作用条件(陆旸,2012;蔡乌赶和周小亮,2017;Xie 等,2017)。

而事实上,无论是环境规制的实施主体还是环境规制政策工具本身均是存在差异的,这也会影响对绿色全要素生产率的作用效果。已有研究将环境规制分为命令控制型、市场激励型以及公众自愿型三种类型(胡珺等,2020;吴磊等,2020),其中正式环境规制包含命令控制型(Command-and-Control Regulation,CCR)与市场激励型(Market-based Incentive Regulation,MIR),而公众自愿型环境规制则是非正式环境规制的重要内容(Li 和 Ramanathan,2018;李瑞前和张劲松,2020;屈文波和李淑玲,2020)。

1.3.1 正式环境规制对绿色全要素生产率影响的相关文献综述

(一)命令控制型环境规制对绿色全要素生产率的影响

命令控制型环境规制指的是政府部门或者其他的相关环境监管机构,通过制定相关有利于提升环境保护的规制、政策以及制度,旨在对给环境造成负面影响的经济主体进行强制约束。其主要特征表现为,作为经济主体的企业只能被动地遵循并严格地执行规章制度上的排污标准、技术条件等规定(Zhang 和 Jiang,2019;吴磊等,2020)。Pan 等(2017)指出典型的命令控制型环境规制包含《"十一五"规划纲要(2006)》《排污许可证制度(2016)》《可再生能源用电量的配额制(2019)》以及《限制使用包含电子与电气类危险物品的管理办法等(2016)》。Tang 等(2020)分别采用双重差分 DID 以及三重差分 DDD 的方法,探讨"十一五"规划纲要对 2002—2017 年间我国股票市场上 496 家工业企业绿色创新绩效的影响,结果表明,"十一五"规划纲要内环境规制的实施在短期内会削弱企业的绿色创新效率,而企业现金流的减少是重要的传导机制,而这种负向效应在中小企业、国有企业以及中国中西部企业的影响尤为显著。Yang 等(2017)以 2009 年实施的碳强度约束政策作为准自然实验,探究环境政策下的绿色发展绩效问题,研究结果显示碳强度约束政策不利于提升工业绿色发展绩效,且抑制作用随着时间的推移愈加明显,进一步表明中国碳管制政策虽然在表面上可以降低碳排放,但是并未能够真正提升碳绩效维度工业 GTFP。由此可见,短期内,命令控制型环境规制"硬性"与"无差异"的规制手段不利于提升企业的创新效率,更无法充分发挥企业的绿色创新活力。当然,对于政策执行主体而言,命令控制型环境规制也面临执行成本高企,无法为长期环境监管提供可持续性的动态监督机制,造成 GTFP 的效率损失(Li 等,2015;Albrizio 等,2017)。

当然,也有研究表明命令控制型环境规制对提升环境绩效具有激励作用。王班班和齐绍洲(2016)指出,虽然民营企业存在效率优势,但在节能减排方面,国有企业依旧发挥"领头羊"作用,国有企业更易获得国家对技术创新的支持与补助,企业的绿色技术创新效果更强,因此命令型的环境规制政策工具在国有企业的效果更为明显。范子英和赵仁杰(2019)基于环保法庭的准自然实验,科学评估法制强化的环境绩效提升效应,印证了环保法庭的设立在降低工业污染排放强度中的有效性,而法制强化的环境绩效在公众司法维权、公众参与度以及环境监管程度高的地区更为显著。此外,作为命令控制型环境规制的重要创新形式,中央环保督察可以有效缓解命令控制型环境规制所存在的"政企合谋""形式化"以及"数据造假"等使政策效果偏离预期目标的问题(Ghanem 和 Zhang,2014;梁平汉和高楠,2014;盛丹和张国峰,2019)。李依等(2021)以首期中央环保督察为准自然实验,采用多期 DID 的方法考察其企业绿色创新效应,结果表明中央环保督察行动产生显著的绿色技术创新效应,尤其是对绿色发明专利的影响更强,且这一正向促进作用在国有企业尤为明显。Jia 和 Chen(2019)以城市日空气污染数据,结合 DID 的方法探讨中央环保督察环境绩效的长短期影响,研究认为中央环保督察作为一种运动式执法形式,可以有效帮助克服环境治理体系中的各种根源性问题,在短期内有利于改善环境绩效,而这种积极影响在环保督察结束以后并没有消失,仍不断上升并产生持续性影响。

此外,命令控制型环境规制对环境绩效产生非线性影响。申晨等(2017)研究表明,以命令控制型为主的"硬性"环境规制,对提升工业 GTFP 的影响呈现"U"型特征,可能的原因在于以地方性法律法规数量衡量的命令控制型环境规制与地方法制强度呈正比,法律法规的强制性特征,使得"一刀切"的做法并没有考虑到不同企业在减排能力等方面的差异性。不可否认,短期来看,会增加企业的成本负担;而长期来看,基于"幸存者偏差"理论,强制性环境规制倒逼下,企业寻求转型提升要素的配置效率,有利于提升 GTFP。此外,董直庆和王辉(2019)通过构建数理模型,理论考察环境规制触发全局绿色技术创新的"涟漪效应",即环境规制对本地与邻地的绿色技术创新的作用呈现非一致性特征,本地呈"U"型影响,而邻地的作用相反。Dong 等(2020)进一步采用空间杜宾模型(SDM)探究不同空间距离形式下"涟漪效应"的差异,结果表明,在地理邻接矩阵或者工业邻接矩阵下,绿色技术创新的"涟漪效应"明显,而在纯经济距离矩阵下,"涟漪效应"消失。

(二)市场激励型环境规制对绿色全要素生产率的影响

市场激励型环境规制指的是政府采用市场型的方式,引导企业绿色生产,降低污染排放,从而使得社会整体的污染水平处于可控区间内的政策制度(Cheng 等,2017;Tang 和 Tan,2012;Tang 等,2016)。具体来说,排污权交易、研发补贴以及排污费(税)制度等是典型的市场型环境规制形式(Tang 等,2018)。胡珺等(2020)以具有代表性的碳排放交易机制为准自然实验,揭示市场型环境规制对推动中国企业技术创新的影响,研究表明碳排放交易市场的建立对企业技术创新产生激励效应,而这种效应受制于碳市场的流动性,在碳交易市场的流动性越高的地区政策效果更佳。进一步地,Peng 等(2020)研究认为市场型环境规制有利于增强工业企业的生产效率,尤其是在私营企业、高生产效率以及低污染密集型企业的作用效果更为强烈,但这种增强作用随着时间的推移呈现逐渐降低的趋势。与此类似,傅京燕和程芳芳(2020)同样选择二氧化硫排污权交易作为切入点,采用政策评估的方法,探究排污权交易机制对经济增长数量与质量的双重影响,结果显示,排污权交易机制一定程度上激励了经济增长与环境保护的"双赢"。任胜钢等(2019)结合上市公司数据,实证检验排污权交易的生产率提升效应,印证了"波特假说"在企业层面的成立性,进一步分析表明非国有企业对排污权交易制度的敏感性更强。而从补贴制度来看,林伯强和刘畅(2016)指出如何有效发挥能源补贴政策,是平衡经济发展与环境可持续发展的重要举措。进一步地,杨晓辉和游达明(2021)从生产与消费端构建博弈竞争模型,探讨不同政府补助形式下,企业的绿色技术创新的决策选择驱动机制,发现无论是补贴消费者还是补贴企业,均能有效激励企业的绿色技术创新,进而提升社会的总体福利水平,但是将补贴的执行成本纳入模型内,发现补贴消费者的技术创新效应更优。

此外,还有研究表明市场激励型环境规制对提升环境绩效的影响并不明显甚至呈现负向影响。叶琴等(2018)采用 2008—2014 年地级市数据探究不同环境规制工具的节能减排效应,研究认为市场型环境规制对区域节能减排技术产生抑制作用,原因在于市场型环境规制作用的发挥依赖于地区的能耗水平以及市场经济活力。李青原和肖泽华(2020)将不同的市场型环境规制工具进行分类,考察异质性的市场型环境规制工具所释放的制度性红利,研究认为在外部压力与内部激励视角下,排污收费的市场型环境规制手段有利于倒逼企业进行绿色技术创新,提升了绿色发明专利的产出;而与之相反的是,环保补助对绿色技术创新效应产生"挤出效应",无论是对绿色发明专利还是对绿色实用新型专利的影响,均呈现一致的抑制作用。

1.3.2 公众环境诉求对绿色全要素生产率影响的相关文献综述

事实上,地方政府"自上而下"的环境治理一定程度上受制于政绩考核体系转变与中央环保督察等上级机构的倒逼作用。另一方面,中央和地方政府在环境治理方面存在治理博弈,环境保护制度效力并未有效发挥,环境治理缺乏长期有效的内在驱动力。随着经济水平的提高,公众对美好生活的向往已然不止于物质生活,环保意识的不断增强愈发激励公众对于生态环境的关注。更为重要的是,公众从自身利益视角出发的环境诉求往往更具持续性和更强驱动力,这种公众自愿型环境规制是非正式环境规制的重要内容。

(一) 公众环境诉求与环境质量

伴随一国经济发展和居民财富及生活水平的日益提高,公众环境和高质量生活意识不断提升,公众开始成为环境优劣的直接利益相关者和重要参与者。公众在环境治理过程中开始扮演更重要的角色,公众环境诉求这类非正式约束也开始受到学者重视。在正式的环境规制政策实施过程中或者无法有效发挥作用的领域,作为非正式环境规制形态的公众诉求开始成为环境治理的工具(Tietenberg,1998)。"用手投票(Vote by hand)"和"用脚投票(Vote by foot)"是西方民主制度下公众环境诉求作用于政府治理的两种主要机制(郑思齐等,2013),即在西方官员争取竞选获胜通常需要获得辖区内选民支持,以获取地区选民的选票。为此,各位官员竞选者往往会竞相对选民许以承诺,此时民众的绿色发展需求即可通过"用手投票机制",转化成官员承诺或环保偏向类政策(List和Sturm,2006)。Wagner等(2016)通过在线平台调查探讨公众参与官员选举问题,研究表明互联网的发展在官员选举成败中起到重要的媒介作用,因为公众可以通过互联网等渠道产生网络舆论。或者,民众基于"理性人"利益最大化视角,自由迁徙到与自身环境偏好一致的地区即"用脚投票",由于民众的迁徙引发投资和消费下降,进而会对居民迁出地的经济发展造成打击(Tiebout,1956)。事实上,公众通过这种方式,进而对地方政府环境治理逆向"倒逼"和反向"施压",达到环境保护和环境治理的效果。Gentzkow和Shapiro(2010)发现,发达经济体中,媒体对环境问题的报道数量与地区的环境治理强度正相关。Greenstone 等(2014)认为作为发展中国家，印度的环境监管机构薄弱，而公众环境诉求的政策效应更值得关注，发现公众的环境诉求具有提升环境绩效效应，且不同环境诉求对象会引发环境的政策有效性存在差异。从公众监督视角，Tian 等(2016)基于中国 113 个地级市 2008—2011 年城市环境信息披露与地区环境质量的关联性，结果发现，公众的人力资本水平越高以及市长任期较长的地区，发布环境信息的频率更高，且环境信息的公开降低了公众与政府之间的信息不对称风险，有利于环境治理。Farzin 和 Bond(2006)也指出深入实施民主监督，可以倒逼地方政府提高环境政策实施效率，进而提升政策激励有效性。

"用手投票(Vote by hand)"和"用脚投票(Vote by foot)"是西方公众参与环境治理的两种主要方式，而在中国的体制内并不适用(郑思齐等，2013)。究其原因，在欧美的国家法律体系中是明确赋予公民环境权的，在环境决策的任何阶段，公众环境"呼吁"是参与环境治理的重要方式。而当公众"呼吁"并未有效发挥时，公众通过选举的方式倒逼政府官员迎合公众的环境诉求，即"用手投票"机制。与此同时，"用脚投票(Vote by foot)"的机制也会进一步对政府行为产生约束，公众自由迁移到与自身环境偏好一致的地区，通过"退出"的方式影响迁出地的经济发展。在"用手投票"和"用脚投票"两种机制作用下，公众可以通过"呼吁和退出"两种方式激励和倒逼地方政府增强环境治理，提高环境质量。与此同时，公众环境诉求往往带来的是媒体的参与，媒体的报道会使政府对公众的回应更具有效性。中国与西方不同，环境治理体系是政府自上而下的垂直控制体系，封闭的环境治理体系使得政府成为环境治理的主导力量，而且相较西方而言，政府治理受到公众影响的约束力相对较小，尤其是在以"GDP 为导向"的政府考核体系中。综合来看，缺少公众对于政府治理的有效约束，可能引致政府环境规制效率低下、环境恶化严重等现象。

虽然中国和西方国家的官员任命体制不同，"用手投票"机制难以有效发挥，且受限于"户籍制度"和中国官员的任命体系是由上级任命，晋升动力主要取决于官员的政治成就，因此"用脚投票"机制阻力重重。不可否认，公众环境诉求有助于增强环境治理，从而改善环境质量。郑思齐等(2013)基于城市数据，探究公众环境诉求与环境质量改善之间的关系，研究结果表明，公众与政府之间存在互动关联性，公众环境诉求会驱动政府环境治理，从而提升环境质量,同时发现公众环境诉求可以有效促使 EKC 曲线提早越过拐点,与 Wang 和 Di(2002)、Wang 和 Wheeler(2005)的观点基本一致。Fedorenko 和 Sun(2016)研究认为 2011 年 10 月—2012 年 3 月在中国微博上的一个环境保护活动,引发了数百万网民参与,肯定公众的环境参与对于环境治理的重要意义。Madumere(2017)研究认为公众参与环境的优势在于减少非对称信息所造成的风险,公众参与的最有效模式在于可以使利益相关者获得彼此相关信息,使得信息传输方式更为高效、及时、透明。Liao 和 Shi(2018)基于 1998—2014 年的省级面板数据,实证检验公众环境诉求对绿色投资的影响及其作用机制,研究结果表明公众环境诉求对绿色投资产生激励作用,同时机制分析表明公众的环境呼吁会通过政府更为严格的环境规制,进而鼓励企业加快绿色投资。史亚东和阮世珂(2019)基于北京市问政平台的数据,检验了北京市的公众环境诉求对污染物的排放具有显著的抑制作用。张华等(2017)探究了政府与公众力量在绿色发展中的作用,结果发现政府的正式环境规制对绿色发展效率之间存在显著的"U"型特征,即政府"自上而下"的治理行为中产生遵循成本与创新补偿效应,是二者共同影响下的结果,而公众环境诉求显示为正向激励作用,结果表明"自下而上"的公众环境诉求对绿色技术创新具有推动作用。于文超等(2014)认为,公众环境诉求的增强会激励地方政府官员采用更多的环保举措,助推环境状况改善,而当政府省长的任期越长以及年龄越小的官员对公众环境诉求的激励效应越明显。可能的原因是,地方政府官员的任期越长,越会为自己的仕途做长远打算,关注绿色可持续发展;年龄越小的官员具有更为超前的绿色发展理念,可以助力地区绿色发展。史亚东(2018)基于二元选择模型,实证检验公众环境诉求对地方环境法规的有效性进行分析,结果显示公众环境诉求与地区法制环境呈现正相关,且公众环境诉求与地区教育水平之间的关系紧密。史丹等(2020a)认为政府环境问责与公众环境投诉二者之间存在"上下协同效应",进而有利于地区环境质量改善以及提升居民对当地环境质量的满意度。谌杨(2020)认为创建政府、企业和公众之间"配合与协作"与"限制与制衡"机制,双轨并行的机制原则可以确保多元治理良性运行。Shen 等(2019)利用 2004—2014 年的省级面板数据探究环境公众诉求对环境治理影响的区域异质性,发现在山西、河北等环境状况较为恶劣的地区,公众的环境诉求更为强烈,且中部地区公众的环境诉求的作用强于东部和西部地区。

已有研究大多肯定公众环境诉求可以助推政府治理,实现环境治理的改善,但是并未达成共识。郭进和徐盈之(2020)基于2011—2015年的省级面板数据,创新性地将公众环境诉求划分为前端防控类的建言献策与末端治理的投诉上访两类文献,结果发现二者的治理结果并不一致,投诉上访的作用效果更为显著。李永友和沈坤荣(2008)基于省级工业污染数据探究我国污染控制效果,研究表明虽然我国整体的环境政策效果明显,对于减少环境污染起到了明显的削弱作用,但是公众环境的诉求并未纳入我国的环境管制的框架内,公众的环境诉求的作用并未有效发挥。韩超等(2016)考虑到地方性环境治理策略性互动后,公众环境诉求并不能有效带来环境治理投入的增加,对环境改善的作用并不明显。邓彦龙和王旻(2017)研究表明,公众环境诉求对政府治理的影响并非单一的线性关系,而是呈现先降后增的"V"型非线性特征,且这种影响在东部沿海地区较为显著,在中西部地区并不显著。Cheng和Liu(2018)认为公众的环境诉求会对企业的环境绩效产生积极影响,尤其是公众环境关注度较高的国有企业,环境绩效相对较好。龚勤林等(2020)研究发现公众环境诉求与环境质量之间存在非线性关系,即公众诉求并非单向地影响环境质量,而是存在倒"U"型关系。杨健燕(2015)认为长期以来,我国的环境治理实行政府为主导的模式,而政府与公众之间非均衡的制度性博弈、缺乏有效的法律支撑体系等问题,使得当前公众环境诉求并不能有效影响政府环境治理决策。

(二)公众环境诉求与技术创新

随着环境恶化成为全世界面临的挑战,提升国家或地区技术创新能力已然成为应对这一挑战的重要手段。面对环境治理时,公众可以通过网络关注、环境来信等手段对污染企业进行曝光、投诉或举报,行使公众监督权,以表达自身的环境诉求。已有研究关于公众环境诉求对技术创新的影响的文献并不多见,大多数集中在关于企业社会责任、绿色投资等方面,进而对技术创新产生间接作用。具体来说,一方面,公众诉求所引致的舆论压力将倒逼企业增加研发投入、通过技术创新实现企业转型升级,降低能耗减少污染排放,从而激励企业承担更多的社会责任;另一方面,公众环境诉求通过媒体的曝光,舆论的高压会严重影响企业的声誉,威胁企业社会形象。同时,通过行政手段对污染企业进行罚款,倒逼其尽快完成环境管控目标,而企业环境治理成本的增加会对技术研发资本产生"挤出效应",可能不利于企业创新。

公众环境诉求对技术创新的正向影响可以由"利益相关者理论""波特假说理论"进行阐释。其一,"利益相关者理论"认为企业的发展应该充分考量并积极应对不同利益相关者的差异化诉求特征,而社会公众是企业发展的重要利益相关者,企业的发展离不开公众的支持与认可。而随着环境恶化,公众对环境的关注度逐渐提升,这就要求企业更加关注自身可持续绿色发展,才能减少社会公众的负面情绪,有助于提升公众的满意度。此外,环境的诉求会使公众在行动上偏向于绿色产品的消费,促使企业提升技术创新能力,推动产品供应链管理、生产方式、销售等各环节绿色化,满足消费者需求、赢得消费者青睐。朱金凤和薛惠锋(2008)研究发现公众的口碑在企业发展中发挥关键作用,高昂的声誉成本在规模较大的企业中更为明显,使得规模较大的企业更愿意为污染较为严重的重污染行业增加环保投入。Li 等(2017)研究表明公众环境诉求有利于缓解外部利益相关者与内部管理者之间的信息不对称风险。此外,Bird(2014)认为公众环境诉求的直接效应就是真实地体现消费者对于环保产品的需求,而公众消费者是企业产品的直接购买者,公众对企业产品的多样化消费需求驱动企业创新动力的关键。Du 等(2019)研究认为公众环境诉求通过声誉机制对提升创新效率具有促进作用;而在创新产出方面,对发明专利的影响最大,而对外观设计的影响最弱。其二,"波特假说理论"认为合理的环境规制有利于提升企业竞争力,促使"创新补偿效应"可以平抑"遵循成本效应",使环境规制对技术创新产生促进作用,而公众参与环境治理是公众环境诉求的重要体现形式,因此公众参与型环境规制可以对命令控制型环境规制产生互补的作用,有利于激励技术创新。Liao 和 Shi(2018)基于 1998—2014年省级面板数据,理论和实证检验公众环境诉求产生的绿色技术投资效应,结果显示:在中国情景下,公众环境诉求会通过地方政府监管对绿色投资产生积极的影响,助推绿色技术创新。游达明和杨金辉(2017)以公众环境举报量表征公众环境参与程度,并将其引入政府监督的影响因素,构建政府环境规制与技术创新的数理演化模型,表明随着公众环境诉求的提升会节约企业的监管成本,从而促进技术创新。张华等(2017)基于空间计量模型,实证检验了公众和政府力量在绿色发展中的博弈过程,结果显示只有当政府和公众之间互相合作,形成协同发展的优化效应,才能最大化实现绿色发展。

此外,当大量公众通过网络舆情、投诉举报等表达环境诉求时,往往会带来媒体的关注,而信息公开与传播是媒体的重要功能之一,公众环境诉求借助媒体的传播往往会更加真实有效地反映公众的真实想法,媒体对公众的环境诉求产生"放大镜"和"监督器"的效果。此外,媒体往往报道具有较高关注度的新闻,尤其是与公众利益关联性较高的新闻更具吸引力,因此公众环境诉求与媒体监督之间存在较为紧密的关联性。

一般来说,技术创新往往需要资本的投入,尤其是绿色技术创新。但是企业基于利润最大化的目的,通常不会主动加大自身的绿色投资规模,因此绿色投资对于企业发展来讲是种"被动投资"。随着公众环保意识的提升,媒体对环境污染的报道会愈发加剧公众的环境诉求。已有研究开始对媒体介入下的绿色投资效应进行研究。一般来说,媒体的关注监督对企业的影响主要存在三种路径:其一是对政府产生监督作用,使企业制定并执行相应的规章制度;其二是媒体报道可以影响企业高管的社会声誉和公众形象;其三是媒体可以通过声誉机制,进而给企业带来"声誉成本",促进企业进行改革创新(Dyck等,2008)。而媒体监督主要通过声誉机制对企业的技术创新产生倒逼作用,例如,张济建等(2016)基于2008—2013年中国上市公司的A股数据,探讨媒体监督在绿色投资中的作用,研究结果表明相对于媒体负面报道,媒体正面性的报道更易促进绿色投资,而且这种作用效果在国有企业中表现更为明显。张梅等(2019)认为媒体报道所引发的声誉机制是媒体监督对企业投资影响的重要传导机制,正面积极的报道可以降低企业维持声誉的成本,而负面消极的报道提升了企业维持声誉的成本,二者均会对企业技术创新产生影响。王云等(2017)基于上市公司的微观数据并结合理论模型,阐述了媒体关注对环保投资产生激励作用,同时会产生市场压力,在环境规制较弱的环境中,媒体监督对环境规制产生替代作用。

诚然,公众的环境诉求也可能对技术创新产生负面影响。当公众环境诉求以报纸、电视、网络等媒体对污染信息的暴露,对于企业来讲,环保问题如同纸里包不住的火,污染问题昭然若揭,舆论压力威胁到企业的声誉和企业形象,削弱企业价值(Li等,2017;Hayes,2001)。另外,地方政府为了防止社会公众的不满和维持社会稳定,通过行政手段对污染企业进行罚款,倒逼其尽快完成环境管控目标,而企业环境治理成本的增加会对技术研发资本产生"挤出效应",最终会导致创新水平的下降,即非正式约束可能会激励正式规制发挥作用,二者之间存在协同效应(Liao,2018)。

1.3.3 文献述评

已有研究主要关注"自上而下"的正式环境规制对提升地区绿色发展绩效问题,无论是控制命令型还是市场激励型环境规制,对提升绿色全要素生产率的影响并未达成一致意见,"遵循成本说"与"创新补偿说"莫衷一是。而对于非正式约束下的公众环境诉求对绿色全要素生产率的影响鲜有关注,聚焦到中国工业层面的绿色全要素生产率更未涉及。就我们研究所及,现有文献主要局限有四:

一是现有研究缺少基于数理推导的理论研究。目前对于公众环境诉求的研究大多基于定性研究,缺乏从数理角度进行的理论分析。事实上,能源经济抑或环境经济学领域对绿色发展绩效的研究大多基于经验考察,鲜有数理建模分析,而对于公众环境诉求对提升绿色发展绩效影响的理论建模分析更不多见。本书在理论层面结合Acemoglu等(2012)的环境技术进步方向模型,构建由生产部门、公众部门和政府部门组成的三部门基本框架,探讨公众在提升绿色发展绩效中的作用,并进一步考察不同因素的调节与传导效果。

二是已有文献重点探究正式环境规制下抑或非正式约束下公众环境诉求的环境治理效应,在多数文献肯定公众环境诉求的积极作用同时,一些文献判定公众环境诉求倒逼政府加大对于污染企业的惩罚力度,对于企业研发资本具有"挤出效应",降低创新能力。因此,作为非正式约束下公众环境诉求的作用并不明确。

三是已有文献判定公众环境诉求主要通过政府规制政策实现环境治理,忽视公众环境诉求可能借助于社会舆论与政府政策压力,改变企业技术创新方向,提升绿色全要素生产率,进而实现环境治理。事实上,一国环境治理短期内可能通过行政干预诸如关停并转等方式,或者借助于政策规制干预企业污染排放,改善环境质量。但长期来看,一国环境治理和可持续发展最终将依赖全要素生产率的提升,尤其是绿色全要素生产率,而从公众环境诉求这一软约束的视角探究其对中国工业绿色全要素生产率的影响,有利于延展"波特假说"的适用范围。

四是已有研究并未系统考察公众环境诉求对工业绿色全要素生产率影响的作用机制，此外，忽视了公众的财富、人力资本以及健康需求水平等不同属性特征，对公众环境诉求的绿色效率提升效应的调节作用，更未全面考察公众环境诉求对绿色全要素生产率影响的传导机制。

1.4 研究方法与创新之处

1.4.1 研究方法

本书在梳理大量国内外相关文献基础上，主要从理论、实证两个维度探讨公众环境诉求对提升工业绿色全要素生产率的影响。在理论分析层面，采用最优控制、动态规划并结合全微分、偏微分等数理方法进行均衡求解；在指标测算层面，采用非参数 DEA 模型，结合综合径向和非径向优势的混合（Epsilon-Based Measure，EBM）模型对工业绿色全要素生产率进行测算，并结合马尔科夫区制转移模型（Markov Switching Autoregression，MS-AR 模型）刻画其时间演变规律。在实证研究层面，采用动态面板模型，并结合 SYS-GMM 和 DIFF-GMM 回归方法、面板门槛回归模型、中介效应模型等不同计量方法进行实证检验。具体来说：

（1）数理分析方法

本书理论分析以公众环境诉求对工业绿色全要素生产率影响为着手点，扩展并扩展 Acemoglu 等（2012）的环境技术进步方向模型，构建由生产部门、公众部门和政府部门组成的三部门基本框架，将公众环境诉求引入公众部门效用函数，就公众环境诉求对绿色全要素生产率的影响及其作用机制进行数理阐述。

（2）实证分析方法

① 在指标测算方面，采用非参数 DEA 的方法，结合融合径向与非径向优势的 EBM 模型测算工业绿色全要素生产率，并创新性地将 MS-AR 模型融入能源环境领域，识别工业绿色 GTFP 的时间演变路径。

② 在公众环境诉求影响工业绿色全要素生产率的基准检验方面，考虑前

一期的工业 GTFP 对后期产生"传递性"影响,本书采用动态面板数据,综合采用 SYS-GMM、DIFF-GMM 的回归方法考察公众环境诉求对工业 GTFP 及其分解项的影响,同时采用空气流动系数作为公众环境参与以及互联网宽带接入口数量作为公众环境关注的额外工具变量对模型进行再检验,确保实证结果的稳健性。

③ 在进行公众环境诉求影响工业绿色全要素生产率的作用机制方面,采用交互项模型、分组回归以及门槛模型探讨健康需求水平、财富水平以及人力资本水平在公众环境诉求对工业绿色全要素生产率影响的耦合作用;而采用中介效应模型,探讨政府协同治理效应、产业结构升级效应以及企业绿色技术创新效应在公众环境诉求影响工业绿色全要素生产率的传导作用。

1.4.2 创新之处

本书的创新点体现在研究视角、理论模型、方法应用以及研究维度四个方面。

在研究视角上,区别于现有文献大多考察正式环境规制下的绿色绩效提升效应,命令控制与市场激励型规制手段的文献汗牛充栋,而关于非正式环境规制视角,尤其是从公众环境诉求对提升工业环境绩效的研究并不多见。为此,本书则立足非正式环境规制视角,系统探讨公众环境诉求这一软约束对工业绿色全要素生产率的影响,探讨"波特假说"在非正式环境规制下的存在性,以及"波特假说"的新时代意义。公众作为环境质量的直接利益相关者,正逐渐成为重构环境治理体系的重要组成部分。为此,本书立足绿色效率维度,创新性地从公众的视角探讨这一"自下而上"的推动力量在工业绿色发展中的重要作用,以期填补和扩展有关非正式环境规制的研究。

在理论模型上,已有研究大多关于环境规制绿色发展绩效问题的经验研究,缺乏数理模型支撑。而本书扩展 Acemoglu 等(2012)的环境技术进步方向模型,创新性地将环境诉求引入公众部门效用函数,构建由生产部门、公众部门和政府部门组成的三部门基本框架,就公众环境诉求对工业绿色全要素生产率的影响及其作用机制进行数理阐述。此外,探究公众健康需求、财富水平以及人力资本水平在公众环境诉求对提升工业绿色全要素生产率中的调节作用。进一步,分类考察政府协同治理效应、产业结构升级效应以及绿色技术创新效应在公众环境诉求对提升工业绿色全要素生产率中的传导效果。

在方法应用上,基于非参数 DEA 模型,采用融合径向与非径向优势的混合 EBM 模型(Epsilon-Based Measure,EBM)对工业绿色全要素生产率进行测算,同时创新性地将马尔科夫区制转移模型(Markov Switching Autoregression,MS-AR 模型)引入能源环境领域,解析工业绿色全要素生产率变化的动态演变特征。此外,区别于已有研究将绿色全要素生产率的 GML 指数分解为三项的做法,本书对分项指标进行再分解,进一步细化有关绿色全要素生产率分解研究。

在研究维度上,首先,在空气污染与气候变化制约中国经济高质量发展的现实背景下,以工业污染排放和工业碳排放为非期望产出测算工业 GTFP,分别从环境绩效与碳绩效维度刻画公众环境诉求对提升工业绿色 GTFP 及其分解项的影响;并且对工业绿色 GTFP 的不同分位点、异质性公众环境诉求对象视角进行多维度检验。其次,从公众的视角,基于健康需求水平、财富水平以及人力资本水平三个维度探讨公众环境诉求的耦合作用,以期契合"以人为本"的发展理念。最后,从政府、产业和企业三个视角厘清公众环境诉求对工业绿色全要素生产率产生影响的传导机制,以期为形成公众—政府—企业三方共治的良性互动提供经验证据。

第 2 章 模型设定与理论分析

本章基于 Acemoglu 等(2012)的环境技术进步方向模型,首先,通过设定生产部门、公众部门和政府部门的三部门框架,将公众部门对于环境质量的诉求程度引入效用函数进行拓展;其次,对绿色全要素生产率的均衡求解,考察公众环境诉求对绿色全要素生产率的影响机理,同时理论考察公众健康需求、财富水平和人力资本水平条件下,公众环境诉求对绿色全要素生产率影响的均衡变化;最后,厘清公众环境诉求影响绿色全要素生产率增长的内在传导机制,数理推导政府协同治理效应、产业结构升级效应以及绿色技术创新效应在公众环境诉求对绿色全要素生产率中的传导作用。

2.1 模型的基本设定

本节构建由生产部门、公众部门和政府部门组成的三部门基本框架。在生产部门中,设定最终产品、绿色和非绿色中间品、绿色和非绿色机器设备的生产过程,以及绿色和非绿色技术的研发过程,并且引入非绿色中间品部门的污染排放,以体现非绿色生产对于环境的负外部性特征。在公众部门中,设定同时带有产品消费量和环境质量的公众效用函数,并以环境质量在公众效用偏好中的相对重要性,刻画公众部门对于环境质量的诉求程度。在政府部门中,一方面,通过税收手段对生产性劳动力和研发人员征收个人所得税,以及对非绿色中间品部门的生产征收环境税;另一方面,通过补贴手段补贴最终产品的生产消耗以促进经济增长,以及补贴绿色中间品部门对绿色技术的研发消耗,以进行环境治理。

2.1.1 生产部门的基本设定

首先,参考 Acemoglu 等(2012)和王林辉等(2020)的设计思路,假设生产部门的最终产品通过投入绿色部门与非绿色部门的中间品进行生产得到。为此,将最终产品产出 Y_t 设为包含(非)绿色中间品的 CES 生产函数形式,如式 2.1 所示:

$$Y_t = (Y_{gt}^{\frac{\sigma-1}{\sigma}} + Y_{nt}^{\frac{\sigma-1}{\sigma}})^{\frac{\sigma}{\sigma-1}} \tag{2.1}$$

其中,Y_t 代表最终产品产出,Y_{gt} 和 Y_{nt} 分别代表绿色中间品和非绿色中间品投入,$\sigma \in (0, +\infty)$ 为绿色与非绿色中间品之间的替代弹性。当 $\sigma > 1$ 时,绿色中间品与非绿色中间品之间呈现替代关系;当 $0 < \sigma < 1$ 时,绿色中间品与非绿色中间品之间呈现互补关系。

一方面,绿色部门中间品 Y_{gt} 通过投入生产性劳动力和绿色机器设备生产得到。沿袭 Acemoglu(2002)的产品种类扩展模型设计思路,将绿色部门中间品的生产函数设为带有绿色机器设备种类数的 Cobb-Douglas 形式:

$$Y_{gt} = \frac{1}{1-\alpha} L_{gt}^{\alpha} \int_0^{A_{gt}} x_{git}^{1-\alpha} \, di \tag{2.2}$$

其中,Y_{gt} 为绿色部门的中间品产出,L_{gt} 为绿色部门的生产性劳动力投入,x_{git} 表示绿色部门投入的第 i 种绿色机器设备数量,$\alpha \in (0,1)$ 表示生产性劳动力的产出弹性。A_{gt} 为绿色部门所使用的绿色机器设备种类总数,依据种类扩展模型的设计思路,可将 A_{gt} 用于表征绿色部门的整体技术水平。事实上,公式(2.2)在均衡求解之后可以转化为"$Y_{gt}^* = \frac{1}{1-\alpha} P_{gt}^{\frac{1-\alpha}{\alpha}} L_{gt} A_{gt}$"(这一结果的具体证明过程见后文),此时 A_{gt} 也就是通常 Cobb-Douglas 生产函数中的"全要素生产率"项,并且大量文献采用全要素生产率增长率体现技术进步水平,而在绿色部门则体现绿色技术方向的发展水平(颜鹏飞和王兵,2004;张成等,2011;张娟等,2019)。

另一方面,非绿色中间品部门通过投入劳动力和非绿色机器设备进行生产,但是在非绿色中间品的生产过程中会产生污染物 S_t。借鉴董直庆和王辉(2019),将非绿色中间品的生产函数设为带有非绿色机器设备种类数 Cobb-Douglas 形式的同时,将污染产出 S_t 设为非绿色中间品产出的一定比例损失:

$$Y_{nt} = \frac{1}{1-\alpha} L_{nt}^{\alpha} \int_0^{A_{nt}} x_{nit}^{1-\alpha} \, di \tag{2.3}$$

$$S_t = \vartheta Y_{nt} \tag{2.4}$$

其中，Y_{nt} 表示非绿色部门的中间品产出，L_{nt} 代表在非绿色部门生产过程中的生产性劳动力投入，x_{nit} 表示非绿色部门使用的第 i 种非绿色机器设备数量，$\alpha \in (0,1)$ 表示生产性劳动力的产出弹性。A_{nt} 为在非绿色部门生产中所投入的非绿色机器设备种类总数，可以代表非绿色部门的整体技术水平。S_t 表示在非绿色部门生产中出现的副产品即污染产出。$\vartheta \in (0,1)$ 表示非绿色部门的污染排放系数，ϑ 越大，表明产生的污染物越多。

假设第 i 种绿色和非绿色机器设备的生产部门垄断第 i 种机器设备的生产。借鉴 Romer(1990) 的设定，绿色和非绿色机器设备的生产均以最终产品为投入，并且将生产机器设备的边际成本设为 ζ。为简化分析，借鉴 Acemoglu (2002)，将机器设备生产的边际成本进行标准化，即令 $\zeta \equiv 1-\alpha$。

绿色和非绿色机器设备部门不仅垄断机器设备的生产，而且通过投入研发人员开展研发活动，以期增加机器设备的种类总数，也即提升该部门的整体技术水平。然而，研发活动并非一定能够实现技术水平的提升，研发创新存在失败的可能。基于此，本书通过设定分段函数来描述绿色技术水平 A_{gt} 和非绿色技术水平 A_{nt} 的变化规律，具体设定如下所示：

$$A_{gt} = \begin{cases} (1+\gamma_g)A_{gt-1}, & \text{概率} \xi_{gt} \\ A_{gt-1}, & \text{概率} 1-\xi_{gt} \end{cases}, A_{nt} = \begin{cases} (1+\gamma_n)A_{nt-1}, & \text{概率} \xi_{nt} \\ A_{nt-1}, & \text{概率} 1-\xi_{nt} \end{cases} \tag{2.5}$$

其中，A_{gt} 和 A_{nt} 分别为在 t 时期的绿色技术水平和非绿色技术水平；ξ_{gt} 和 ξ_{nt} 分别表示绿色技术和非绿色技术研发成功概率；γ_g 和 γ_n 分别为发生绿色和非绿色技术创新时技术水平的提升幅度。因此，当绿色技术研发成功时，绿色技术水平提升 $\gamma_g A_{gt-1}$，由 $t-1$ 时期的 A_{gt-1} 增加至 t 时期的 $(1+\gamma_g)A_{gt-1}$；而当绿色技术创新失败时，绿色技术水平没有发生提升，仍然为 A_{gt-1}。非绿色技术创新的演变规律与此同理。

绿色和非绿色技术研发的成功概率并非固定。在研发活动中，研发投入的提升会加大研发成功的概率，但是该过程存在边际递减规律，即当研发人员投入越多时，研发成功概率的增大幅度越小。因此，参考 Aghion 和 Howitt (1992)、易信和刘凤良(2015)关于研发概率函数的设计思路，本书将绿色技和非绿色技术的研发概率函数分别设为如下形式：

$$\xi_{gt} = \eta_g R_{gt}^{\varepsilon}, \xi_{nt} = \eta_n R_{nt}^{\varepsilon} \tag{2.6}$$

其中，η_g 和 $\eta_n \in (0,\infty)$ 分别表示绿色技术和非绿色技术的研发效率参数。R_{gt} 和 R_{nt} 分别代表绿色技术和非绿色技术研发活动中的研发人员投入。$\varepsilon \in (0,1)$ 表征研发人员的产出弹性系数，其取值范围体现了研发人员投入促进创新成功概率提升的边际递减规律。

此外，假设最终产品、中间品生产以及研发部门三者之间均呈现完全竞争关系，且将最终产品的市场价格标准化为 1，绿色中间品和非绿色中间品的市场价格分别设为 P_{gt} 和 P_{nt}。将第 i 种绿色机器设备和第 i 种非绿色机器设备的市场价格分别设为 p_{git} 和 p_{nit}。将绿色技术专利和非绿色技术专利的价格分别设为 E_{gt} 和 E_{nt}。假设绿色和非绿色部门之间的生产性劳动力和研发人员不存在流动，因此将投入绿色和非绿色中间品生产的生产性劳动力的工资率均设为 w_{Lt}，并将投入绿色和非绿色技术研发的研发人员工资率均设为 w_{Rt}。

2.1.2 公众部门的基本设定

本书考虑在无限离散时期的经济体中，由生产性劳动力和研发人员组成的代表性公众部门。假设经济体中所有公众拥有同质性偏好。为此，依据王林辉等(2020)的设计思路，将公众部门的效用函数设为最终产品消费和外部环境质量的对数线性形式。然而，与一般文献做法不同的是，本书综合 Grimaud 和 Rouge(2003)、彭水军和包群(2006)的设计思路，在效用函数中引入了公众部门对于外部环境质量的效用偏好，并且以外部环境质量在效用函数中的权重参数，表征公众部门对于环境质量的诉求程度。因此，公众部门效用函数的具体设计如下所示：

$$U_t = \ln C_t + \beta_t \ln Q_t \tag{2.7}$$

其中，U_t 代表公众部门在 t 时期的总效用，C_t 表示公众部门在 t 时期对最终产品的消费量，Q_t 表示在 t 时期的环境质量。$\beta_t \in (0,\infty)$ 刻画了公众部门对于环境质量的诉求程度。当 β_t 越大时，环境质量在公众部门效用偏好中的相对重要性越大，产品消费的相对重要性越小，也即公众部门对环境质量的诉求程度越高。此外,依据 Acemoglu 等(2012),假设环境质量 $Q_t \in [0, \bar{Q}]$,其中 $\bar{Q}$ 表示没有任何人类污染时的环境质量,并且为简化分析,本书假设初始时期环境没有任何人类污染,即 $Q_0 = \bar{Q}$。

由公式(2.7)可知,公众部门效用 U_t 关于最终产品消费 C_t 和环境质量 Q_t 单调递增,并且关于 C_t 和 Q_t 二次可导,是 C_t 和 Q_t 的凹函数。该效用函数遵循稻田条件(Inada Conditions),即满足:

$$\lim_{C_t \to 0} \frac{\partial U_t}{\partial C_t} = \infty, \lim_{Q_t \to 0} \frac{\partial U_t}{\partial Q_t} = \infty, \lim_{Q_t \to 0} U_t = -\infty \tag{2.8}$$

假设公众部门生产性劳动力和研发人员的供给无弹性,生产性劳动力和研发人员供给量分别外生给定为 L 和 R。假设公众部门将生产性劳动力和研发人员所取得的收入全部用于对最终产品的消费,即满足:

$$C_t = w_{Lt} L + w_{Rt} R \tag{2.9}$$

至此,根据生产部门和公众部门的基本设定得到均衡条件。首先,最终产品的流向主要有两处:一是用于公众部门的消费,即公众部门对于最终产品的消费量 C_t;二是用于绿色和非绿色机器设备的生产,两种机器设备生产的总成本为 $\zeta \left(\int_0^{A_{gt}} x_{git} \, \mathrm{d}i + \int_0^{A_{nt}} x_{nit} \, \mathrm{d}i \right)$。基于价值恒等定律,最终产品市场的均衡出清条件满足:

$$Y_t = C_t + \zeta \left(\int_0^{A_{gt}} x_{git} \, \mathrm{d}i + \int_0^{A_{nt}} x_{nit} \, \mathrm{d}i \right) \tag{2.10}$$

由于生产性劳动力和研发人员的供给量分别外生给定为 L 和 R,而在绿色和非绿色中间品生产过程中生产性劳动力的需求量分别为 L_{gt} 和 L_{nt},在绿色技术和非绿色技术研发活动中研发人员的需求量分别为 R_{gt} 和 R_{nt}。因此,劳动力市场的出清条件满足:

$$L = L_{gt} + L_{nt}, R = R_{gt} + R_{nt} \tag{2.11}$$

2.1.3 政府部门的基本设定

政府部门在经济活动中扮演者调控者的角色,可以通过征税和补贴等手段干预经济活动。在新时代背景下,政府政绩考核标准经济增长与环境保护并重(Zhang 和 Chen,2018)。为了进行环境治理,政府部门一方面会通过向非绿色生产部门征收污染税,限制非绿色部门的污染物排放;另一方面会通过对绿色技术研发部门进行研发补贴,以促进绿色全要素生产率的增长,进而改善环境质量。

本书假设政府部门针对非绿色中间品部门征收比例为 $\tau_t \in [0,1]$ 的环境税。由于非绿色中间品部门的污染产出为 S_t,且非绿色中间品的价格为 P_{nt},因此政府部门的税收收入为 $\tau_t P_{nt} S_t$。同时,假设政府部门对绿色技术研发的补贴率为 $\mu_t \in [0,1]$。由于绿色技术研发的总成本为 $w_{Rt} R_{gt}$,因此政府部门的补贴支出为 $\mu_t w_{Rt} R_{gt}$。假设政府部门在每期不存在财政赤字,因此税收收入需要与补贴支出相等,即满足:

$$\tau_t P_{nt} S_t = \mu_t w_{Rt} R_{gt} \tag{2.12}$$

当前,中国政府部门治理环境主要通过实施市场激励型环境规制工具,例如排污许可证交易、污染税收与专项补贴、税收优惠和污染治理补贴等。因此,理论模型中污染税率 τ_t 和绿色技术研发补贴率 μ_t 均是政府环境治理工具。

在完成生产部门、公众部门以及政府部门的基本设定之后,考察环境质量会因经济活动而发生的演变规律。假设环境质量一方面会因非绿色中间品部门产生的污染物而恶化,另一方面也会因自然状态下环境自身的恢复能力而净化环境污染物,例如森林可以调节自然界中空气和水的循环以及防风固沙。为此,借鉴 Acemoglu 等(2012)的思路,环境质量 Q_t 的变化规律如下所示:

$$Q_t = -\vartheta Y_{nt-1} + (1+\kappa) Q_{t-1} \tag{2.13}$$

其中,Q_t 为 t 时期的环境质量,ϑY_{nt-1} 为 $t-1$ 时期非绿色中间品部门产生的污染产出,$\vartheta \in (0,\infty)$ 表示非绿色中间品部门的污染排放系数,也即环境恶化系数。κ 表示环境自身恢复能力系数,由于大自然的净化作用,每期环境质量都会自我恢复 κQ_{t-1}。

2.2 模型均衡求解与分析

本节将在三部门模型框架下,首先,依据最终产品、中间品、机器设备以及研发利润最大化和市场出清条件,求解影响绿色全要素生产率的均衡变化路径,分析影响绿色全要素生产率均衡增长的重要因素;其次,通过求解公众部门效用最大化,并依据约束条件,将公众环境诉求与绿色全要素生产率相关联,理论考察公众环境诉求对绿色全要素生产率增长的促进作用及其成立条件;最后,理论说明在健康需求、财富水平以及人力资本水平变化条件下公众环境诉求对提升绿色全要素生产率的影响差异。

2.2.1 绿色全要素生产率的均衡求解

最终产品部门通过投入绿色和非绿色中间品进行生产,绿色和非绿色中间品的价格分别设为 P_{gt} 和 P_{nt}。因此,根据公式(2.1),可以得到最终产品部门的利润最大化原则是选择最优的绿色和非绿色中间品投入,使得最终产品生产的利润最大化:

$$\max_{Y_{gt},Y_{nt}} Y_t - (P_{gt}Y_{gt} + P_{nt}Y_{nt}) \tag{2.14}$$

将公式(2.1)代入公式(2.14),基于利润最大化条件,可以得到最终产品部门对于绿色中间品和非绿色中间品生产的反需求函数分别为:

$$P_{gt} = Y_t^{\frac{1}{\sigma}} Y_{gt}^{-\frac{1}{\sigma}}, P_{nt} = Y_t^{\frac{1}{\sigma}} Y_{nt}^{-\frac{1}{\sigma}} \tag{2.15}$$

由公式(2.15),可以进一步得到,绿色中间品和非绿色中间品的需求之比满足:

$$\frac{Y_{gt}}{Y_{nt}} = \left(\frac{P_{gt}}{P_{nt}}\right)^{-\sigma} \tag{2.16}$$

绿色中间品部门通过投入生产性劳动力和绿色机器设备进行生产,并且在生产过程中未出现污染物。生产性劳动力的工资率设定为 w_{Lt},绿色机器设备的价格设定为 p_{git}。因此,根据公式(2.2),绿色中间品部门的利润最大化原则是,选择最优的生产性劳动力投入和绿色机器设备投入,以使得绿色中间品的生产利润最大化,如下所示:

$$\max_{L_{gt},x_{git}} P_{gt}Y_{gt} - w_{Lt}L_{gt} - \int_0^{A_{gt}} p_{git}x_{git} di \tag{2.17}$$

将公式(2.2)代入公式(2.17),由绿色中间品生产利润最大化的一阶条件,可以得到绿色中间品部门对于生产性劳动力的反需求函数和对于绿色机器设备的反需求函数：

$$w_{Lt} = \frac{\alpha}{1-\alpha} P_{gt} L_{gt}^{\alpha-1} \int_0^{A_{gt}} x_{git}^{1-\alpha} \mathrm{d}i \qquad (2.18)$$

$$p_{git} = P_{gt} L_{gt}^{\alpha} x_{git}^{-\alpha} \qquad (2.19)$$

非绿色中间品部门通过投入生产性劳动力和非绿色机器设备进行生产，且存在污染非期望产出物。非绿色机器设备的价格设定为 p_{nit}，非绿色中间品部门的污染排放系数为 ϑ。政府部门为控制非绿色中间品部门的污染排放，会对非绿色中间品的污染排放量 $S_t = \vartheta Y_{nt}$，征收税率为 τ_t 的污染税。因此，根据公式(2.3)和公式(2.4)，绿色中间品部门生产的利润最大化原则是，选择最优的生产性劳动力投入和非绿色机器设备投入，促使非绿色中间品生产的利润最大化：

$$\max_{L_{nt}, x_{nit}} P_{nt} Y_{nt} - w_{Lt} L_{nt} - \int_0^{A_{nt}} p_{nit} x_{nit} \mathrm{d}i - \tau_t P_{nt} \vartheta Y_{nt} \qquad (2.20)$$

将公式(2.3)和公式(2.4)代入公式(2.20)，由非绿色中间品生产利润最大化的一阶条件，可以得到非绿色中间品部门对于生产性劳动力的反需求函数，以及对于非绿色机器设备的反需求函数：

$$w_{Lt} = \frac{\alpha}{1-\alpha}(1-\vartheta\tau_t) P_{nt} L_{nt}^{\alpha-1} \int_0^{A_{nt}} x_{nit}^{1-\alpha} \mathrm{d}i \qquad (2.21)$$

$$p_{nit} = (1-\vartheta\tau_t) P_{nt} L_{nt}^{\alpha} x_{nit}^{-\alpha} \qquad (2.22)$$

绿色机器设备和非绿色机器设备的生产部门均进行垄断生产，生产绿色机器设备和非绿色机器设备的边际成本为 ζ，且 ζ 标准化为 $1-\alpha$。绿色和非绿色机器设备生产商通过选择最优的绿色和非绿色机器设备供应量，以使得垄断生产的利润最大化，分别如下所示：

$$\max_{x_{git}} p_{git} x_{git} - \zeta x_{git}, \max_{x_{nit}} p_{nit} x_{nit} - \zeta x_{nit} \qquad (2.23)$$

将公式(2.19)和公式(2.22)代入公式(2.23)，依绿色和非绿色机器设备垄断生产利润最大化的一阶条件，可以求解得到绿色和非绿色机器设备的最优供应量分别为：

第 2 章 模型设定与理论分析

$$x_{git} = P_{gt}^{\frac{1}{\alpha}} L_{gt}, x_{nit} = (1-\vartheta\tau_t)^{\frac{1}{\alpha}} P_{nt}^{\frac{1}{\alpha}} L_{nt} \tag{2.24}$$

再将公式(2.24)代入公式(2.19)和公式(2.22),可以得到绿色机器设备的均衡价格 p_{git} 和非绿色机器设备的均衡价格 p_{nit} 分别被标准化为 1。因此,可以得到生产第 i 种绿色机器设备和非绿色机器设备的垄断利润 π_{git} 和 π_{nit} 为:

$$\pi_{git} = \alpha P_{gt}^{\frac{1}{\alpha}} L_{gt}, \pi_{nit} = \alpha(1-\vartheta\tau_t)^{\frac{1}{\alpha}} P_{nt}^{\frac{1}{\alpha}} L_{nt} \tag{2.25}$$

由公式(2.25),进一步可以得到绿色机器设备的垄断总利润 π_{gt} 和非绿色机器设备的垄断总利润 π_{nt},分别为:

$$\pi_{gt} = \int_0^{A_{gt}} \pi_{git}^* \mathrm{d}i = \alpha P_{gt}^{\frac{1}{\alpha}} L_{gt} A_{gt} \tag{2.26}$$

$$\pi_{nt} = \int_0^{A_{nt}} \pi_{nit}^* \mathrm{d}i = \alpha(1-\vartheta\tau_t)^{\frac{1}{\alpha}} P_{nt}^{\frac{1}{\alpha}} L_{nt} A_{nt} \tag{2.27}$$

绿色技术和非绿色技术研发部门完全竞争,且绿色技术和非绿色技术的专利价格分别为 E_{gt} 和 E_{nt}。依据 Barro 和 Sala-I-Martin(1997)和 Jones(1995)的研究思路,那么绿色技术专利和非绿色技术专利的价格,分别为:

$$E_{gt} = \int_0^{\infty} \pi_{gt} e^{-rt} \mathrm{d}t = \frac{1}{r} \alpha P_{gt}^{\frac{1}{\alpha}} L_{gt} A_{gt} \tag{2.28}$$

$$E_{nt} = \int_0^{\infty} \pi_{nt} e^{-rt} \mathrm{d}t = \frac{1}{r} \alpha (1-\vartheta\tau_t)^{\frac{1}{\alpha}} P_{nt}^{\frac{1}{\alpha}} L_{nt} A_{nt} \tag{2.29}$$

根据绿色技术水平和非绿色技术水平的动态演变规律,绿色技术和非绿色技术均存在研发失败的可能性。为此,利用公式(2.5),可以得到 t 时期平均绿色技术水平 $\mathbb{E}(A_{gt})$ 和平均非绿色技术水平 $\mathbb{E}(A_{nt})$,分别为:

$$\mathbb{E}(A_{gt}) = (1+\gamma_g)A_{gt-1}\xi_{gt} + A_{gt-1}(1-\xi_{gt}) = (1+\gamma_g\xi_{gt})A_{gt-1} \tag{2.30}$$

$$\mathbb{E}(A_{nt}) = (1+\gamma_n)A_{nt-1}\xi_{nt} + A_{nt-1}(1-\xi_{nt}) = (1+\gamma_n\xi_{nt})A_{nt-1} \tag{2.31}$$

依据公式(2.30)和公式(2.31),可以求解绿色技术和非绿色技术的平均技术进步率 $\dot{A}_{gt}$ 和 $\dot{A}_{nt}$,分别为:

$$\dot{A}_{gt} = \frac{\mathbb{E}(A_{gt}) - A_{gt-1}}{A_{gt-1}} = \gamma_g \xi_{gt}, \dot{A}_{nt} = \frac{\mathbb{E}(A_{nt}) - A_{nt-1}}{A_{nt-1}} = \gamma_n \xi_{nt} \tag{2.32}$$

绿色和非绿色技术研发部门通过投入研发人员,努力提升技术创新的成功概率,促使绿色和非绿色技术水平得到尽可能的大幅度提升,从而通过将技术以专利形式转移给机器设备生产商,从中获取尽可能多的研发利润。首先,考虑绿色技术研发部门。绿色技术研发部门通过选择最优的研发人员投入,以实现研发利润的最大化。同时,政府部门为了进行环境治理,也会采取补贴绿色技术研发的手段,在一定程度上弥补绿色技术研发活动的消耗。因此,绿色技术研发部门的利润最大化过程如下所示:

$$\max_{R_{gt}} E_{gt} \dot{A}_{gt} - (1-\mu_t) w_{Rt} R_{gt} \tag{2.33}$$

将公式(2.6)、公式(2.28)和公式(2.32)代入公式(2.33),并结合研发部门利润最大化条件,可以得到绿色技术研发的最优研发人员投入为:

$$R_{gt} = \left[\frac{\varepsilon \alpha \gamma_g \eta_g P_{gt}^{\frac{1}{\alpha}} L_{gt} A_{gt}}{r(1-\mu_t) w_{Rt}} \right]^{\frac{1}{1-\varepsilon}} \tag{2.34}$$

其次,考察非绿色技术研发部门为实现研发利润最大化,需要选择最优的研发人员投入,但是政府没有对非绿色技术研发进行补贴。因此,非绿色技术研发部门的利润最大化过程如下所示:

$$\max_{R_{nt}} E_{nt} \dot{A}_{nt} - w_{Rt} R_{nt} \tag{2.35}$$

将公式(2.6)、公式(2.29)和公式(2.32)代入公式(2.35),由非绿色技术研发利润最大化一阶条件,可以得到非绿色技术研发的最优研发人员投入为:

$$R_{nt} = \left[\frac{\varepsilon \alpha \gamma_n \eta_n (1-\vartheta \tau_t)^{\frac{1}{\alpha}} P_{nt}^{\frac{1}{\alpha}} L_{nt} A_{nt}}{r w_{Rt}} \right]^{\frac{1}{1-\varepsilon}} \tag{2.36}$$

联立公式(2.34)和公式(2.36),可以得到绿色和非绿色技术的最优研发人员投入之比为:

$$\frac{R_{gt}}{R_{nt}} = \left(\frac{\gamma_g \eta_g}{\gamma_n \eta_n} \right)^{\frac{1}{1-\varepsilon}} (1-\mu_t)^{\frac{1}{\varepsilon-1}} (1-\vartheta \tau_t)^{\frac{1}{\alpha}\frac{1}{\varepsilon-1}} \left(\frac{P_{gt}}{P_{nt}} \right)^{\frac{1}{\alpha}\frac{1}{1-\varepsilon}} \left(\frac{L_{gt}}{L_{nt}} \frac{A_{gt}}{A_{nt}} \right)^{\frac{1}{1-\varepsilon}} \tag{2.37}$$

在求解均衡技术进步率之前,需要求解绿色中间品和非绿色中间品的均衡产出,将公式(2.34)分别代入公式(2.2)和公式(2.3),可以得到绿色中间品均衡产出 Y_{gt}^* 和非绿色中间品均衡产出 Y_{nt}^* 分别为:

$$Y_{gt}^* = \frac{1}{1-\alpha} P_{gt}^{\frac{1-\alpha}{\alpha}} L_{gt} A_{gt}, Y_{nt}^* = \frac{1}{1-\alpha}(1-\vartheta\tau_t)^{\frac{1-\alpha}{\alpha}} P_{nt}^{\frac{1-\alpha}{\alpha}} L_{nt} A_{nt} \qquad (2.38)$$

根据公式(2.38),可以得到绿色中间品和非绿色中间品的均衡产出之比为:

$$\frac{Y_{gt}^*}{Y_{nt}^*} = (1-\vartheta\tau_t)^{-\frac{1-\alpha}{\alpha}} \left(\frac{P_{gt}}{P_{nt}}\right)^{\frac{1-\alpha}{\alpha}} \frac{L_{gt}}{L_{nt}} \frac{A_{gt}}{A_{nt}} \qquad (2.39)$$

再将公式(2.24)分别代入公式(2.18)和公式(2.21),可以分别得到在绿色和非绿色中间品生产过程中,生产性劳动力的工资率分别为:

$$w_{Lt} = \frac{\alpha}{1-\alpha} P_{gt}^{\frac{1}{\alpha}} A_{gt}, w_{Lt} = \frac{\alpha}{1-\alpha}(1-\vartheta\tau_t)^{\frac{1}{\alpha}} P_{nt}^{\frac{1}{\alpha}} A_{nt} \qquad (2.40)$$

进一步由公式(2.40),可以得到:

$$(1-\vartheta\tau_t)^{-\frac{1}{\alpha}} \left(\frac{P_{gt}}{P_{nt}}\right)^{\frac{1}{\alpha}} \frac{A_{gt}}{A_{nt}} = 1 \qquad (2.41)$$

为此,联立公式(2.16)、公式(2.39)和公式(2.41),可以得到绿色中间品和非绿色中间品生产过程中的生产性劳动力均衡投入之比为:

$$\frac{L_{gt}^*}{L_{nt}^*} = \frac{1}{(1-\vartheta\tau_t)^\sigma} \left(\frac{A_{gt}}{A_{nt}}\right)^{(\sigma-1)\alpha} \qquad (2.42)$$

根据公式(2.42),再结合生产性劳动力的市场出清条件即公式(2.11),可以得到绿色中间品和非绿色中间品生产过程中的生产性劳动力均衡投入分别为:

$$L_{gt}^* = \frac{A_{gt}^{(\sigma-1)\alpha}}{\Phi_t} L, L_{nt}^* = \frac{(1-\vartheta\tau_t)^\sigma A_{nt}^{(\sigma-1)\alpha}}{\Phi_t} L \qquad (2.43)$$

其中,为简化符号,令 $\Phi_t \equiv A_{gt}^{(\sigma-1)\alpha} + (1-\vartheta\tau_t)^\sigma A_{nt}^{(\sigma-1)\alpha}$。

联立公式(2.37)、公式(2.41)和公式(2.42),可以得到绿色技术研发和非绿色技术研发活动中的研发人员均衡投入之比为:

$$\frac{R_{gt}^*}{R_{nt}^*} = \left(\frac{\gamma_g \eta_g}{\gamma_n \eta_n}\right)^{\frac{1}{1-\epsilon}} (1-\mu_t)^{\frac{1}{\epsilon-1}} (1-\vartheta\tau_t)^{\frac{\sigma}{\epsilon-1}} \left(\frac{A_{gt}}{A_{nt}}\right)^{\frac{(\sigma-1)a}{1-\epsilon}} \tag{2.44}$$

再结合研发人员的市场出清条件即公式(2.11),可以求解得到绿色技术和非绿色技术研发活动中的均衡研发人员投入,分别为:

$$R_{gt}^* = \frac{(\gamma_g \eta_g)^{\frac{1}{1-\epsilon}}(1-\mu_t)^{\frac{1}{\epsilon-1}}A_{gt}^{\frac{(\sigma-1)a}{1-\epsilon}}}{\Omega_t}R, \quad R_{nt}^* = \frac{(\gamma_n \eta_n)^{\frac{1}{1-\epsilon}}(1-\vartheta\tau_t)^{\frac{\sigma}{\epsilon-1}}A_{nt}^{\frac{(\sigma-1)a}{1-\epsilon}}}{\Omega_t}R \tag{2.45}$$

为简化符号,令 $\Omega_t \equiv (\gamma_g \eta_g)^{\frac{1}{1-\epsilon}}(1-\mu_t)^{\frac{1}{\epsilon-1}}A_{gt}^{\frac{(\sigma-1)a}{1-\epsilon}} + (\gamma_n \eta_n)^{\frac{1}{1-\epsilon}}(1-\vartheta\tau_t)^{\frac{\sigma}{1-\epsilon}}A_{nt}^{\frac{(\sigma-1)a}{1-\epsilon}}$。

容易知道,绿色技术进步率 $F_{gt} = \dot{A}_{gt}/A_{gt}$,非绿色技术进步率 $F_{nt} = \dot{A}_{nt}/A_{nt}$。联立公式(2.6)、公式(2.32)和公式(2.45),可以求得均衡条件下的绿色技术进步率,即均衡绿色全要素生产率的增长率 F_{gt}^* 为:

$$F_{gt}^* = (\gamma_g \eta_g)^{\frac{1}{1-\epsilon}}(1-\mu_t)^{\frac{\epsilon}{\epsilon-1}}R^\epsilon \Omega_t^{-\epsilon} A_{gt}^{\frac{(\sigma-1)a\epsilon}{1-\epsilon}-1} \tag{2.46}$$

根据公式(2.46)可以得到,均衡绿色全要素生产率的增长率主要由绿色技术水平的增幅 γ_g、绿色技术研发效率 η_g、政府治理手段中的绿色技术研发补贴率 μ_t、污染税率 τ_t、研发人员投入以及当前绿色技术水平等因素决定。若 $F_{gt}^* > 0$,则表明绿色全要素生产率处于增长趋势,且当 F_{gt}^* 越大时,表明绿色全要素生产率的增长速度越快。

与此同理,联立公式(2.6)、公式(2.32)和公式(2.45),可以求解得到均衡条件下的非绿色技术进步率 F_{nt}^* 为:

$$F_{nt}^* = (\gamma_n \eta_n)^{\frac{1}{1-\epsilon}}(1-\vartheta\tau_t)^{\frac{\sigma\epsilon}{1-\epsilon}}R^\epsilon \Omega_t^{-\epsilon} A_{nt}^{\frac{(\sigma-1)a\epsilon}{1-\epsilon}-1} \tag{2.47}$$

为了分析影响均衡绿色全要素生产率的各种因素,通过联立公式(3.46)和公式(2.47),可以得到绿色和非绿色均衡技术进步率之比为:

$$\frac{F_{gt}^*}{F_{nt}^*} = \left(\frac{\gamma_g \eta_g}{\gamma_n \eta_n}\right)^{\frac{1}{1-\epsilon}} \left(\frac{A_{gt}}{A_{nt}}\right)^{\frac{(\sigma-1)a\epsilon}{1-\epsilon}-1} (1-\mu_t)^{\frac{\epsilon}{\epsilon-1}}(1-\vartheta\tau_t)^{\frac{\sigma\epsilon}{\epsilon-1}} \tag{2.48}$$

由公式(2.48)可知,绿色与非绿色均衡相对技术进步率主要由绿色和非绿色技术水平的相对增幅 γ_g/γ_n、绿色和非绿色技术的相对研发效率 η_g/η_n、绿色和非绿色技术在当期的相对技术水平 A_{gt}/A_{nt}、政府部门的治理手段即绿色技术研发补贴率 μ_{gt} 和污染税率 τ_t 以及绿色和非绿色中间品替代弹性 σ、生产性劳动产出弹性 α 和研发人员产出弹性 ε 等因素决定。由于 $\varepsilon \in (0,1)$,因此 $\partial\left(\frac{F_{gt}^*}{F_{nt}^*}\right)\Big/\partial\left(\frac{\gamma_g}{\gamma_n}\right) > 0, \partial\left(\frac{F_{gt}^*}{F_{nt}^*}\right)\Big/\partial\left(\frac{\eta_g}{\eta_n}\right) > 0, \partial\left(\frac{F_{gt}^*}{F_{nt}^*}\right)\Big/\partial\mu_t > 0,$ $\partial\left(\frac{F_{gt}^*}{F_{nt}^*}\right)\Big/\partial\tau_t > 0$,表明绿色相对非绿色技术水平增幅的扩大且技术研发效率的提升。此外,政府通过适度提升对绿色技术研发的补贴率,增加对非绿色生产部门的污染税率,可以提升绿色全要素生产率。

2.2.2 公众环境诉求影响绿色全要素生产率的均衡分析

为了理论考察公众环境诉求对绿色全要素生产率的影响效应,需要进一步求解公众部门的均衡。公众部门的均衡求解建立在公众部门效用最大化的基础上。公众部门在预算约束和环境质量演变规律的条件下,选择最优的最终产品消费量和最适宜的环境质量,使得此时获得的效用最大化。因此,结合公式(2.7)、公式(2.9)和公式(2.13),公众部门的效用最大化过程可表示为:

$$\max_{C_t,Q_t} U_t = \ln C_t + \beta_t \ln Q_t$$
$$s.t.\ C_t = w_{Lt}L + w_{Rt}R, Q_t = -\vartheta Y_{nt-1} + (1+\kappa)Q_{t-1}$$

为了求解有约束条件下公众部门的效用最大化,构造拉格朗日函数,如下所示:

$$\mathscr{L} = [\ln C_t + \beta_t \ln Q_t] - \lambda_1[C_t - w_{Lt}L - w_{Rt}R] - \\ \lambda_2[Q_t + \vartheta Y_{nt-1} - (1+\kappa)Q_{t-1}] \tag{2.49}$$

其中,$\mathscr{L}$ 为拉格朗日函数,λ_1 和 λ_2 为拉格朗日乘子。因此,根据拉氏函数最优值求解规则,可以得到最优解满足如下方程组:

$$\begin{cases} \dfrac{\partial L(C_t, Q_t, \lambda_1, \lambda_2)}{\partial C_t} = 0 \\ \dfrac{\partial L(C_t, Q_t, \lambda_1, \lambda_2)}{\partial Q_t} = 0 \\ C_t = w_{Lt} L + w_{Rt} R \\ Q_t = -\vartheta Y_{nt-1} + (1+\kappa) Q_{t-1} \end{cases} \quad (2.50)$$

通过求解方程组(2.50),可以得到:

$$\beta_t \frac{C_t}{Q_t} = \frac{\lambda_2}{\lambda_1} \quad (2.51)$$

然后,对公式(2.51)进行对数化并全微分得:

$$\frac{\dot{Q}_t}{Q_t} = F_{\beta t} + \frac{\dot{C}_t}{C_t} \quad (2.52)$$

其中,$\dot{Q}_t$ 和 $\dot{C}_t$ 分别表示环境质量和消费量关于时间 t 的导数,那么 $\dot{Q}_t/Q_t$ 和 $\dot{C}_t/C_t$ 分别为环境质量和消费量的变化率。令 $F_{\beta t} \equiv \dot{\beta}_t/\beta_t$ 表示公众环境诉求程度的变化率。由公式(2.52)可以发现,$\partial \left(\dfrac{\dot{Q}_t}{Q_t}\right) \Big/ \partial F_{\beta t} > 0$,表明公众环境诉求程度的提高有利于改善外部环境质量。

接下来,通过利用一系列约束条件,将公众部门对于环境质量的诉求程度与绿色全要素生产率相联系。首先,借鉴 Acemoglu 等(2012),由于最终产品的价格标准化为1,因此可以设定理想价格条件满足 $(P_{gt}^{1-\sigma} + P_{nt}^{1-\sigma})^{1/(1-\sigma)} = 1$。再利用公式(2.41),进而可以将绿色中间品和非绿色中间品的均衡价格 P_{gt}^* 和 P_{nt}^* 求解出来:

$$P_{gt}^* = A_{gt}^{-\alpha} \Lambda_t^{\frac{1}{\sigma-1}}, \; P_{nt}^* = (1-\vartheta \tau_t)^{-1} A_{nt}^{-\alpha} \Lambda_t^{\frac{1}{\sigma-1}} \quad (2.53)$$

其中,为简化记号,令 $\Lambda_t \equiv A_{gt}^{\alpha(\sigma-1)} + (1-\vartheta \tau_t)^{\sigma-1} A_{nt}^{\alpha(\sigma-1)}$。

联立公式(2.34)、公式(2.43)、公式(2.45)和公式(2.53),可得研发人员的均衡工资率 w_{Rt}^*:

$$w_{Rt}^* = \frac{\varepsilon \alpha}{r} R^{\varepsilon-1} L \Phi_t^{-1} \Omega_t^{1-\varepsilon} \Lambda_t^{\frac{1}{\sigma-1}\frac{1}{\alpha}} \quad (2.54)$$

再将绿色中间品和非绿色中间品的均衡价格即公式(2.53)代入公式(2.40),可得生产性劳动力的均衡工资率 w_{Lt}^* 为：

$$w_{Lt}^* = \frac{\alpha}{1-\alpha}\Lambda_t^{\frac{1}{\sigma-1}\frac{1}{\alpha}} \tag{2.55}$$

将研发人员和生产性劳动力的均衡工资率即公式(2.54)和公式(2.55)代入公众部门的预算约束条件即公式(2.9),可以得到均衡消费量 C_t^* 满足：

$$C_t^* = \left(\frac{\alpha}{1-\alpha} + \frac{\varepsilon\alpha}{r}R^\varepsilon\Phi_t^{-1}\Omega_t^{1-\varepsilon}\right)\Lambda_t^{\frac{1}{\sigma-1}\frac{1}{\alpha}}L \tag{2.56}$$

然后,利用最终产品市场的出清条件即公式(2.10),将绿色和非绿色机器设备的最优供应量 x_{git} 和 x_{nit},即公式(2.24)代入公式(2.10),可以得到:

$$Y_t = C_t + (1-\alpha)[P_{gt}^{\frac{1}{\alpha}}L_{gt}A_{gt} + (1-\vartheta\tau_t)^{\frac{1}{\alpha}}P_{nt}^{\frac{1}{\alpha}}L_{nt}A_{nt}] \tag{2.57}$$

再将绿色中间品和非绿色中间品的均衡价格即公式(2.53),代入公式(2.57),可以得到：

$$Y_t = C_t + (1-\alpha)\Lambda_t^{\frac{1}{\sigma-1}\frac{1}{\alpha}}L \tag{2.58}$$

接着将绿色中间品均衡产出 Y_{gt}^* 和非绿色中间品均衡产出 Y_{nt}^* 即公式(2.38),代入最终产品生产函数即公式(2.1),并且将生产性劳动力的均衡投入量 L_{gt}^* 和 L_{nt}^* 即公式(2.43),以及绿色和非绿色中间品的均衡价格即公式(2.53)同时代入,可以得到均衡最终产出 Y_t^* 为：

$$Y_t^* = \frac{1}{1-\alpha}\frac{1}{\Phi_t}\Lambda_t^{\frac{1+(\sigma-1)\alpha}{(\sigma-1)\alpha}}L \tag{2.59}$$

将公式(2.56)和公式(2.59)同时代入公式(2.58),可以将均衡消费量 C_t^* 转化为：

$$C_t^* = \frac{L}{1-\alpha}\Phi_t^{-1}\Lambda_t^{\frac{1}{\sigma-1}\frac{1}{\alpha}+1} - (1-\alpha)L\Lambda_t^{\frac{1}{\sigma-1}\frac{1}{\alpha}} \tag{2.60}$$

根据公式(2.60),求解均衡消费量 C_t^* 的变化率,可以得到：

$$\frac{\dot{C}_t^*}{C_t^*} = \frac{\Psi_t A_{gt}^{(\sigma-1)\alpha}}{(1-\alpha)^2 \Phi_t^2 \Lambda_t - \Phi_t \Lambda_t^2} F_{gt}^* + \frac{[\Psi_t + \alpha(\sigma-1)\Lambda_t^2 \vartheta \tau_t](1-\vartheta\tau_t)^{\sigma-1} A_{nt}^{(\sigma-1)\alpha}}{(1-\alpha)^2 \Phi_t^2 \Lambda_t - \Phi_t \Lambda_t^2} F_{nt}^*$$

(2.61)

其中,为简化符号,令 $\Psi_t \equiv [(1-\alpha)\Phi_t - \Lambda_t][\alpha(\sigma-1)\Lambda_t - (1-\alpha)\Phi_t] + \alpha[1+\alpha(\sigma-1)]\Phi_t\Lambda_t$。

由公式(2.61)可知,均衡消费量的变化率可以分解为两项,一项由绿色全要素生产率的变化决定,另一项由非绿色技术进步率决定。

为求解均衡状态下的环境质量 Q_t^*,先利用环境质量的演变规律即公式(2.13),可以得到环境质量的变化率满足:

$$\frac{\dot{Q}_t}{Q_t} = -\frac{\vartheta}{Q_t} Y_{nt}^* + \kappa Q_t \qquad (2.62)$$

然后将非绿色中间品均衡产出 Y_{nt}^* 即公式(2.38)代入公式(2.62),同时将非绿色中间品生产的均衡生产性劳动投入 L_{nt}^* 即公式(2.43),以及非绿色中间品均衡价格 P_{nt}^* 即公式(2.53)代入公式(2.62),可以得到均衡状态下环境质量的变化率为:

$$\frac{\dot{Q}_t^*}{Q_t^*} = -\frac{\vartheta(1-\vartheta\tau_t)^\sigma A_{nt}^{\sigma\alpha} \Lambda_t^{\frac{1}{\sigma-1}\frac{1-\alpha}{\alpha}} L}{(1-\alpha)\Phi_t Q_t} + \kappa Q_t \qquad (2.63)$$

最后,将消费量的均衡变化率和环境质量的均衡变化率,同时代入公式(3.52),从而可以得到公众环境诉求程度的变化率 $F_{\beta t}$ 与绿色全要素生产率变化 F_{gt}^* 的关系式,再根据该关系式,将绿色全要素生产率变化 F_{gt}^* 关于公众环境诉求程度的变化率 $F_{\beta t}$ 求导可以得到:

$$\frac{\partial F_{gt}^*}{\partial F_{\beta t}} = \frac{\Lambda_t - (1-\alpha)^2 \Phi_t}{\Psi_t A_{gt}^{(\sigma-1)\alpha}} \Phi_t \Lambda_t \qquad (2.64)$$

为了判断公众环境诉求对绿色全要素生产率增长率的影响方向,需要判定 $\frac{\partial F_{gt}^*}{\partial F_{\beta t}}$ 的正负。已知 $\alpha \in (0,1), \vartheta \in (0,1), \tau_t \in (0,1), \sigma \in (0,\infty), \Phi_t \equiv A_{gt}^{(\sigma-1)\alpha} + (1-\vartheta\tau_t)^\sigma A_{nt}^{(\sigma-1)\alpha} > 0, \Lambda_t \equiv A_{gt}^{\alpha(\sigma-1)} + (1-\vartheta\tau_t)^{\sigma-1} A_{nt}^{\alpha(\sigma-1)} > 0$,由此容易证明:

$$\Lambda_t-(1-\alpha)^2\Phi_t=[1-(1-\alpha)^2]A_{gt}^{\alpha(\sigma-1)}+\frac{[1-(1-\alpha)^2(1-\vartheta\tau_t)]}{(1-\vartheta\tau_t)^{1-\sigma}}A_{nt}^{\alpha(\sigma-1)}>0$$

因此，$\dfrac{\partial F_{gt}^*}{\partial F_{\beta t}}$ 的正负号由 Ψ_t 决定。已知 $\Psi_t\equiv[(1-\alpha)\Phi_t-\Lambda_t][\alpha(\sigma-1)\Lambda_t-(1-\alpha)\Phi_t]+\alpha[1+\alpha(\sigma-1)]\Phi_t\Lambda_t$，其中令 $\Psi_{1t}\equiv(1-\alpha)\Phi_t-\Lambda_t$，$\Psi_{2t}\equiv\alpha(\sigma-1)\Lambda_t-(1-\alpha)\Phi_t$，$\Psi_{3t}\equiv\alpha[1+\alpha(\sigma-1)]\Phi_t\Lambda_t$，可以证明：

$$\Psi_{1t}=-\alpha A_{gt}^{(\sigma-1)\alpha}+[(1-\alpha)(1-\vartheta\tau_t)-1](1-\vartheta\tau_t)^{\sigma-1}A_{nt}^{\alpha(\sigma-1)}<0$$

$$\Psi_{3t}=\alpha[1+\alpha(\sigma-1)]\Phi_t\Lambda_t>0$$

$\Psi_{2t}=[\alpha\sigma-1]A_{gt}^{(\sigma-1)\alpha}+[\alpha\sigma-1+(1-\alpha)\vartheta\tau_t](1-\vartheta\tau_t)^{\sigma-1}A_{nt}^{\alpha(\sigma-1)}$ 正负不定

那么，可以得到若要使 $\dfrac{\partial F_{gt}^*}{\partial F_{\beta t}}>0$，则应确保 $\Psi_{2t}<0$。由于 Ψ_{2t} 的正负与绿色和非绿色中间品的替代弹性 σ 的大小相关，因此需要就 σ 的取值范围进行讨论。

当 $0<\sigma<\dfrac{1}{\alpha}$ 时，可以得到：

$$\frac{\partial F_{gt}^*}{\partial F_{\beta t}}>0\Leftrightarrow\Psi_{2t}<0\Leftrightarrow\frac{A_{gt}}{A_{nt}}>\left\{\frac{[\alpha\sigma-1+(1-\alpha)\vartheta\tau_t](1-\vartheta\tau_t)^{\sigma-1}}{1-\alpha\sigma}\right\}^{\frac{1}{\alpha(\sigma-1)}}$$

该不等式表明当绿色和非绿色产品的替代弹性较小时，若当期绿色和非绿色相对技术水平超过门槛值 $\left\{\dfrac{[\alpha\sigma-1+(1-\alpha)\vartheta\tau_t](1-\vartheta\tau_t)^{\sigma-1}}{1-\alpha\sigma}\right\}^{\frac{1}{\alpha(\sigma-1)}}$，则 $\dfrac{\partial F_{gt}^*}{\partial F_{\beta t}}>0$，表明公众环境诉求程度的提高有利于促进绿色全要素生产率的增长。

当 $\sigma>\dfrac{1}{\alpha}$ 时，可以得到：

$$\frac{\partial F_{gt}^*}{\partial F_{\beta t}}>0\Leftrightarrow\Psi_{2t}<0\Leftrightarrow\frac{A_{gt}}{A_{nt}}<\left\{\frac{[\alpha\sigma-1+(1-\alpha)\vartheta\tau_t](1-\vartheta\tau_t)^{\sigma-1}}{1-\alpha\sigma}\right\}^{\frac{1}{\alpha(\sigma-1)}}$$

然而，由于 $1-\alpha\sigma<0$，则需要确保 $\alpha\sigma-1+(1-\alpha)\vartheta\tau_t<0$ 即 $\tau_t<$

$\frac{1-\alpha\sigma}{(1-\alpha)\vartheta}<0$,这显然与 $\tau_t \in (0,1)$ 相矛盾,因此 $\sigma > \frac{1}{\alpha}$ 的情形不成立。

2.2.3 不同条件下公众环境诉求影响绿色全要素生产率的均衡分析

本书将从健康需求、财富水平以及人力资本水平三个公众属性维度进行调节作用的理论分析,以期进一步挖掘公众在提升工业环境绩效中的作用。而选取健康需求、财富水平以及人力资本水平三个维度的原因在于,"环境贫困陷阱"理论指出恶化的环境质量与缺失或不足的环境公共供给,会通过影响健康、教育等方式影响社会资源配置,从而诱发贫困,扩大社会不平等。而进一步地,环境污染会诱发疾病,损害劳动能力,降低劳动生产率,陷入贫困,而环境污染的"亲贫性"使得这一过程循环恶化,这一过程被称为"环境健康贫困陷阱"(祁毓和卢洪友,2015)。此外,联合国《人类发展报告》中采用人类发展指数衡量各国经济社会发展状况,而该指数最基本的三个指标维度包含健康、教育以及生活水平,契合了本书的健康需求、财富水平以及人力资本水平三个调节效应。当下,环境污染的社会健康成本急剧升高,经济增长所引致的对居民健康风险的替代效应已然超过其收入效应。为此,本节重点讨论公众的健康需求、财富水平以及人力资本水平在环境诉求影响工业绿色全要素生产率中的调节作用,以期为降低"环境健康贫困陷阱"风险提供借鉴意义。

首先,健康需求是公众追求物质生活和精神生活的基础(卢娟等,2019;杨思涵等,2020)。而环境污染对公众的健康状况产生负面影响:一方面,环境污染会对公众精神状态产生影响,损害公众的心理健康程度,进而降低公众的主观幸福感(Li 等,2014)。另一方面,环境污染会对公众身体健康状态产生负向影响。Rawcliffe(1993)研究表明,一旦环境状况持续恶化将严重威胁公众健康,甚至面临过早死亡的风险。Copeland 和 Taylor(2004)基于健康生产函数指出,环境污染会加速人体机能的折旧速度,削弱公众的免疫力,导致污染严重地区公众的患病率会显著高于污染程度较低的地区。进一步地,Desmond(2016)指出,公众在个体健康、医疗卫生资源以及获取舒适的生活环境上存在机会不平等,称为健康不平等。此外,Helpman 等(2017)认为由于公众经济社会地位的差异性,不同社会群体和个体暴露在空气污染环境下的概率是不同的,环境污染会导致不同群体健康水平的差异,加剧环境的健康不平等性。而当环境质量进一步恶化,威胁到公众的健康,会激发公众的健康需求,公众会选择搬离本地区,倒逼地方政府牺牲经济增长来改善本地环境质量。公众健康需求同样会对经济可持续发展产生影响。现有研究结果显示,公众健康需求一定程度上对经济增长产生负向影响。祁毓和卢洪友(2015)证实了公众对环境质量的偏向性需求对经济发展产生外在压力,且在经济发展越为落后的地区,环境健康的经济负担越重,且呈现累退分布特征。而公众健康需求对经济增长产生负向的影响,但是环境污染在其中起到了门槛的作用。具体来说随着环境污染的增加,公众健康需求对经济发展的影响呈现先下降后上升的"U"型影响,且呈现不同的城市异质性(杨思涵等,2020)。健康需求是驱动公众环境诉求的首要前提,而随着健康需求的提升,有利于降低陷入"环境健康贫困陷阱"的风险。

其次,从公众财富水平来看,通常而言公众的需求层次依赖于财富水平。Halkos 和 Matsiori(2012)研究表明财富程度越高的公众,更愿意为环境保护支付更高的成本,环境质量的关注度更高。Sun 和 Zhu(2014)同样证实财富水平提升会驱动公众的环境保护意识提升,进而增加对环保产品的需求。董直庆等(2020)基于技术进步能源偏向性的视角,探究财富的节能技术筛选效应,研究表明财富水平在外在压力与内在驱动双重视角下可以有效激励节能技术选择效应,即随着财富水平提升,公众的社会责任感越高,越有利于提升当前的环境绩效。Shao 等(2018)研究认为同大多数富国和高收入国家类似,在中国富人对环境保护存在着更强的环保支付能力,而虽然公众的环境支付意愿随着财富水平的提升在增加,但是随着财富水平增长带来的环境支付意愿的边际效应是递减的。而另一种观点认为,公众的收入水平对环境保护的支付意愿影响并不显著,原因在于环境保护是全球性的共识,且可能发展中国家相对发达国家而言,环境保护支付意愿更强,因为发展中国家面临的环境污染可能更为严重(Dunlap 和 Mertig,1995;Dunlap 和 York,2008;Franzen 和 Meyer,2010)。此外,Neidell(2004)和 Zheng 和 Kahn(2008)指出,事实上富裕程度越高的人口可能受到环境影响的程度越小,其避免遭受环境污染的能力较强,其可能通过选择更好的生活和工作环境来应对环境污染。接着,本书从理论模型视角推导公众财富水平的作用。

为理论考察公众财富水平在公众环境诉求对绿色全要素生产率影响中扮

演的重要角色。根据上文关于公众部门的设定可知,公众部门可支配的总收入等于其对最终产品的消费量 C_t。因此,根据公式(2.60),可以得到公众部门的均衡财富水平 W_t^* 为:

$$W_t^* = \left[\frac{1}{1-\alpha}\frac{\Lambda_t}{\Phi_t} - (1-\alpha)\right]L\Lambda_t^{\frac{1}{\sigma-1}\frac{1}{\alpha}} \tag{2.65}$$

根据公式(2.65),通过移项可以得到

$$\Phi_t = \frac{\Lambda_t}{(1-\alpha)\frac{W_t^*}{L}\Lambda_t^{-\frac{1}{\sigma-1}\frac{1}{\alpha}} + (1-\alpha)^2} \tag{2.66}$$

结合公式(2.64)和公式(2.66),可以得到:

$$\frac{\partial F_{gt}^*}{\partial F_{\beta t}\partial W_t^*} = \frac{\partial F_{gt}^*}{\partial F_{\beta t}\partial \Phi_t}\frac{\partial \Phi_t}{\partial W_t^*} = \frac{2(1-\alpha)^2\Phi_t - \Lambda_t}{\Psi_t A_{gt}^{(\sigma-1)\alpha}}\frac{\frac{(1-\alpha)}{L}\Lambda_t^{2-\frac{1}{\sigma-1}\frac{1}{\alpha}}}{\left[(1-\alpha)\frac{W_t^*}{L}\Lambda_t^{-\frac{1}{\sigma-1}\frac{1}{\alpha}} + (1-\alpha)^2\right]^2} \tag{2.67}$$

由公式(2.67)可知,$\frac{\partial F_{gt}^*}{\partial F_{\beta t}\partial W_t^*}$ 的正负由 $2(1-\alpha)^2\Phi_t - \Lambda_t$ 和 Ψ_t 同时决定。已知当 $0 < \sigma < \frac{1}{\alpha}$ 且 $\frac{A_{gt}}{A_{nt}} > \left\{\frac{[\alpha\sigma - 1 + (1-\alpha)\vartheta\tau_t](1-\vartheta\tau_t)^{\sigma-1}}{1-\alpha\sigma}\right\}^{\frac{1}{\alpha(\sigma-1)}}$ 时,$\Psi_t > 0$。而 $2(1-\alpha)^2\Phi_t - \Lambda_t > 0 \Leftrightarrow \alpha < \frac{1}{2}$ 且 $\tau_t < \frac{2(1-\alpha)^2 - 1}{2(1-\alpha)^2\vartheta}$。因此当生产性劳动力的产出弹性满足 $\alpha < \frac{1}{2}$ 且污染税率满足 $\tau_t < \frac{2(1-\alpha)^2 - 1}{2(1-\alpha)^2\vartheta}$ 时,财富水平的提升将强化公众环境诉求对绿色全要素生产率的正向作用。

事实上,公众财富水平对公众环境诉求的绿色效应影响可以从三方面理解。第一,对于公众部门而言,当公众财富水平提升时,公众部门的物质需求得到了满足,势必会导致环境质量在效用中权重的提高,即公众环境诉求程度的提升,从而推动绿色技术的发展。第二,对于政府部门,公众财富的积累将导致政府部门税收收入的提高,有助于提升环境治理投资力度。第三,对于生产部门而言,由最终产品市场出清条件可知,公众财富水平的提升意味着最终产品产出的增加,同时也表明绿色中间品产出的增长。

最后,从人力资本水平来看,不可否认,已有研究证实环境污染会损害人力资本质量,但是受长远利益驱动的影响,人力资本水平会驱动环保意识提升。通常来说,拥有较高的人力资本水平的公众更加关注生态环境的可持续发展(程广帅和胡锦绣,2019)。以非政府环保组织(Non-Governmental Organization,NGO)为例,该组织成员学历层次方面,拥有大学以上学历占比超过50%,而这一占比在负责人中达到90.7%[①]。而NGO在普及环保常识、宣传环保理念、积极推动和引导公众环境参与等方面发挥重要作用。受教育程度较高的公众对环境质量提升的偏好性更高,且对环境质量的变化更为敏感(Aloi和Tournemaine,2013)。侯燕飞和陈仲常(2018)构建数理模型,结合动态优化的方法从人口的数量和质量两个视角探究其对能源消耗与环境污染的影响。该研究认为,随着人口数量的递增,能源强度对碳排放的影响呈现驱动性增强作用;但是随着人力资本的增强,能源强度的影响被平抑,因此通过提升教育水平可以有效减缓人口数量激增对环境的不利影响。类似地,Lan和Munro(2013)结合工业企业截面数据,探究企业层面人力资本对环境状况的影响,结果表明人力资本提升可以改善环境监管不力以及规避环境检测等状况,进而提升环境状况。此外,人力资本水平的提升会显著提升地区技术模仿以及技术吸收的强度,对于绿色全要素生产率的影响存在正向促进作用(李光龙和范贤贤,2019)。当然,还有学者认为人力资本水平与全要素生产率的提升之间的关系并不明确,人力资本对TFP的影响受制于经济发展水平(Krueger和Lindahl,2001)。此外,魏下海(2010)指出考察人力资本水平与省级TFP之间的空间关系,发现人力资本与省级TFP之间存在显著的空间负向溢出效应,且人力资本水平可能加快传统投入要素下的资本与劳动的利用效率,工业粗放的发展模式并未扭转,因此对绿色发展存在挤出效应,不利于提升绿色全要素生产率。为了深入厘清人力资本的影响,本书结合理论模型,进行阐释如下。

根据公式(2.46),将绿色全要素生产率的均衡变化率F_{gt}^*关于人力资本水平R求导可得:

---

① 数据来源于中华环保联合会。

$$\frac{\partial F_{gt}^*}{\partial R} = \varepsilon(\gamma_g \eta_g)^{\frac{1}{1-\varepsilon}}(1-\mu_t)^{\frac{\varepsilon}{\varepsilon-1}}\Omega_t^{-\varepsilon}A_{gt}^{\frac{(\sigma-1)\alpha\varepsilon}{1-\varepsilon}-1}R^{\varepsilon-1} \qquad (2.68)$$

由公式(2.68)可知，$\partial F_{gt}^*/\partial R > 0$，表明人力资本水平的提升有利于提升绿色全要素生产率。本质上，由公式(2.6)可知，当投入绿色技术研发的人力资本水平越高时，绿色技术研发创新成功概率也会越高。

进一步联立公式(2.46)、公式(2.47)、公式(2.52)和公式(2.61)，可以得到公众诉求程度的变化率 $F_{\beta t}$ 与人力资本水平 R 之间的关系式，再将 $F_{\beta t}$ 关于 R 求导可得：

$$\frac{\partial F_{\beta t}}{\partial R} \propto \frac{\varepsilon R^{\varepsilon-1}}{\Phi_t \Lambda_t [\Lambda_t - (1-\alpha)^2 \Phi_t]} \qquad (2.69)$$

其中，为简化求导结果，采用"$\propto$"表示"正比于"。由于已证明 $\Lambda_t - (1-\alpha)^2\Phi_t > 0$，因此 $\frac{\partial F_{\beta t}}{\partial R} > 0$，表明人力资本水平的提升也激励公众环境诉求程度的提高。两方面综合可知，人力资本水平的提升会激励公众环境诉求对绿色全要素生产率增长的促进作用。此外，公众部门的人力资本水平综合体现公众的环境素养，且反映出公众部门可以积极利用诉求的手段获得政府部门的关注，从而有效参与环境治理，推动绿色全要素生产率的增长。

2.3 公众环境诉求对工业绿色全要素生产率影响的传导机制

上述理论分析已揭示公众环境诉求有利于推动绿色全要素生产率增长，且在健康需求、财富水平和人力资本水平下，公众环境诉求的绿色全要素生产率增长效应存在耦合作用。那么，公众环境诉求推动绿色全要素生产率增长的影响机制何在？为此，本节将理论探究公众环境诉求促进绿色全要素生产率增长的政府协同治理效应、产业结构升级效应和绿色技术创新效应，从理论上厘清公众环境诉求影响绿色全要素生产率的内在机理。

2.3.1 政府协同治理效应的理论分析

在中国情景下，政府在面对公众对环境污染产生抱怨，甚至投诉，以及网络环境关注可能引发的舆论压力时,为了体现"以人为本"的执政理念,可以通过加大环境治理投资的力度以及推进市场化的环境规制途径进行环境治理(Kathuria,2007)。首先,在环境治理投资力度上,郑思齐等(2013)研究表明政府的环境治理行为是公众环境诉求影响环境质量的重要渠道。此外,张华等(2017)探究政府与公众在提升绿色发现绩效中的作用,发现公众环境诉求对提升绿色发展绩效的影响主要归因于政府的作用,公众环境诉求会倒逼政府增强环保支出力度,政府"自上而下"的治理与公众"自上而下"的诉求存在协同发展的作用。进一步地,杜龙政等(2019)指出政府的不同治理方式下,企业的绿色发展效率存在差异,治理转型升级会加速"波特假说"的拐点提前,对实现工业绿色增长具有激励作用。而公众环境诉求对政府环境治理的促进作用在已有文献中已经被证实,本书在实证中也会进一步论证。而在数理分析部分,本书试图对政府的环境治理方式进一步分析,以探究公众环境诉求通过何种政府治理方式产生提升工业绿色全要素生产率的效果更优。在环境治理方式的理论分析部分,主要论证研发补贴与污染税率两种政府治理方式。

政府部门在整体经济活动中扮演着调控者的角色。市场型环境治理手段是当前政府环境治理的重要方式,一方面通过补贴绿色技术的研发成本消耗以促进绿色技术创新,另一方面通过向非绿色生产部门征收污染税以限制非绿色部门的污染排放。绿色技术研发补贴率 μ_t 和污染税率 τ_t 是政府治理环境的重要工具,绿色技术研发补贴率 μ_t 和污染税率 τ_t 的提高反映出政府对环境治理的不同手段。因此,本书在模型中主要就这两种市场型环境规制的手段进行数理分析。下文分别以绿色技术研发补贴率 μ_t 和环境税率 τ_t 进行理论推导。

从政府治理的方式而言,首先理论验证可以通过提升绿色技术研发补贴的方式推动绿色全要素生产率增长。通过利用公式(2.46),将均衡绿色全要素生产率增长率 F_{gt}^* 关于绿色技术研发补贴率 μ_t 求导可得:

$$\frac{\partial F_{gt}^*}{\partial \mu_t} \propto \Omega_t - (\gamma_g \eta_g)^{\frac{1}{1-\varepsilon}} A_{gt}^{\frac{(\sigma-1)a}{1-\varepsilon}} (1-\mu_t)^{\frac{1}{\varepsilon-1}} \tag{2.70}$$

由于公式(2.70)可知,绿色技术研发补贴率 μ_t 对绿色全要素生产率增长率存在倒"U"型影响,令最优研发补贴率 $\mu_t^* = 1 - \Omega_t^{\varepsilon-1} \gamma_g \eta_g A_{gt}^{(\sigma-1)a}$,容易证明

$\mu_t^* \in (0,1)$。因此,当 $0 < \mu_t < \mu_t^*$ 时,$\frac{\partial F_{gt}^*}{\partial \mu_t} > 0$,绿色技术研发补贴率的提升,可以正向推动绿色全要素生产率的增长;而当 $\mu_t^* < \mu_t < 1$ 时,$\frac{\partial F_{gt}^*}{\partial \mu_t} < 0$,表明过高的绿色技术研发补贴率,反而不利于绿色全要素生产率增长。因此,存在最优的绿色技术研发补贴率 $\mu_t^* = 1 - \Omega_t^{\varepsilon-1} \gamma_g \eta_g A_{gt}^{(\sigma-1)\alpha}$。这一结论具有明显的政策意义,是重要理论贡献。

其次,为验证公众环境诉求程度的提高对政府研发补贴的影响,将公式(2.46)、公式(2.47)和公式(2.61)代入公式(2.52),进而得到公众环境诉求程度变化率 $F_{\beta t}$ 与绿色技术补贴率 μ_t 的关系式,由于无法直接求出 μ_t 显函数表达式,因此采用隐函数求导法则可以得到:

$$\frac{\partial \mu_t}{\partial F_{\beta t}} = -\frac{(1-\alpha)^2 \Phi_t^2 \Lambda_t + \Phi_t \Lambda_t^2}{[\Psi_t + \alpha(\sigma-1)\Lambda_t^2 \vartheta \tau_t](1-\vartheta \tau_t)^{\sigma-1} A_{nt}^{(\sigma-1)\alpha} \frac{\partial F_{nt}^*}{\partial \mu_t} - \Psi_t A_{gt}^{(\sigma-1)\alpha} \frac{\partial F_{gt}^*}{\partial \mu_t}} \tag{2.71}$$

其中,容易证明 $\frac{\partial F_{nt}^*}{\partial \mu_t} < 0$,即绿色技术研发补贴率的提高会减缓非绿色技术进步率。由当 $0 < \mu_t < \mu_t^*$ 时,$\frac{\partial F_{gt}^*}{\partial \mu_t} > 0$,此时可以得到 $\frac{\partial \mu_t}{\partial F_{\beta t}} > 0$。综合可知,绿色研发补贴对提升绿色全要素生产率呈现倒"U"型关系,而公众环境诉求可以通过政府部门适度提升研发补贴强度,进而提升工业绿色全要素生产率。

此外,为理论探究政府治理的另一重要工具即环境税对绿色全要素生产率的影响效应,根据公式(2.46),将均衡绿色全要素生产率 F_{gt}^* 关于环境税率 τ_t 求导,可以得到:

$$\frac{\partial F_{gt}^*}{\partial \tau_t} = \frac{\sigma \vartheta \varepsilon (\gamma_g \eta_g)^{\frac{1}{1-\varepsilon}} (\gamma_n \eta_n)^{\frac{1}{1-\varepsilon}}}{(1-\varepsilon)\Omega_t^{\varepsilon+1}} R^\varepsilon (1-\mu_t)^{\frac{\varepsilon}{\varepsilon-1}} (1-\vartheta \tau_t)^{\frac{\sigma}{1-\varepsilon}-1} A_{gt}^{\frac{(\sigma-1)\alpha\varepsilon}{1-\varepsilon}-1} A_{nt}^{\frac{(\sigma-1)\alpha}{1-\varepsilon}} \tag{2.72}$$

由公式(2.72)可知,$\frac{\partial F_{gt}^*}{\partial \tau_t} > 0$,表明环境税率的提高正向促进绿色全要素

生产率的增长。综上可以发现,公众环境诉求在治理强度上能够有效驱动政府治理投入,而在治理手段上,研发补贴的影响呈现倒"U"型变化,而环境税的影响呈现正向促进作用,即可以通过适度调整研发补贴强度和提高环境税的方式实现绿色全要素生产率提升。

2.3.2 产业结构升级效应的理论分析

公众环境诉求推动绿色全要素生产率增长的另一重要途径是产业结构的优化升级。公众环境诉求程度的提高会引发公众部门对绿色产品需求规模的扩大,从而会推动绿色产业部门的发展。绿色产业的发展又为绿色技术的研发创造了良好的基础环境,进而有利于促进绿色全要素生产率的增长。此外,本地公众环境诉求提升会加快地区产业结构调整,因为污染的防治工作主要体现在环境治理的效果,但从本质上来看,只有地区进行产业结构调整,才能全面提升地区的绿色发展效率。即与其通过政府环境治理投资的方式提升工业绿色发展绩效,公众更为迫切地渴求对地区的产业结构进行调整,积极引进与发展绿色产业,进而从根本上提升工业绿色发展效率。

从数理模型上来看,为了理论考察公众环境诉求促进绿色全要素生产率增长的产业结构升级效应,本书采用绿色中间品产出与非绿色中间品产出之比 Y_{gt}/Y_{nt} 刻画经济体中的产业结构 ψ_t。当 ψ_t 增加时,表明产业结构朝绿色方向优化升级;当 ψ_t 减少时,表明产业结构朝非绿色方向发展,不利于产业结构升级。通过将公式(2.41)和公式(2.42)代入公式(2.39),可以求得均衡状态下的产业结构 ψ_t^* 为:

$$\psi_t^* = \frac{Y_{gt}^*}{Y_{nt}^*} = (1 - \vartheta \tau_t)^{-\sigma} \left(\frac{A_{gt}}{A_{nt}}\right)^{\sigma\alpha} \tag{2.73}$$

由公式(2.73)可以发现,当污染税率 τ_{dt} 提高时,ψ_t^* 随之增加,表明污染税率的提高会促使产业结构朝绿色方向优化升级。当绿色技术水平相对非绿色技术水平 A_{gt}/A_{nt} 越高时,ψ_t^* 也会随之增加,表明这也会促使产业结构优化升级。

通过将公式(2.73)代入公式绿色和非绿色相对均衡技术进步率即公式(2.48)中,可以得到:

$$\frac{F_{gt}^*}{F_{nt}^*} = \left(\frac{\gamma_g \eta_g}{\gamma_n \eta_n}\right)^{\frac{1}{1-\varepsilon}} (1-\vartheta\tau_t)^{\frac{(\sigma-1)\alpha\varepsilon-1+\varepsilon}{\alpha(1-\varepsilon)}} (1-\mu_t)^{\frac{\varepsilon}{\varepsilon-1}} (1-\vartheta\tau_t)^{\frac{\sigma\varepsilon}{\varepsilon-1}} \psi_t^{*\frac{(\sigma-1)\alpha\varepsilon-1+\varepsilon}{\alpha(1-\varepsilon)}}$$

(2.74)

由公式(2.73)可知,当绿色和非绿色产品的替代弹性满足 $\sigma > \frac{1-\varepsilon(1-\alpha)}{\varepsilon\alpha}$ 时,$\partial\left(\frac{F_{gt}^*}{F_{nt}^*}\right)\big/\partial\psi_t^* > 0$,表明产业结构朝绿色方向优化升级,有利于推动绿色全要素生产率的增长。

再者,理论考察公众环境诉求对产业结构的影响。将公式(2.61)和公式(2.73)代入公式(2.52),并且运用隐函数求导法则可以得到:

$$\frac{\partial \psi_t^*}{\partial F_{\beta t}} \propto \frac{\sigma\alpha(1-\varepsilon)}{(\sigma-1)\alpha\varepsilon-1+\varepsilon} \frac{\Phi_t \Lambda_t [\Lambda_t - (1-\alpha)^2 \Phi_t]}{\Psi_t} \quad (2.75)$$

根据公式(2.75)分析公众环境诉求对产业结构的影响,由于已经证明 $\Lambda_t - (1-\alpha)^2 \Phi_t > 0$,并已证明当 $0 < \sigma < \frac{1}{\alpha}$ 且 $\frac{A_{gt}}{A_{nt}} > \left\{\frac{[\alpha\sigma-1+(1-\alpha)\vartheta\tau_t](1-\vartheta\tau_t)^{\sigma-1}}{1-\alpha\sigma}\right\}^{\frac{1}{\alpha(\sigma-1)}}$ 时,$\Psi_t > 0$。因此,当 $\frac{1-\varepsilon(1-\alpha)}{\varepsilon\alpha} < \sigma < \frac{1}{\alpha}$ 且 $\frac{1}{2-\alpha} < \varepsilon < 1$ 时,可以得到 $\frac{\partial \psi_t^*}{\partial F_{\beta t}} > 0$,表明公众环境诉求程度的提高有利于驱动产业结构朝绿色清洁方向优化,形成产业结构升级效应,进而推动绿色全要素生产率的增长。

2.3.3 绿色技术创新效应的理论分析

在企业层面,一方面,虽然企业进行绿色技术创新会提升企业的生产成本,压缩企业的利润,但是为了迎合消费者的绿色需求,赢得良好的社会声誉,企业会进行转型升级,加大对绿色技术创新的研发投入,同时增强绿色技术,转化提升企业的绿色创新能力,获取更大的消费者市场,实现规模经济,助推绿色全要素生产率提升;另一方面,公众环境诉求会引起政府的环境治理与环境监管,而事实上,政府对企业绿色生产提出了更严格的要求,政府会倒逼企业进行绿色技术创新,进而满足公众的环境诉求。为此,企业层面处于企业转型的"内在驱动"与政府治理"外在压力"的双重维度下会形成企业绿色技术创新效应,提升绿色全要素生产率的水平。

在数理分析部分,利用企业绿色技术研发成功的概率来表征企业的绿色技术创新能力。当绿色技术研发成功概率提高时,绿色技术专利数量随之增多,实现绿色技术创新,进而提升绿色要素生产率。

数理探析如下,为了理论探究公众环境诉求影响绿色全要素生产率的绿色技术创新效应,首先通过基于公式(2.32),可以将绿色全要素生产率增长率表示为 $F_{gt}=\gamma_g\xi_{gt}/A_{gt}$。因此,显然 $\partial F_{gt}/\partial \xi_{gt}>0$,表明绿色技术研发成功概率 ξ_{gt} 的增大有利于促进绿色全要素生产率的增长。

其次,为理论验证公众环境诉求程度的提升可以促进绿色技术研发成功概率的增加,将 $F_{gt}=\gamma_g\xi_{gt}/A_{gt}$ 和 $F_{nt}=\gamma_n\xi_{nt}/A_{nt}$ 先代入公式(2.61),再代入公式(2.52),并将绿色技术研发成功概率 ξ_{gt} 关于公众环境诉求程度变化率 $F_{\beta t}$ 求导可得:

$$\frac{\partial \xi_{gt}}{\partial F_{\beta t}}=\frac{\Phi_t\Lambda_t[\Lambda_t-(1-\alpha)^2\Phi_t]}{\Psi_t A_{gt}^{(\sigma-1)\alpha}}\frac{A_{gt}}{\gamma_g} \qquad (2.76)$$

根据公式(2.76)可知,由于已证明 $\Lambda_t-(1-\alpha)^2\Phi_t>0$,并当 $0<\sigma<\dfrac{1}{\alpha}$ 且 $\dfrac{A_{gt}}{A_{nt}}>\left\{\dfrac{[\alpha\sigma-1+(1-\alpha)\vartheta\tau_t](1-\vartheta\tau_t)^{\sigma-1}}{1-\alpha\sigma}\right\}^{\frac{1}{\alpha(\sigma-1)}}$ 时,$\Psi_t>0$,此时可以得到 $\dfrac{\partial \xi_{gt}}{\partial F_{\beta t}}>0$。由此表明,当绿色和非绿色产品替代弹性较小,且绿色相对非绿色技术水平超过一定门槛时,公众环境诉求程度的提高会促使企业绿色技术研发成功概率的增加。综合而言,公众环境诉求可以有助于驱动提升企业绿色技术研发成功概率,进而形成绿色技术创新效应,推动绿色全要素生产率的增长。

2.4 本章小结

本章基于 Acemoglu 等(2012)的环境技术进步方向模型,构建由生产部门、公众部门和政府部门组成的三部门基本框架,将环境诉求引入公众部门效用函数拓展理论模型,通过求解模型均衡,理论考察公众环境诉求的绿色全要素生产率提升效应。生产部门由最终产品、绿色和非绿色中间品、绿色和非绿色机器设备,以及绿色和非绿色技术研发等部门组成,各部门均通过选择最优要素投入使得利润最大化。公众部门从最终产品的消费和外部环境质量两方面获得效用,环境质量在效用函数中的相对重要性刻画了公众部门对环境质量的诉求程度,公众部门在预算约束以及环境质量的演变规律条件下实现效用最大化。政府部门在整体经济中起到调控的作用,为进行环境治理,一方面通过补贴绿色技术研发部门的研发活动消耗以促进绿色技术创新,另一方面通过向非绿色生产部门征收污染税以控制污染排放。理论模型推演主要得到如下结论:

第一,公众环境诉求有利于激励绿色全要素生产率水平提升。首先,通过求解绿色全要素生产率的均衡增长率发现,绿色技术水平增幅、绿色技术研发效率、当前绿色技术水平、绿色技术研发补贴率、污染税率、绿色和非绿色产品替代弹性、生产性劳动力产出弹性以及研发人员产出弹性是影响绿色全要素生产率均衡增长率的重要因素。其次,通过联立生产部门与公众部门的均衡结果发现,当绿色和非绿色产品替代弹性较小,且绿色相对非绿色的相对技术水平超过一定门槛时,公众环境诉求程度提高可以推动绿色全要素生产率增长并有效改善环境质量。

第二,公众健康需求、财富水平以及人力资本在公众环境诉求对工业绿色全要素生产率产生增强型调节作用。理论分析结果表明,健康需求、财富积累以及人力资本提升会降低陷入"环境-健康-贫困陷阱"的风险。公众财富水平的调节作用可从三方面理解:一是对于公众部门来说,随着公众财富积累,公众部门的物质需求逐渐得到满足,势必会导致环境质量在效用偏好中重要性的增加,也即公众环境诉求加强;二是对于政府部门来说,公众财富的积累将导致政府部门税收收入的提高,有助于提升环境治理力度;三是对于生产部门来说,公众财富的积累意味着最终产出的增加,同时也表明绿色中间品产出的增长。人力资本水平的提升激励了公众环境诉求的绿色全要素生产率增长效应。相较于环境污染对人力资本的损害,人力资本的积累更能驱动公众环境保护意识和法律维权意识的增强,进而促使公众更加有效地参与环境治理,并推动绿色产业发展。

第三,公众环境诉求将通过形成政府协同治理效应、产业结构升级效应和绿色技术创新效应,推动绿色全要素生产率的快速提升。政府协同治理效应的理论分析表明,首先从政府治理强度上来看,公众环境诉求提升会驱动政府增强环境治理投资力度;从政府治理方式上来看,公众环境诉求可以通过适度的绿色技术研发补贴手段提升工业绿色全要素生产率。此外,值得注意的是,绿色技术研发补贴和工业绿色全要素生产率之间存在倒"U"型关系,过度的绿色技术研发补贴率反而会阻碍绿色全要素生产率的提升,而环境税对提升绿色全要素生产率产生驱动作用。当然,后文需要结合具体的实证进行检验。产业结构升级效应的理论分析表明,公众环境诉求可以引发产业结构朝绿色产业方向转型升级,从而促进绿色全要素生产率增长。绿色技术创新效应的理论分析表明,从企业层面来看,公众环境诉求有助于提升企业绿色技术研发成功概率,绿色技术专利数量的增加,提升了企业的创新能力,进而推动绿色全要素生产率的提升。

第 3 章 概念界定与特征事实

本章聚焦公众环境诉求的指标度量并采用核密度曲线、地理空间可视化工具进行时空演化分析；此外，基于融合径向和非径向优势的混合 EBM (Epsilon-Based Measure, EBM) 模型，分别以工业污染排放和工业二氧化碳排放为非期望产出，测算工业绿色全要素生产率，并基于 H-P 滤波与马尔科夫区制转移模型 (Markov Switching Autoregression, MS-AR 模型) 分析绿色全要素生产率变化的时间演化路径；最后，分别对环境绩效维度和碳绩效维度的工业绿色全要素生产率进行指标再分解。

3.1 公众环境诉求内涵、指标衡量及特征分析

3.1.1 公众环境诉求内涵与衡量测度

非正式环境规制指的是当正式环境规制缺失、错位抑或强度较低等情况下，公众以自发或组织团体等形式与污染企业、政府有关部门进行磋商、谈判，从而达到环境治理、改善环境质量的目的（Wheeler 和 Pargal，1996）。进一步地，Tietenberg（1998）指出公众环境参与作为重要的非正式性环境规制在环境治理上发挥重要作用，尤其是当正式环境规制在实施过程中存在执行不利抑或政策效果存在缺失错位等情况下，公众环境诉求的作用效果更为明显（Afsah 等，1996；Sterner 和 Robinson，2018；Liao，2018）。Kathuria（2007）认为公众主要以投诉、信访以及游行集会等方式表达对改善环境质量的诉求是非正式环境规制核心要义，且与正式环境规制相比，非正式环境规制更有利于降低信息不对称风险。类似地，郑思齐（2013）进一步强调，公众环境诉求指的是公众有意识、有组织地表达对环境问题的关注以及对于改善环境质量的强

烈需求,表征公众对环境保护的关注与参与程度,是非正式环境规制的重要表现形式之一。事实上,正式环境规制在实施过程中也存在诸多缺陷,导致政策实施效果发生偏离。例如,正式环境规制下,在地方以"为增长而竞争"的"竞争锦标赛"制度下,地方官员存在为吸引外资、激励经济而降低环境规制门槛的情况。此外,政企合谋、地下经济、高昂的环境规制成本等也是影响正式环境规制政策效果的重要因素(李欣等,2017)。

有效的环境治理需要政府、企业、公众三方主体力量合力完成(王宇哲和赵静,2018;涂正革,2018)。相比于政府"自上而下"的制度安排,公众从自身利益视角产生的环境诉求内在驱动力和持续性更强(龚勤林等,2020;涂正革等,2018)。于文超等(2014)认为公众环境诉求一方面指的是公众对于环境问题的重视程度较高,另一方面指的是公众出于对环境问题的关注,进而身体力行地参与环境治理。徐圆(2014)指出公众对环境问题持续性关注,加快媒体对污染企业的信息披露,从而加大政府环境治理压力以及企业的声誉成本。进一步地,杨健燕(2015)表明公众环境关注是公众参与环境治理的充分条件,只有公众充分地认识到环境问题的重要性以及当前环境形势的严峻性,才能较为深入地参与环境治理,同时提升政府治理强度。涂正革等(2018)认为公众环境诉求的张力体现在公众从"环境关心"逐步向"环境行动"过渡,科学有效的公众参与模式有利于加快环境治理的速度与效果。张宏翔和王铭槿(2020)探讨公众环境诉求在政府环境政策制定中发挥的作用,政府环境治理效率很大程度上依赖公众的参与程度。

已有研究在量化该指标时主要有两种思路,一是采用问卷调查、公众环境污染来信来访数、人大或政协关于环境保护的提案数等(Dasgupta等,1997;Li等,2012;李永友和沈坤荣,2008;韩超等,2016;马勇等,2018;伍格致和游达明,2019;Zhang等,2019)。史丹等(2020a)采用中国社会综合调查数据库,探讨环境投诉的有效性。事实上,《环境保护公众参与办法》明确指出,公众可以通过举报、投诉等方式参与环境治理。为此,Dasgupta(1997)在探究中国环境问题时,将公众对环境污染问题的投诉信件量作为公众环境诉求的替代变量。李永友和沈坤荣(2008)、张翼和卢现祥(2011)均选择公众关于环境问题的来访批次表征公众的环境参与程度。占佳和李秀香(2015)认为公众参与是公众环境诉求的重要外在表现形式,公众环境参与会以直接或间接方式对环境治理部门施压,将环境保护的意识与责任内化到公众的个人行为当中。同样,采用公众信访来信件数的指标作为公众环境参与的代理变量,韩超等(2016)、马勇等(2018)采用相同的做法。此外,伍格致和游达明(2019)在探究不同环境规制类型对技术创新的影响时,公众环境污染投诉量是衡量公众参与型环境规制的重要指标,原因是环境信件数在一定程度上反映了政府部门与地方公众之间的互动关系。当然,还有学者采用将环保来信数、环保方面的人大建议数、政协提案数运用熵值法合成一个综合的指标来表征公众环境诉求(张宏翔和王铭槿,2019;余文超等,2019)。相比于政协或者人大关于环境问题的提案,公众对环境污染投诉信件量可以更加直接地反映公众环境诉求(Li 等,2012;Zeng 和 Hu,2015)。

二是采用具有表征公众对环境问题的关注的指标,以谷歌指数(Google Trends)或百度指数(Baidu Index)为主(Du 等,2019;Kahn 和 Kotchen,2011;Zheng 等,2012、2014;郑思齐等,2013;李欣等,2017;Shen 等,2019;史丹和陈素梅,2019)。随着信息通讯、大数据等技术的快速发展,互联网的功能也在不断地被开发,逐渐形成公众获取信息、传播信息、分享信息与表达公众诉求的重要平台(Herold 和 Marolt,2011)。互联网承载的大数据独有的特征,是传统的统计调查数据无法比拟的(李华杰等,2018)。已有基于互联网的大数据挖掘开展了大量基于模型预测、理论验证、政策评价等方面的研究(Askitas 和 Zimmermann,2009;Cavallo,2013;Varian,2014)。朱颖等(2018)基于百度搜索指数(Baidu Index)刻画民众对政府"三公消费"的关注度,结果表明地方财政程度显著受制于公众关注度。赵龙凯等(2013)运用百度搜索指数作为公众对上市公司关注程度的代理变量,借以探究股票搜索量与股票收益率之间的关系。在环境研究方面,郑思齐等(2013)结合谷歌搜索指数量化公众对环境问题的关注,探究公众环境诉求与环境治理之间的关系,研究表明公众对环境问题的持续关注可以有效推动地方的环境治理。王宇哲和赵静(2018)探究环境监管领域中公众与资本市场的关系问题,同样采用百度指数衡量对雾霾的关注度问题。类似地,史丹和陈素梅(2019)、Shen 等(2019)均采用这种方式,借助百度指数(Baidu Index)和谷歌指数(Google Trends)在一定程度上反映公众对环境问题的关注。当然,也有学者认为中国较差的网络环境会使互联网数据的真实性存疑,信访制度下,环境信访量相较于互联网的网络数据可能更为正式、真实、严谨(宁金辉,2020)。

3.1.2 公众环境诉求的特征分析

结合已有研究,本书为了更加综合全面地量化公众环境诉求,采用公众环境参与以及公众环境关注两个指标量化公众环境诉求。采用这两个指标的原因在于,一是已有研究均是采用单一的指标来刻画公众环境诉求,而事实上,单一指标的缺陷在于仅能反映公众环境诉求的某一方面。例如环境关注仅能反映公众对环境问题的关注程度,而可能并未转化为实际的环境行动。相反,环境投诉则反映了公众的环境行动,但是在范围上又不能较为综合地反映公众对环境问题的关注,即综合利用两个指标全面的表征了公众环境的"诉"与"求"。二是随着信息化程度的发展,公众的环境诉求渠道可能会逐渐地从传统的信访方式转移为借助互联网渠道进行诉求表达,更为高效、快捷地反映公众对环境问题的关注是公众环境行动的有效前提条件。由于《环境保护公众参与办法》明确指出,公众可以通过举报、投诉等方式参与环境治理,且对公众而言,针对环境污染的举报、投诉是直接且主要的参与环境治理的方式。与已有文献类似,本书的公众环境参与指标采用关于环境污染举报投诉量衡量,具体来说,本书利用分省人均环境污染的来信数量(Li 等,2012;伍格致和游达明,2019;李永友和沈坤荣,2008;韩超等,2016;马勇等,2018;Zhang 等,2019),其中 2001—2010 年的数据是因环境污染的来信数,2011—2015 年的数据是因环境污染的来信数与电话(网络)投诉的总和,数据来源于 2002—2016 年的《中国环境年鉴》,而 2017 年《中国环境年鉴》的统计口径发生改变,仅公布当年接到群众的微信举报件数,这一指标相对 2016 年度《中国环境年鉴》中的环境污染的来信数与电话(网络)投诉的总和相差较大,为了避免异常值等情况,该年度采用基于已有年份拟合获取。此外,结合后文测算中国工业 GTFP 的数据测算要求,由于 2018 年的《中国工业统计年鉴》未公布,无法获得 2017 年规模以上工业企业的固定资产原价、累积折旧这两个指标,因此工业固定资本存量仅能获取到 2016 年,为最大程度体现数据的完整与全面性,本书样本区间为 2001—2016 年。对于公众环境关注的指标,本书参考已有文献的思路(Du 等,2019;Kahn 和 Kotchen,2011;Zheng 等,2012,2014;郑思齐等,2013;李欣等,2017;Shen 等,2019;史丹和陈素梅,2019),采用谷歌环境搜索指数表征(Google Trends),具体来说,在谷歌搜索引擎上基于谷歌搜索指数(Google Trends)上以"环境污染+省份"为关键词,手动收集获取各省份的环境污染"CSV"文件,并测算出当年的均值,样本区间为2004—2016年,需要说明的是,由于2010年4月谷歌搜索退出中国内地,后续谷歌搜索的数据一定程度上影响样本的准确性,为此本书参考Shen等(2019)的做法,对于2011—2016年公众环境关注的数据,采用百度环境搜索指数(Baidu Index)拟合填充。

为了更加全面地反映公众环境诉求的特征,本书会从时间维度和空间维度两个视角对公众环境诉求进行特征分析。

从时间维度来看,图3-1呈现的是公众环境参与的核密度曲线,图3-2呈现的是公众环境关注的核密度曲线,无论是公众环境参与还是公众环境关注,从位置上看均呈现缓慢右移特征,表明公众环境诉求的强度愈发明显。从形态上看,由"尖峰"向"宽峰"转变的公众环境诉求核密度分布,体现公众环境诉强度呈现由收敛向发散过渡。从峰高上看,不断降低的峰高印证了各省的公众环境诉求强度存在差异,区域异质性特征明显。此外,无论是公众环境参与还是公众环境关注的右拖尾面积逐渐增大,都表明公众环境诉求增强的地区在逐渐增多。

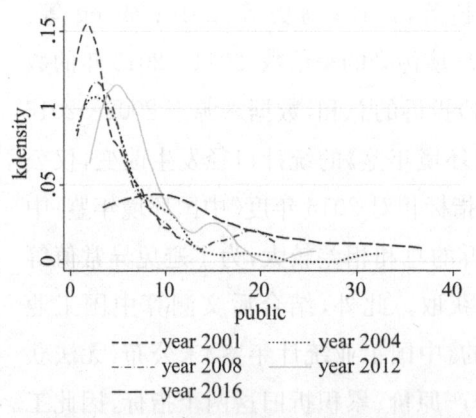

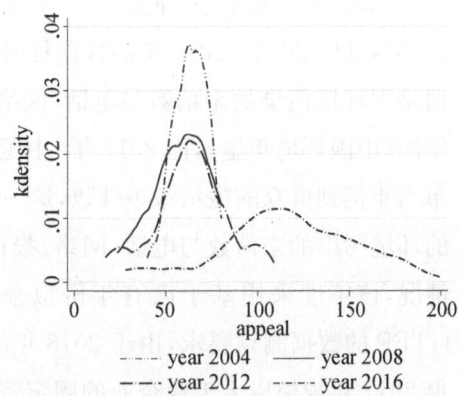

图3-1 公众环境参与度的核密度曲线　　图3-2 公众环境关注度的核密度曲线

从空间维度来看,不同地区的公众环境诉求差异明显。无论就公众环境参与还是公众环境关注而言,公众环境诉求较高的地区主要集中在经济较为发达的东南沿海地区,如浙江、福建、上海、江苏、广东、山东等地,东北地区的人均环境投诉量相对较高,可能与其作为老工业发展基地的属性有关,而中部与西南地区的公众环境关注逐渐提升的原因可能与承接东部地区的污染产业转移相关联,而大部分地区对于环境的关注程度均显著提高。

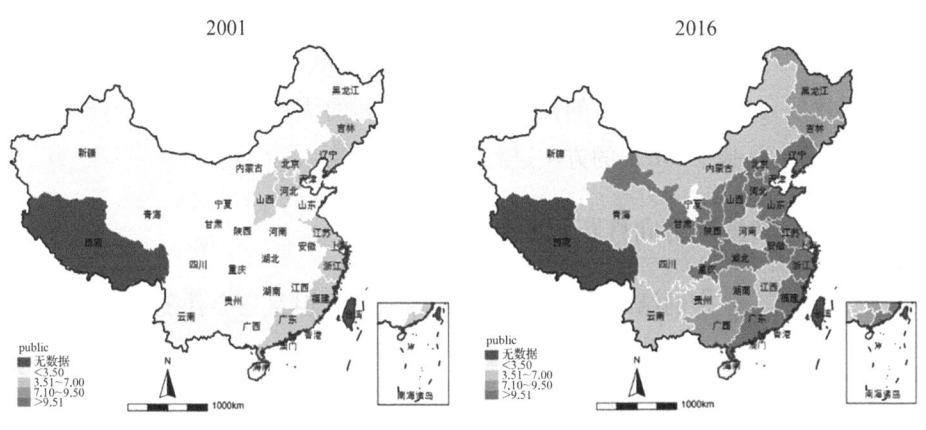

图 3-3 2001 年公众环境参与程度

图 3-4 2016 年公众环境参与程度

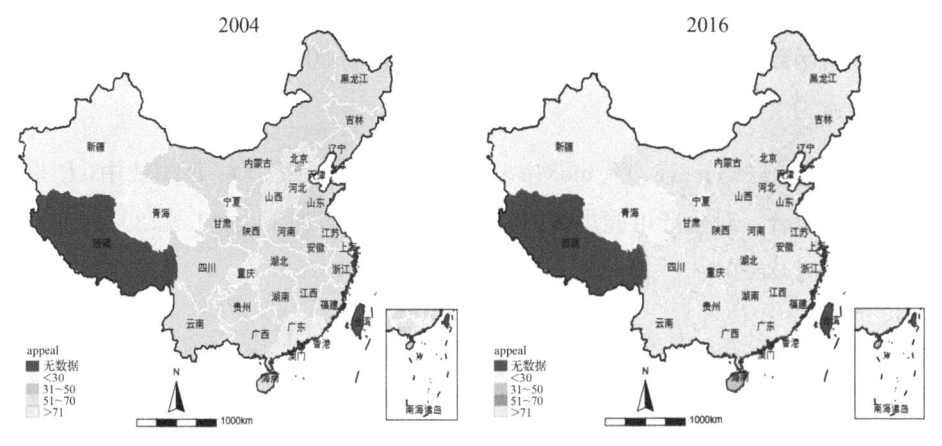

图 3-5 2004 年公众环境关注程度

图 3-6 2016 年公众环境关注程度

3.2 工业绿色全要素生产率测算方法

在资源与环境约束趋强的现实背景下,提升工业绿色 GTFP,成为推动经济发展方式转变,实现可持续发展的突破口和关键抓手(陈诗一,2012;李江龙和徐斌,2018)。当前,在指标测度方面,随机前沿生产函数法(SFA)与数据包络分析法(DEA)是考虑环境副产出的 GTFP 的两种典型测算方法。而 SFA 这一参数型方法的缺陷需要依赖事先设定的效率变化形式,测算的结果易受模型设定形式以及随机误差项是否满足正态分布等因素影响,此外更重要的是该方法只能拟合单一的非期望产出,而无法拟合多种非期望产出的情形;相反,作为非参数 DEA 的方法并不依赖于模型设定以及误差项分布的影响,且可以有效拟合多投入多产出的情形,是效率测算的优选方法(陈诗一,2010)。因此,本书也是基于 DEA 的方法进行效率测算。

3.2.1 传统的方向性距离函数

一般而言,生产的结果除了有理想的"好"产出,但是也会伴随着非期望的"坏"产出,二者是相互伴随的,如果在效率测算过程中,仅仅考虑期望产出会导致测算结果发生偏误。而距离函数(Distance Function)可以有效兼顾到期望产出与非期望产出,因此被广泛用于能源环境全要素生产率的测算当中。

方向性距离函数(Directional Distance Function, DDF)是当前效率分析中的常用函数表达形式。参考王淑红和杨志海(2020)的设定方法,具体的定义如下:

$\vec{D}(x, y^g, y^b; g_y, g_b) = \max\{\beta \mid (y^g + \beta g_y, y^b - \beta g_b) \in P\}$,式中,$P$ 是生产可能集合。对生产可能集合 P 的概念进行说明如下(杜江等,2016;王淑红和杨志海,2020):

$$P = \{(y^g, y^b) \mid x \text{ 能生产}(y^g, y^b)\} \qquad (3.1)$$

其中,$x = (x_1, x_2, \cdots, x_M) \in \mathbf{R}_+^M$,表示 M 种要素构成的投入向量集合。$y^g = (y_1^g, y_2^g, \cdots, y_N^g) \in \mathbf{R}_+^N$ 为 N 种期望产出构成的向量集合。$y^b = (y_1^b, y_2^b, \cdots, y_s^b) \in \mathbf{R}_+^S$ 代表 S 种非期望产出构成的向量集合。此外,生产可能集合为有界闭集(Fare 等,2007)。而 $g = (g_y, g_b)$ 为方向向量,DDF 的目的是,在 y^g 方向上增加期望产出 g_y,在 y^b 的方向上缩减非期望产出,而它们是同比例变化的,变化的幅度均为 β。求解这一方向性距离函数需要通过建立线性规划问题进行求解(Fare 等,2007;李谷成,2014;王淑红和杨志海,2020)。

$$D = (x_i', (y^g)_i', (y^b)_i'; g_y, g_b) = \max \beta_i'$$

$$s.t. \begin{cases} \sum_{i=1}^{I} \delta_i x_{k,m} \leqslant x_{k,m}, & m=1,2\cdots M \\ \sum_{i=1}^{I} \gamma_i (y^g)_{i,n} \geqslant (y^g)'_{i,n} + \beta'_i (g_y)_n, & n=1,2\cdots N \\ \sum_{i=1}^{I} \gamma_i (y^b)_{i,s} \geqslant (y^b)'_{i,s} - \beta'_i (g_b)_s, & s=1,2\cdots S \\ \delta_i \geqslant 0 & i=1,2\cdots I \end{cases} \quad (3.2)$$

其中，$i=1,2\cdots I$ 代表决策单元，而在本书中采用省份的决策单元，δ_i 为权重变量，代表各个决策单元在构造生产可能集合下的各自权重。这一函数的优势在于，基于生产技术可行集（Production Possibility Set，PPS）的允许范围内增加期望产出并减少非期望产出，成为绿色效率提升的核心思路（李江龙和徐斌，2018）。在此基础上，进一步构造 Malmqust-Luenberger（ML）指数测算基于环境污染绩效下的 GTFP 增长（王兵等，2008；陈诗一，2010；Chen 和 Golley，2014；Li 和 Lin，2016）。

而事实上，Malmqust-Luenberger（ML）指数也存在诸多不足，其一，ML 指数测算的绿色全要素生产率存在非循环累积性特征（循环累积性指的是，当 $I^{1,3}=I^{1,2}*I^{2,3}$ 时，表明该指数具有循环累积性，其中 $I^{1,3}$、$I^{1,2}$、$I^{2,3}$ 分别代表该指数从第 1 到第 3 期、第 1 到第 2 期、第 2 到第 3 期的变化率），只能反映临近生产单元的短期变化情况，原因在于 ML 指数采用的是几何平均的形式（Oh，2010）。其二，ML 指数只是基于传统的径向与角度方向 DDF 上进行测算，测算结果可能存在偏误。这里需要对"径向"和"角度"的概念进行解读，一方面阐释 ML 指数的不足，另一方面为下文做铺垫。"径向"的意思是，要素投入与产出变动是呈现一定线性关系，但是无论是投入侧还是产出侧存在非零松弛的情况下，径向的测度方式易导致结果的高估（Zhang 和 Choi，2013）。"角度"的意思是，投入（产出）角度指的是产出（投入）最大条件下，投入（产出）最小。但是，ML 角度测算视角仅仅单一从投入视角抑或从产出视角，并不可以较为全面地权衡最优的效率评价视角（涂正革和刘磊珂，2011）。此外，ML 指数还可能存在混合跨期 DDF 无解等问题。

当然，为了消除 ML 指数的缺陷，后续学者又相继提出序列 SML

(Sequential ML)抑或以优化技术前沿集的方式来改进 ML 指数测算方法(Wu 等,2018;Oh 和 Heshmati,2010),但是也仅能解决 ML 的部分缺陷。直到基于全域技术下的 GML(Global ML)指数被提出,才有效缓解 ML 指数所存在的跨期 DDF 无解、前沿面内移以及非循环性等问题(Oh,2010;刘瑞翔和安同良,2012;Fan 等,2015;Emrouznejad 和 Yang,2016;周五七和朱亚男,2018)。当然,后续还有学者提出基于共同前沿面的(Meta-Frontier)的 MML 指数(Du 等,2014;张志辉,2015;Feng 等,2018),以及基于两期 BML(Biennial ML)指数(王兵和刘光天,2015),均在一定程度上解决 ML 指数的跨期 DDF 无解等问题。

3.2.2 非径向、非角度方向性距离函数

传统 DDF 模型的最大缺点是其要求期望产出与非期望产出之间存在同比例性,即对于期望产出扩大的倍数与非期望产出缩减的倍数是相同的,而这会引发"松弛偏误"(Fukuyama 和 Weber,2009;李江龙和徐斌,2018),径向效率的测算结果会高估真实的度量结果(Zhang 和 Choi,2013)。而 Tone(2001)将松弛变量引入目标函数当中,提出了非径向、非角度的基于松弛的 SBM 模型(Slacks-Based Measure),该模型虽然可以有效解决投入和产出线性等斜率变动的假定,但是却以效率前沿的原始信息损失为代价(Tone 和 Tsutsui,2009)。第一,在处理正值和零值时,SBM 效率测算的结果与实际情况发生偏离(师博和任保平,2019;师博和沈坤荣,2013)。第二,在现实工业生产过程中,径向与非径向共存,且有的径向关系是可分割的(例如劳动力投入与环境污染),而有的是不可分割的(例如能源投入与环境污染),而 SBM 很难处理同时包含径向与非径向特征的状况(韩洁平等,2019;李德山和张郑秋,2020;王美和刘殿国,2020)。

而混合 EBM 模型(Epsilon-Based Measure,EBM 模型)可以有效兼容径向与非径向问题,EBM 模型在原有 DEA 模型基础上,增设两个基础条件:第一,弱可处置性,即非期望产出与期望产出的减少具有同步性;第二,零结合性,即在现实的工业生产过程中,非期望产出的产生为必然事件(韩洁平等,2019)。为此,参考樊鹏飞等(2018)的设定方法,EBM 模型如下:

$$\rho^* = \min \theta - \phi_x \sum_{i=1}^{m} \frac{\kappa_i^- \nu_i^-}{x_{ik}}$$

$$s.t. \begin{cases} \sum_{j=1}^{n} x_{ij}\gamma_j + \nu_i^- = \theta x_{ik} & i=1,2\cdots m \\ \sum_{j=1}^{n} y_{rj}\gamma_j \geqslant y_{rk} & r=1,2,\cdots s \\ \gamma_j \geqslant 0 & \nu_i^- \geqslant 0 \end{cases} \quad (3.3)$$

其中，ρ^* 为最佳效率值，ν_i^- 为基于投入视角下要素 i 的松弛变量，j 为决策单元变量，κ_i^- 代表第 i 个投入要素权重，x_{ij} 和 y_{rj} 分别为基于决策单元上的投入与产出变量。θ 代表基于径向部分的参数，ϕ_x 效率计算中非径向部分所占的比重，且满足 $0 \leqslant \phi_x \leqslant 1$。进一步地引入非期望因素，结合已有研究将非径向、非角度 EBM 模型定义如下（Cheng 和 Qian, 2011；李德山和张郑秋，2020）：

$$\rho^* = \min \frac{\theta - \phi_x (1/\sum_{i=1}^{m}\kappa_i^-) \sum_{i=1}^{m} \frac{\kappa_i^- \nu_i^-}{x_{ik}}}{\varepsilon + \phi_y (1/\sum_{r=1}^{s}\kappa_r^g) \sum_{r=1}^{s} \kappa_r^g \nu_r^g / y_{rk} + \phi_z (1/\sum_{e=1}^{p}\kappa_t^b) \sum_{e=1}^{p} \kappa_t^b \nu_t^b / z_{ek}}$$

$$s.t. \begin{cases} X\gamma + \nu_i^- = \theta x_k \\ Y^g \gamma - \nu_r^g = \varepsilon y_k \\ Z^b \gamma + \nu_e^b = \varepsilon z_k \\ \gamma, \nu_i^-, \nu_r^g, \nu_e^b \geqslant 0 \end{cases} \quad (3.4)$$

其中，$\kappa_i^-, \kappa_r^g, \kappa_t^b$ 为分别在投入、期望产出与非期望产出视角下的权重。且当 ϕ_x 取不同值时，EBM 可以与 CCR 模型与 SBM 模型进行转化，分别为当 ϕ_x 的取值 0 和 1 时。

由于采用几何平均形式的 ML 指数具有非循环累积的缺陷，只能反映生产效率的短期变化状况，并不能反映生产效率的长期变化特征，Pastor 和 Lovell(2005)以全局整体时期作为整体，计算平均效率值，不仅可以反映长期变化状况，还可以解决线性规划无解状况的出现。而 Oh(2010)在结合非期望产出的基础上，构建全局 GML(Global Malmqust-Luenberger)指数，可以有效避免技术性衰退以及绿色全要素生产率的"被动"提升(董敏杰等,2012)。

参考 Fare 等(1994)以及 Ray 和 Desli(1997)的方法进行测算,为 TFP 分解的典型方法,首先将 TFP 分为技术和效率两类,其次对效率进行再分解(胡博伟等,2020;陶长琪和齐亚伟,2012)。但是,这两篇文献分解的前提假设是存在差异,前者为规模报酬不变条件下分解,而后者相反。Grifell-Tatjé 和 Lovell(1999)认为基于报酬不变假定下的分解并不准确,但是全要素生产率的测算是正确的;而基于规模可变条件下的结论恰好相反,在规模可变情况下的分解是正确的,测算是有偏误的。为此,本书综合二者的优势,在已有分解步骤的基础上,针对技术变化分项进行再分解。具体而言,与效率类分解类似,本书将技术变化分解为两类,其一是反映纯技术类性质的纯技术进步变化(GPTC),其二是规模性质的技术规模变化(GSTC)。本书参考已有文献的思路(韩英和马立平,2019;樊鹏飞等,2018;胡博伟等,2020;陶长琪和齐亚伟,2012;Zofio,2007)。

$$GML_t^{t+1} = \frac{S_C^G(x^t, y^t, b^t; y^t, -b^t)}{S_C^G(x^{t+1}, y^{t+1}, b^{t+1}; y^{t+1}, -b^{t+1})}$$

$$= \frac{S_C^t(x^t, y^t, b^t; y^t, -b^t)}{S_C^{t+1}(x^{t+1}, y^{t+1}, b^{t+1}; y^{t+1}, -b^{t+1})} \times \Big(\frac{S_C^G(x^t, y^t, b^t; y^t, -b^t)}{S_C^t(x^t, y^t, b^t; y^t, -b^t)} \times$$

$$\frac{S_C^{t+1}(x^{t+1}, y^{t+1}, b^{t+1}; y^{t+1}, -b^{t+1})}{S_C^G(x^{t+1}, y^{t+1}, b^{t+1}; y^{t+1}, -b^{t+1})} \Big)$$

$$= GEC_t^{t+1} \times GTC_t^{t+1} \qquad (3.5)$$

其中,$S(x,y,b;g) = 1 + \vec{D}(x, y^g, y^b; g_y, g_b)$,$\vec{D}(x, y^g, y^b; g_y, g_b) = \max\{\beta \mid (y^g + \beta g_y, y^b - \beta g_b) \in P\}$,代表全局性方向距离函数,$GML_t^{t+1}$ 代表在相邻两期绿色全要素生产率的变动。首先,将 GTFP 分解为技术效率变化(GEC_t^{t+1})和技术进步变化(GTC_t^{t+1}),前者代表实际生产点趋近生产前沿面的速度;后者代表生产前沿面本身的扩张速度。当 GML_t^{t+1}、GEC_t^{t+1}、GTC_t^{t+1} 小于1,代表 GTFP 降低、技术效率下降、前沿技术倒退,反之则反是。

进一步,本书将绿色效率变化 GEC_t^{t+1} 和绿色技术进步变化 GTC_t^{t+1} 再分解得:

$$GEC_t^{t+1} = \frac{S_C^t(x^t,y^t,b^t;y^t,-b^t)}{S_C^{t+1}(x^{t+1},y^{t+1},b^{t+1};y^{t+1},-b^{t+1})}$$

$$= \frac{S_V^t(x^t,y^t,b^t;y^t,-b^t)}{S_V^{t+1}(x^{t+1},y^{t+1},b^{t+1};y^{t+1},-b^{t+1})} \times$$

$$\left(\frac{S_C^t(x^t,y^t,b^t;y^t,-b^t)}{S_V^t(x^t,y^t,b^t;y^t,-b^t)} \times \frac{S_V^{t+1}(x^{t+1},y^{t+1},b^{t+1};y^{t+1},-b^{t+1})}{S_C^{t+1}(x^{t+1},y^{t+1},b^{t+1};y^{t+1},-b^{t+1})}\right)$$

$$= GPEC_t^{t+1} \times GSEC_t^{t+1} \tag{3.6}$$

$$GTC_t^{t+1} = \frac{S_C^G(x^t,y^t,b^t;y^t,-b^t)}{S_C^t(x^t,y^t,b^t;y^t,-b^t)} \times \frac{S_C^{t+1}(x^{t+1},y^{t+1},b^{t+1};y^{t+1},-b^{t+1})}{S_C^G(x^{t+1},y^{t+1},b^{t+1};y^{t+1},-b^{t+1})}$$

$$= \frac{S_V^G(x^t,y^t,b^t;y^t,-b^t)}{S_V^t(x^t,y^t,b^t;y^t,-b^t)} \times \frac{S_V^{t+1}(x^{t+1},y^{t+1},b^{t+1};y^{t+1},-b^{t+1})}{S_V^G(x^{t+1},y^{t+1},b^{t+1};y^{t+1},-b^{t+1})} \times$$

$$\frac{S_C^G(x^t,y^t,b^t;y^t,-b^t)}{S_V^G(x^t,y^t,b^t;y^t,-b^t)} \times \frac{S_V^t(x^t,y^t,b^t;y^t,-b^t)}{S_C^t(x^t,y^t,b^t;y^t,-b^t)} \times$$

$$\frac{S_C^{t+1}(x^{t+1},y^{t+1},b^{t+1};y^{t+1},-b^{t+1})}{S_V^{t+1}(x^{t+1},y^{t+1},b^{t+1};y^{t+1},-b^{t+1})} \times \frac{S_V^G(x^{t+1},y^{t+1},b^{t+1};y^{t+1},-b^{t+1})}{S_C^G(x^{t+1},y^{t+1},b^{t+1};y^{t+1},-b^{t+1})}$$

$$= GPTC_t^{t+1} \times GSTC_t^{t+1} \tag{3.7}$$

其中,(3.6)式为效率变化分解,$GPEC_t^{t+1}$ 为纯技术效率变化,$GSEC_t^{t+1}$ 为规模效率变化,(3.7)式为技术变化再分解,$GPTC_t^{t+1}$ 为纯技术变化,$GSTC_t^{t+1}$ 为规模技术变化。

线性规划的方法是计算当前与全局(GML)指数的常用方法,需要对不变(可变)规模报酬下的方向性距离函数进行求解。其中,当前(全局)方向性距离函数采用的是当前时段(整个样本期)观测值与生产前沿面(陶长琪和齐亚伟,2012),当期的方向性距离函数的求解如下:

$$D_0^v(x^v,y^v,b^v;y^v,-b^v) = \max\beta$$

$$s.t.\begin{cases} \sum_{i=1}^{I}\gamma_i^v y_{im}^v \geqslant (1+\beta)y_m^v & m=1,2\cdots M \\ \sum_{i=1}^{I}\gamma_i^v b_{ir}^v = (1-\beta)b_j^v & r=1,2\cdots R \\ \sum_{i=1}^{I}\gamma_i^v x_{in}^v \leqslant (1-\beta)x_n^v & n=1,2\cdots N \\ \gamma_i^v \geqslant 0 \quad v=\{t,t+1\} \quad i=1,2\cdots I \end{cases} \tag{3.8}$$

而全局方向性距离函数的求解需要借助整个样本内的观测值,线性规划求解如下:

$$D_0^G(x^s,y^s,b^s;y^s,-b^s)=\max\beta$$

$$s.t.\begin{cases} \sum_{i=1}^{I}\sum_{t=1}^{T}\gamma_i^t y_{im}^t \geqslant (1+\beta)y_m^t & m=1,2\cdots M \\ \sum_{i=1}^{I}\sum_{t=1}^{T}\gamma_i^t b_{ir}^t = (1-\beta)b_j^t & r=1,2\cdots R \\ \sum_{i=1}^{I}\sum_{t=1}^{T}\gamma_i^t x_{in}^t \leqslant (1-\beta)x_n^t & n=1,2\cdots N \\ \gamma_i^t \geqslant 0 & i=1,2\cdots I \end{cases} \quad (3.9)$$

3.3 工业绿色全要素生产率的测算、特征与分解

本节基于 DEA 模型框架下,采用最新的 EBM 模型(Epsilon-Based Measure,EBM),分别测算以污染排放和碳排放为非期望产出的绿色全要素生产率指标,即环境绩效维度工业 GTFP(下文亦简称环境绩效)和碳绩效维度工业 GTFP(下文亦简称碳绩效),同时结合 H-P 滤波、MS-AR 模型等刻画污染绩效与碳排放绩效维度工业 GTFP 增长的路径演化趋势,最后对其进行分解处理,考察不同分项指标的差异化演变特征。

3.3.1 工业绿色全要素生产率的指标测算

投入指标与产出指标遴选是测算工业 GTFP 的首要工作。为了结合本书的数据匹配要求,参考杜龙政等(2019)的处理方式,测算省级工业绿色全要素生产率指数。由于在本书的样本内,规模以上工业企业数据的口径发生了两次调整,为此将口径调整为一致的全部工业企业数据是最重要的一个环节。基于样本期内已有的调整口径变动即 2001—2006 年为国有与部分非国有(非国有的工业企业为年收入超过 500 万及以上),而 2007—2010 年为全部年收入超过 500 万及以上工业企业。为此,首先基于 2004 年和 2008 年《中国经济普查》中的数据测算出当前国有及非国有企业的比重,进一步基于线性拟合的

假定条件,调整企业年份的口径比例,而对于 2011 年之后的样本数据,基于 2010 年与 2011 年的工业发展增速的并不明显改变的前提条件,基于 2010 年分地区数据就可以得到 2011 年的数据,进一步地基于 2011 年的调整比例即可得到 2011—2016 年的全部工业企业数据(杜龙政等,2019)。

(1) 工业能源投入指标 E_t,主要在地区能源平衡表中的工业能源终端消费量数据,并结合分类能源折算系数将其转化为万吨标准煤。

(2) 工业资本投入指标 K_t,永续盘存法是估算固定资本存量的经典方法(张军等,2004),而关于折旧率的选择、当期投资的处理以及基期资本存量的计算是估算固定资本存量首先需要考虑的问题。为此,本书为了更加准确地度量工业资本存量,参考杜龙政等(2019)的方法进行测算。

首先对于工业折旧率 δ_t 的选择问题,区别已有研究的恒定不变的折旧系数,而事实上折旧率应该是动态调整的。如果选择恒定折旧率会使结果产生偏误(韩英和马立平,2019),为此,参考陈诗一(2011)年做法,采用当年折旧与上年固定资产价格之比表征,而需要说明的是,由于当年折旧的工业指标在《中国工业经济统计年鉴》中公布截止到 2007 年,为此,2008—2016 年的折旧率采用连续两年的累积折旧的差值表征当年折旧,除以上年的规定资产原价作为近似的估算。

其次新增的工业固定资产投资 I_t,采用当年与上年工业固定资产原价的差值表征,同时以固定资产价格指数平减为 2001 的可比价。

最后,结合永续盘存法计算的工业固定资本存量,即 $K_t = I_t + (1 - \delta_t) K_{t-1}$,为新增固定资产投资与固定资本存量折旧剩余的乘积表征,其中涉及数据来源于《中国工业统计年鉴》《中国工业经济统计年鉴》。

(3) 工业劳动投入。采用分地区工业企业从业人员的年均值表征。

产出指标主要包含两类产出,其一是期望产出,其二是非期望产出。

(4) 关于期望产出的指标选取,大多采用国内生产总值(Kaneko 和 Managi,2004;岳立和杨玉春,2019;余泳泽等,2019)抑或工业增加值(王兵和王丽,2010);而董敏杰等(2012)、杜龙政等(2019)采用了工业总产值作为期望产出,而事实上,工业的整个生产过程均可能产生污染,无论是产出过程抑或中间品投入过程,为此采用工业总产值更具合理性,并结合工业品出厂价格指数折算为以 2001 年为基期的可比价。出厂品价格指数数据来源于《中国城市

(镇)生活与价格年鉴》和《中国统计年鉴》。

(5) 关于非期望产出指标,已有研究对于非期望指标的选择主要是从单一指标或者多指标两个维度。单一指标方面,主要是采用二氧化硫(涂正革,2008；Watanabe 和 Tanaka,2007)、二氧化碳(Bai 等,2019；Lin 和 Du,2015；Zhou 等,2010；岳立和杨玉春,2019)。而在多指标方面,同时考虑工业 SO_2、废水以及烟尘等"三废"排放(Wang,2020；胡鞍钢等,2008；Managi 和 Kaneko,2006)。本书选择参考杜龙政等(2019)、董敏杰等(2012)、王兵等(2010)的做法将工业二氧化硫 SO_2、工业化学需氧量 COD 并结合工业固体废弃物作为非期望产出。本书选择这三种污染物作为非期望产出的原因在于,我国分别在"十五"计划时期(对应年份为 2001—2005 年)、"十一五"计划时期(对应年份为 2006—2010 年)以及"十二五"计划时期(对应年份为 2011—2015 年),分别对这三种污染物做了明确的减排目标,例如二氧化硫的减排目标从"十五"计划时期－10%的目标,降低到"十二五"计划时期－8%的目标,而其他的两者污染物均维持在－10%的减排目标。此外,本书将工业二氧化碳排放作为单独的非期望产出,探究我国碳排放绩效维度的工业 GTFP,对于工业碳排放数据参考陈诗一(2009)的测算方法进行估算,而在其中涉及的原油、煤油以及天然气数据来源于《中国能源统计年鉴》的地区能源平衡表。

表3-1 投入与产出的描述性统计分析

	变量	单位	N	均值	标准差	最小值	最大值
投入指标	资本投入 K	亿元	480	6 493.909	6 403.825	192.92	38 157.83
	劳动投入 L	万人	480	389.404	413.699	14.77	2 091.94
	能源投入 E	万吨标准煤	480	5 718.371	5 956.588	158.1	97 908.12
期望产出	工业总产值 Y	亿元	480	17 539.358	24 964.751	201.27	151 891.47
非期望产出	工业二氧化硫排放 SO_2	万吨	480	60.171	38.331	1.03	171.54
	工业化学需氧量 COD	万吨	480	16.27	17.767	0.109 7	118.87
	工业固体废弃物 FW	万吨	480	31.889	82.441	0.000 1	633
	工业二氧化碳 CO_2	万吨	480	5 443.821	3 809.052	239.81	22 011.74

基于以上数据,结合非径向非角度 EBM 模型,同时利用专业版 MAX-DEA8.0 软件测度分别测度污染绩效下的工业绿色全要素生产率与碳排放绩效下的工业绿色全要素生产率,分别如图3-7与图3-8所示。

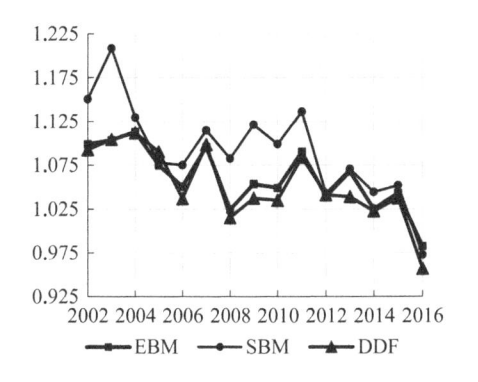

图 3-7 环境绩效维度工业绿色全要素生产率 GML 值

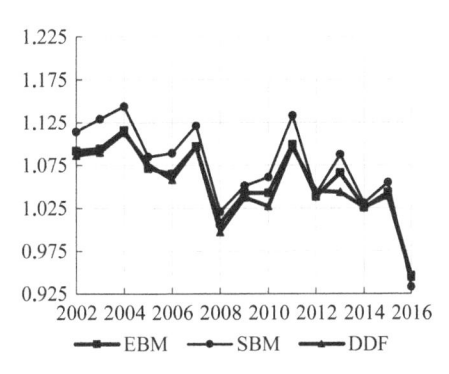

图 3-8 碳绩效维度工业绿色全要素生产率 GML 值

图 3-7 和图 3-8 结果显示,在不同测算方法下,工业绿色全要素生产率增长波动起伏,不同时期的增速存在一定差异;环境绩效维度工业绿色全要素生产率与碳绩效维度全要素生产率趋势相似,但是在碳绩效下的增长幅度更高。在 SBM 模型方法下的测算结果最大,而在方向性距离函数下的测算结果最低,这也验证了上文的模型说明部分,SBM 模型易低估测算的结果,而传统径向模型有可能高估测算结果。为此,本书以 EBM 模型的测算结果进行分析,大体上分为三个阶段,2002—2004 年属于上升阶段;2005—2011 年阶段形成"W"字特征,即先下降后上升,随后再次下降上升;2012—2016 年为下降阶段。为了更加清晰地剖析工业绿色全要素生产率的增速轨迹,本书结合 H-P 滤波技术以及马尔科夫向量自回归 MS-AR 模型对其进行细化分析。

图 3-9 和图 3-10 为通过 H-P 滤波技术分别得到的在环境绩效维度和碳绩效维度工业绿色全要素生产率增速的波动成分与趋势成分,其中趋势成分主要刻画工业绿色全要素生产率增速的长期变化趋势(对应右轴),而波动成分主要展现其内在不确定性(对应左轴)。从趋势成分上看,环境绩效与碳绩效的趋势相同,进入 21 世纪以后工业绿色全要素生产率增速呈现下降趋势。环境绩效下,2001—2002 年保持 10.317% 的增速,下降到 2015—2016 年 1.621% 的增速,但是从趋势均值上看在样本期内 2002—2016 年仍然保持 6.079% 的增速;碳绩效下,从 2001—2002 年保持 9.99%,下降到 2015—2016 年 3.393% 的增速,但是从趋势均值上看,在样本期内 2002—2016 年仍然保持 5.641% 的增速,表明虽然我国环境绩效下的工业绿色全要素生产率的增速在

降低,但是仍然保持着约6%的增速。从波动成分上看,环境绩效与碳绩效维度工业绿色全要素生产率增速整体波动较为明显,不确定性较强。而在2008年波动成分达到谷值,可能的原因是受金融危机的影响,经济增长萎靡与失业率攀升的现实经济状态下,政府强行利用"保增长"的手段刺激经济增长,而以牺牲资源环境为代价,阻碍了绿色全要素生产率的提升。2011年和2013年达到明显的"峰值",这可能是技术进步抑或技术效率提升造成的,而2016年下降趋势明显,甚至增速转为负值,可能由于经济转型处于阵痛期,产业结构转型困难引致。

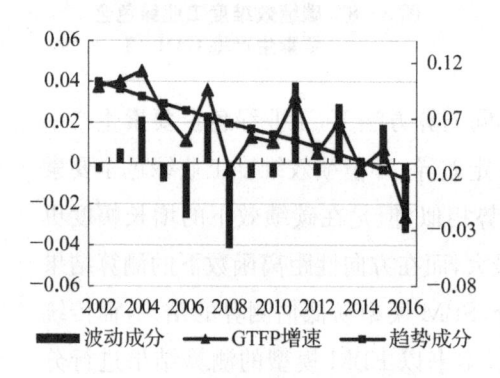

图 3-9 环境绩效维度工业绿色全要素生产率增速 H-P 滤波图

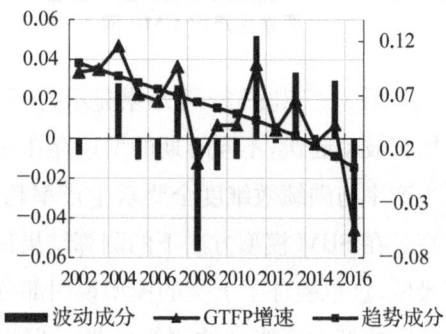

图 3-10 碳绩效维度工业绿色全要素生产率增速 H-P 滤波图

3.3.2 工业绿色全要素生产率的特征分析

为了更加深入地剖析环境绩效下的工业绿色全要素生产率,探究 GTFP 变化内在演化轨迹,本书首次结合马尔科夫自回归模型(Markov-Regime-Switching Autoregressive model,简称 MS-AR),识别 GTFP 变化的具体形态,透析其多阶段跃迁的可能性。早在 20 世纪 40 年代,Burns 和 Mitchell(1946)就曾指出,能够有效引导经济增长的前提就是深入剖析经济增长本身的内在演化逻辑。而提升工业绿色全要素生产率作为转型经济发展阶段最重要的任务之一,透析其路径演变现状、特征和规律,以期对供给侧结构性改革背景下实现经济高质量发展提供科学的参考。

事实上,传统线性模型在刻画某一经济变量的内在演化趋势时往往存在较多的缺陷。而 Hamilton(1989)结合 MS-AR 模型探讨美国经济波动状况。

类似地，Garcia 和 Perron(1996)将该模型用于探究美国利率的动态演变规律。国内学者刘金全等(2009)基于马尔科夫区制转移模型对中国经济增长内在非线性特征进行刻画。近年来，马尔科夫区制转移自回归模型(MS-AR)被逐渐运用于探究农业、金融业、旅游业、工业、教育业等领域的内在发展规律(隋建利和张亿萍，2019；隋建利和尚铎，2018；隋建利等，2018；解瑶姝和刘金全，2017；隋建利和刘碧莹，2017；隋建利和蔡琪瑶，2016)。为此，本书首次将基于MS-AR 模型运用于能源环境领域，探究工业 GTFP 增长的演化规律。

首先，本书参考隋建利和蔡琪瑶(2016)对于马尔科夫区制转移模型的介绍，引入 MS-AR 模型的理论背景，MS-AR 模型与传统的向量自回归 AR 模型最大的区别在于将区制因素引入到传统的 AR 模型中，具体来说，以两类最基本的 AR 模型为例，其中(3.10)式为截距型的 AR(p)模型，(3.11)式为均值型的 AR(p)模型。

$$y_t = \lambda + W_1 y_{t-1} + W_2 y_{t-2} + \cdots W_p y_{t-p} + \mu_t \tag{3.10}$$

$$y_t - \delta = W_1(y_{t-1} - \delta) + W_2(y_{t-1} - \delta) + \cdots W_p(y_{t-p} - \delta) + \mu_t \tag{3.11}$$

而 MS-AR 模型是在上述两种线性模型的基础上，将区制因素 s_t 融入 y_t 的生成过程，$s_t \in \{1, 2 \cdots M\}$，其满足如下转移概率的矩阵形式：

$$P = \begin{bmatrix} p_{11} & p_{12} & \cdots & p_{1M} \\ p_{21} & p_{22} & \cdots & p_{2M} \\ \cdots & \cdots & \cdots & \cdots \\ p_{M1} & p_{M2} & \cdots & p_{MM} \end{bmatrix} \tag{3.12}$$

式(3.12)中 P 代表的是转移概率，其中 $p_{ij} = Pr(s_{t+1} = j \mid s_t = i)$，$\sum_{j=1}^{M} p_{ij} = 1 \forall i, j \in \{1, 2 \cdots M\}$

需要说明的是，以方程(3.10)为基准可以将区制因素引入方程中的不同位置，可以拓展为以下四种模型，分别为动态截距 MSI(M)-AR(P)模型、动态截距动态系数 MSIA(M)-AR(P)模型、动态截距动态系数及动态方差的 MSIAH(M)-AR(P)模型、动态截距动态方差 MSIH(M)-AR(P)模型，具体如下：

$$y_t = \lambda(s_t) + W_1 y_{t-1} + W_2 y_{t-2} + \cdots W_p y_{t-p} + \mu_t \quad \mu_t \sim NID(0,\varepsilon) \tag{3.13}$$

$$y_t = \lambda(s_t) + W_1(s_t) y_{t-1} + W_2(s_t) y_{t-2} + \cdots W_p(s_t) y_{t-p} + \mu_t \quad \mu_t \sim NID(0,\varepsilon) \tag{3.14}$$

$$y_t = \lambda(s_t) + W_1(s_t) y_{t-1} + W_2(s_t) y_{t-2} + \cdots W_p(s_t) y_{t-p} + \mu_t \quad \mu_t \sim NID(0,\varepsilon(s_t)) \tag{3.15}$$

$$y_t = \lambda(s_t) + W_1(s_t) y_{t-1} + W_2(s_t) y_{t-2} + \cdots W_p(s_t) y_{t-p} + \mu_t \quad \mu_t \sim NID(0,\varepsilon(s_t)) \tag{3.16}$$

类似地，以方程(3.11)为基准将区制因素嵌入到方程中的不同位置，可以拓展为以下四种模型，分别为动态均值 MSM(M)-AR(P)模型、动态均值动态系数 MSMA(M)-AR(P)模型、动态均值动态系数及动态方差的 MSMAH(M)-AR(P)模型、动态截距动态方差 MSMH(M)-AR(P)模型，具体如下：

$$y_t - \delta(s_t) = W(y_{t-1} - \delta(s_t)) + W_2(y_{t-1} - \delta(s_t)) + \cdots$$
$$W_p(y_{t-p} - \delta(s_t)) + \mu_t \quad \mu_t \sim NID(0,\varepsilon) \tag{3.17}$$

$$y_t - \delta(s_t) = W(s_t)(y_{t-1} - \delta(s_t)) + W_2(s_t)(y_{t-1} - \delta(s_t)) + \cdots$$
$$W_p(s_t)(y_{t-p} - \delta(s_t)) + \mu_t \quad \mu_t \sim NID(0,\varepsilon) \tag{3.18}$$

$$y_t - \delta(s_t) = W(s_t)(y_{t-1} - \delta(s_t)) + W_2(s_t)(y_{t-1} - \delta(s_t)) + \cdots$$
$$W_p(s_t)(y_{t-p} - \delta(s_t)) + \mu_t \quad \mu_t \sim NID(0,\varepsilon(s_t)) \tag{3.19}$$

$$y_t - \delta(s_t) = W(y_{t-1} - \delta(s_t)) + W_2(y_{t-1} - \delta(s_t)) + \cdots$$
$$W_p(y_{t-p} - \delta(s_t)) + \mu_t \quad \mu_t \sim NID(0,\varepsilon(s_t)) \tag{3.20}$$

具体是选择上述的何种模型，以及滞后的阶数和区制个数，需要测算并比较在各种模型设定下的 AIC 值、HQ 值以及 SC 值，基于统计量越小的原则确定。期望最大化(expectation maximization,EM)算法(Hamilton,1990)以及极大似然(Maximum likelihood,ML)技术，是估算 MS-AR 模型的常见方法，本书基于 GiveWin 平台，采用 GUASS9.0 和 OXMETRICS6.2 语言进行编程、测算。

在分别考察了 MS-AR 模型的各种扩展模型的基础上，通过对比在各种模型下的 AIC 值、HQ 值和 SC 值，本书最终确定的模型选择三区制、滞后三阶依赖均值变化的 MSM(3)-AR(3)模型进行实证研究。

表3-2所列出的是基于 EBM 模型测算的工业绿色全要素生产率变化的 MSM(3)-AR(3)模型的回归结果,环境绩效下,在该模型下的最大似然值达到35.353 6,而在线性模型下该值仅仅为 27.120 3,碳绩效下的最大似然值为30.869 3,而在线性模型下该值为 22.890 9,在 MSM(3)-AR(3)的似然值更高,因此该模型可以更好地拟合环境绩效下工业 GTFP 增速的轨迹特征。此外,可以发现在区制1内($s_t=1$)环境绩效下,工业 GTFP 的增速均值估计值为 0.007 1,在区制2内($s_t=2$)内的工业 GTFP 的增速均值估计值为 0.035 7,在区制3内($s_t=3$)的工业 GTFP 的增速均值估计值为 0.045 9。可以发现,工业 GTFP 增速均值在不同区制内差异明显,满足 $\delta_1<\delta_2<\delta_3$ 的参数约束条件,在碳绩效下该规律同样成立,参考 Krolzig(1997)、隋建利和张亿萍(2020)的观点,本书将区制1($s_t=1$)、2($s_t=2$)、3($s_t=3$)分别命名为"缓慢、中速、高速增长区制"。

表3-2 环境绩效维度工业绿色全要素生产率变动 MSM(3)-AR(3)模型参数估计

区制	环境绩效 估计值	环境绩效 标准误	碳绩效 估计值	碳绩效 标准误
δ_1	0.007 1	0.013 7	−0.603 5	0.265 9
δ_2	0.035 7	0.014 4	−0.564 9	0.267 0
δ_3	0.045 9	0.013 4	−0.536 9	0.263 8
W_1	−0.369 6	0.070 4	−0.257 8	0.107 3
W_2	0.884 4	0.057 8	0.950 8	0.080 6
W_3	0.081 0	0.068 9	0.270 1	0.097 7
AIC	−3.723 9		−2.978 2	
HQ	−3.918 4		−3.172 7	
SC	−3.198 6		−2.452 9	
Log-likelihood	35.343 6		30.869 3	
Linear system	27.120 3		22.890 9	
LR	16.446 7 Chi(2)=[0.000 3]** Chi(8)=[0.036 4]*		15.956 8 Chi(2)=[0.000 3]** Chi(8)=[0.043 0]*	

进一步地,本书对区制特征属性进行分析,分别从所处区制的概率值与平均持续期两个视角进行估计检验,首先,从工业绿色全要素生产率增速的区制状态转移的概率值来看,如表3-3结果显示:

(1) 不同区制下,环境绩效维度工业GTFP增长存在非对称性。具体而言,由环境绩效下工业GTFP由区制$1(s_t=1)$跃迁到区制$3(s_t=3)$的概率$p_{13}=0.4$,而继续停留在区制$1(s_t=1)$的概率$p_{11}=0.6$;而由区制$2(s_t=2)$转移到区制$1(s_t=1)$的概率为$p_{21}=0.5263$,继续保持在区制$2(s_t=2)$的概率$p_{22}=0.4737$,根据概率大小值比较发现,当环境绩效下工业GTFP处于中速增长区制的条件下,很有可能落入到缓慢增长区制。此外,当环境绩效下工业GTFP处于快速增长区制时,能够继续维持在此区间的概率为$p_{33}=0.4060$,而其落入缓慢增长区制的概率$p_{31}=0.3796$,高于其落入中速增长区制的概率$p_{32}=0.2144$。

(2) 不同区制下,碳绩效维度工业GTFP增长存在非对称性。当碳绩效工业GTFP增速处于区制$1(s_t=1)$时,稳定在该区制的概率为$p_{11}=0.3333$,而从该区制跃迁到其余两个区制的概率是等可能的。此外,当其处于中速增长区制时,其更可能跃迁到缓慢增长区制内$p_{21}=0.5$;而当其增速一旦上升到快速增长区制,处于该区制具有较高的概率$p_{33}=0.7143$,表明在快速增长区制具有较高的稳定性。

表3-3 工业绿色全要素生产率增速MSM(3)-AR(3)模型状态转移矩阵

	环境绩效			碳绩效		
	$(s_t=1)$	$(s_t=2)$	$(s_t=3)$	$(s_t=1)$	$(s_t=2)$	$(s_t=3)$
缓慢增长区制 $(s_t=1)$	0.6000	0.0000	0.4000	0.3333	0.3333	0.3333
中速增长区制 $(s_t=2)$	0.5263	0.4737	0.0000	0.5000	0.5000	0.0000
快速增长区制 $(s_t=3)$	0.3796	0.2144	0.4060	0.2857	0.0000	0.7143

其次,从样本在各个区制内的平均时间的视角来分析不同的区制属性特征。参考如下的公式进行运算:$D(s_t(i))=\dfrac{1}{1-p_{ii}}$。表3-4的结果显示:

表 3-4 环境绩效维度工业绿色全要素生产率增速 MSM(3)-AR(3) 模型区制持续状态

	环境绩效			碳绩效		
	样本数量	频率	平均持续期	样本数量	频率	平均持续期
缓慢增长区制 ($s_t=1$)	6.0	0.5134	2.50	4.0	0.3529	1.50
中速增长区制 ($s_t=2$)	2.1	0.1408	1.90	2.0	0.2353	2.00
快速增长区制 ($s_t=3$)	3.9	0.3457	1.68	6.0	0.4118	3.50

（1）环境绩效维度工业 GTFP 增速处于"缓慢增长区制"内的持续性较高，表现出明显的"惰性"特征。由于环境绩效下工业 GTFP 增速处于"缓慢增长区制"下的概率 $p_{11}=0.6$，稳定在该区制频率为 0.5134，样本区间内平均持续期为 2.50 期；维持在"中速增长区制"下的概率 $p_{22}=0.1408$，稳定在该区制频率为 0.1408，样本区间内平均持续期为 1.9 期，而处于"快速增长区制"下的概率 $p_{33}=0.4060$，稳定在该区制频率为 0.4060，稳定在该区制平均持续期为 1.68 期。可以发现，处于"缓慢增长区制"的概率较高，处于"快速增长区制"的概率较低。通过对比表 3-3 与表 3-4，表明环境绩效维度工业 GTFP 增速处于"缓慢增长区制"内的持续性较高，一旦环境绩效维度工业 GTFP 增速落入"缓慢增长区制"内，再次跃迁到其他区制的概率较低。不可否认，我国当前环境形势依旧严峻，工业绿色全要素生产率的提升将是扭转这一态势的核心环节，而工业发展存在"趋利性"，选择清洁型的技术会拉升工业成本，挤出行业利润，因此倾向选择"肮脏性"技术，存在污染锁定现象。因此使绿色全要素生产率的提升受限，增速缓慢。

（2）碳绩效维度工业 GTFP 增速处于"快速增长区制"内的稳定性较强，表现出较强的"惯性"特征。具体来说，由于碳绩效维度工业 GTFP 增速处于"缓慢增长区制"下的概率 $p_{11}=0.3333$，稳定在该区制的频率为 0.3529，样本区间内平均持续期保持 1.50 期；维持在"中速增长区制"下的概率 $p_{22}=0.5$，稳定在该区制的频率为 0.2353，样本区间内平均持续期为 2.0 期，而处于"快速增长区制"下的概率 $p_{33}=0.7143$，稳定在该区制的频率为 0.4118，样本区间内平均持续期为 3.5 期。这表明碳绩效下的工业 GTFP 增速在"快速增长区制"内具有较强的惯性特征、活跃性较高。

最后，本书探讨环境绩效下的工业绿色全要素生产率增速的不同区制路径。图 3-11 分别展示了不同区制内的过滤概率曲线（filtered）、平滑概率曲线（smoothed）、预测概率曲线（predicted）。其中平滑概率是基于已有信息集的基础上拟合形成的概率值，相对于过滤曲线与预测曲线更能反映我国工业环境绩效的动态变迁与结构性转换特征（解瑶姝和刘金全，2017）。为此，本书重点关注不同区制下的平滑概率曲线，图 3-11 由上至下依次是工业 GTFP 增速处于区制 1($Pr(S_t=1|I_t)>0.5$)、区制 2($Pr(S_t=2|I_t)>0.5$)以及区制 3($Pr(S_t=3|I_t)>0.5$)动态轨迹图，I_t 代表过去的信息集合。

图 3-11　环境绩效维度工业 GTFP 变化的区制轨迹

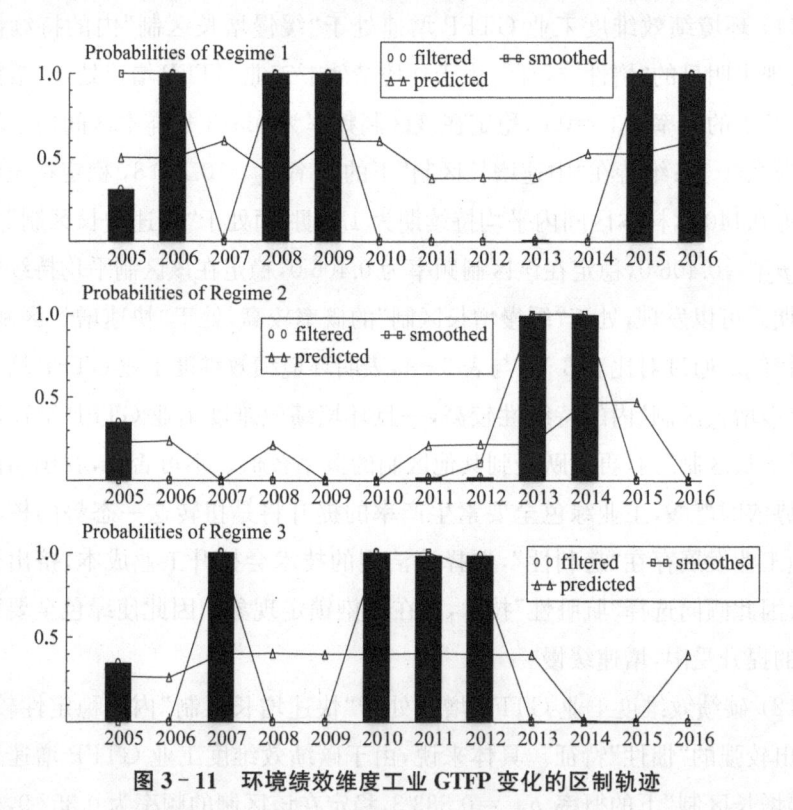

图 3-11 的结果显示：2005—2009 年，我国环境绩效维度工业竞争力增长缓慢，大多集中在缓慢增长区制，只有 2007 年发生跃迁，进入快速增长区制，可能的原因在于 2007 年开始，我国正式将环保考核与官员晋升机制挂钩，而 2008—2009 年转而由过渡到缓慢增长区制的原因在于，受金融危机的影响，政府采用强行拉动经济增长的粗放型举措导致城市资源错配严重，削弱整体的

工业绿色竞争力。2010—2016 年前三年处于快速增长区制,而后逐渐向缓慢增长区制过渡,可能的原因在于,"十二五"阶段,环保方面实行"问责制"与"一票否决制",在制度约束下,环境重视程度逐渐提高,环境绩效下的工业发展不断呈现绿色发展偏向。而 2015 年开始呈现缓慢增长区制的原因在于高能耗的工业发展转型困难,尤其是在城市经济发展的调整阵痛期,结果与李德山和张郑秋(2020)的研究基本一致。

图 3-12 结果显示:2005—2009 年碳绩效维度工业 GTFP 增速大多处于"缓慢增长区制",仅仅在 2007 年跃迁到"中速增长区制",可能的原因与环境绩效下类似,将绿色发展纳入官员考核体系中,污染的减少与碳排放的降低具有联动效应。而在 2010—2015 年碳绩效维度工业 GTFP 增速维持在"快速增长区制",可能的原因是继"十一五"规划,提出"硬性"的节能指标,对于绿色发展的重视程度显著提升。随后,2016 年平滑概率又落入"缓慢增长区制",可能的原因在于由高速增长转向高质量增长的过渡期,以及经济结构性调整。

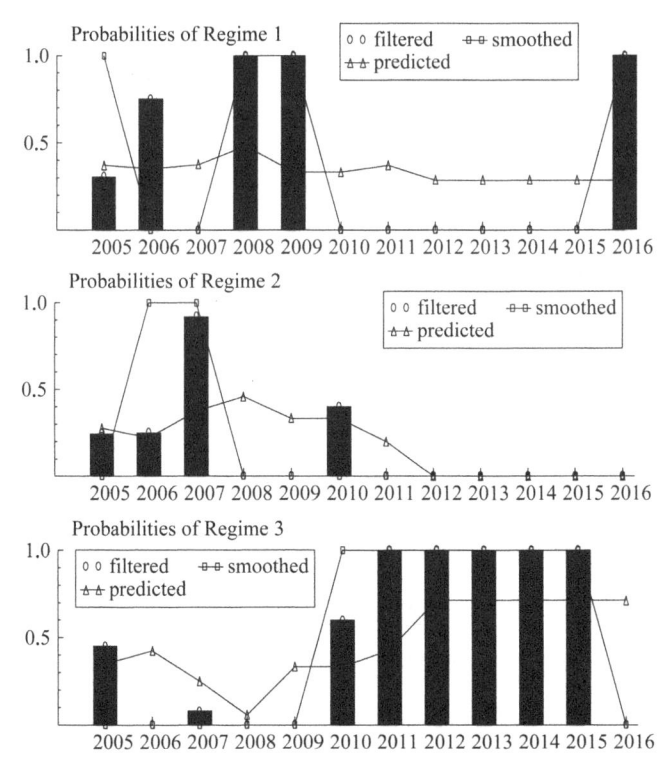

图 3-12 碳绩效维度工业 GTFP 变化的区制轨迹

3.3.3 工业绿色全要素生产率的指标分解

本书在已有文献分解的基础上进行再分解,即 GML 指数可以分解为效率变化与技术变化两部分,进一步地将效率变化分解为纯效率变化与规模效率变化,而对于技术变化进行同样的操作分解为纯技术变化与规模技术变化两个部分。

(一) 环境绩效维度 GML 指数分解

表 3-5 为环境绩效维度中国工业绿色全要素生产率 GML 指数及分解,结果显示:2001—2016 年中国区域工业绿色全要素生产率年均增长率为 6%,从其分解项来说,技术效率年均增长率为 -0.4%,而技术进步年均增长率为 6.4%。表明环境绩效维度,2001—2016 年中国区域工业行业的绿色全要素生产率提升关键在于技术进步的提升,即技术进步对绿色全要素生产率增长影响所引致的"增长效应"强于技术效率的负向效应。进一步地,将技术效率变化(EC)分解为纯技术效率变化(PEC)与规模效率变化(SEC),可以发现规模效率基本维持不变,而纯技术效率的变化率为 -0.3%,意味着工业技术效率的降低主要是由于纯技术效率低下,同时暗示中国工业纯技术效率依然偏低,为此可以考虑通过借助大数据、物联网、人工智能等先进技术,带动工业智能化水平解决工业纯技术效率低下等问题。此外,将技术进步变化(TC)进一步分解为规模技术变化(STC)和纯技术进步变化(PTC),可以发现纯技术增长率为 4.6%,而规模技术变化 1.8%,纯技术进步的作用强于规模技术的作用 2.8 个百分点。

结合表 3-5 与图 3-13,环境绩效下,东、中、西部的工业绿色全要素 GML 指数均呈现下降趋势,且东部最高、西部最低。从均值上看,东部地区的环境绩效维度工业 GTFP 拉高全国平均水平 0.8%,中部地区环境绩效维度工业 GTFP 维持在全国平均水平,而西部地区环境绩效维度工业 GTFP 拉低全国平均水平 0.8%。东、中、西部的 GML 均值均在 1 以上,表明各地区的环境绩效平均值都保持增长的趋势,且东部、中部、西部依次递减,可能的原因是地区财富水平、资源禀赋的差异造成地区工业绿色发展水平呈现"东高西低"的格局。

表 3-5　中国区域环境绩效维度工业绿色全要素 GML 指数及分解

地　区	2001—2002	2002—2003	2003—2004	2004—2005	2005—2006	2006—2007	2007—2008	2008—2009	2009—2010	2010—2011	2011—2012	2012—2013	2013—2014	2014—2015	2015—2016	均值
全国 GML	1.099	1.104	1.113	1.075	1.051	1.096	1.024	1.054	1.049	1.090	1.039	1.068	1.025	1.043	0.983	1.060
东部 GML	1.123	1.180	1.070	1.090	1.049	1.105	1.051	1.056	1.084	1.124	1.015	1.051	1.038	1.025	0.979	1.068
中部 GML	1.085	1.054	1.140	1.064	1.038	1.115	0.988	1.095	1.052	1.074	1.056	1.073	1.046	1.038	1.007	1.061
西部 GML	1.085	1.068	1.138	1.068	1.061	1.074	1.025	1.022	1.014	1.069	1.051	1.081	0.998	1.065	0.968	1.052
全国 EC	0.994	0.951	1.082	0.992	0.972	1.031	0.989	1.043	0.935	0.976	1.036	0.997	0.984	1.015	0.958	0.996
东部 EC	1.014	1.014	0.996	1.011	0.995	1.037	0.995	1.030	0.961	1.038	0.997	0.937	0.987	0.991	0.969	0.998
中部 EC	0.976	0.908	1.204	0.915	0.944	1.048	0.971	1.095	0.938	0.962	1.097	1.053	1.006	1.004	0.951	1.002
西部 EC	0.986	0.923	1.089	1.032	0.970	1.012	0.997	1.020	0.909	0.926	1.033	1.020	0.964	1.047	0.953	0.991
全国 TC	1.106	1.160	1.028	1.083	1.081	1.063	1.036	1.010	1.122	1.117	1.003	1.071	1.042	1.028	1.025	1.064
东部 TC	1.108	1.164	1.074	1.078	1.055	1.065	1.056	1.025	1.128	1.083	1.018	1.121	1.051	1.035	1.011	1.071
中部 TC	1.112	1.160	0.947	1.162	1.100	1.064	1.018	1.000	1.122	1.116	0.963	1.019	1.040	1.034	1.058	1.059
西部 TC	1.100	1.157	1.045	1.035	1.095	1.061	1.029	1.002	1.115	1.154	1.018	1.060	1.035	1.017	1.017	1.061
全国 PEC	1.027	0.899	1.105	0.966	0.968	1.030	1.005	1.065	0.881	0.966	1.062	1.020	1.017	0.976	0.988	0.997
东部 PEC	1.013	0.951	1.064	1.000	0.996	1.038	1.003	1.014	0.988	1.010	1.022	0.987	0.995	0.977	0.982	1.002

续表

地区	2001—2002	2002—2003	2003—2004	2004—2005	2005—2006	2006—2007	2007—2008	2008—2009	2009—2010	2010—2011	2011—2012	2012—2013	2013—2014	2014—2015	2015—2016	均值
中部 PEC	1.061	0.788	1.200	0.917	0.922	1.119	0.962	1.120	0.864	1.005	1.044	1.079	1.011	1.011	1.012	1.002
西部 PEC	1.017	0.935	1.082	0.968	0.976	0.963	1.039	1.078	0.798	0.899	1.117	1.011	1.042	0.951	0.978	0.987
全国 PTC	1.042	1.180	0.964	1.086	1.037	1.027	1.023	0.970	1.161	1.098	0.983	1.038	1.009	1.072	1.020	1.046
东部 PTC	1.081	1.190	0.995	1.130	0.977	1.030	1.064	1.031	1.094	1.083	1.016	1.063	1.052	1.061	1.012	1.057
中部 PTC	1.003	1.303	0.915	1.138	1.107	0.976	1.014	0.971	1.197	1.059	1.008	0.993	1.037	1.031	1.033	1.048
西部 PTC	1.033	1.089	0.971	1.008	1.049	1.063	0.990	0.912	1.206	1.143	0.934	1.048	0.950	1.116	1.019	1.032
全国 SEC	0.967	1.058	0.979	1.027	1.004	1.000	0.984	0.980	1.062	1.010	0.976	0.978	0.968	1.040	0.969	1.000
东部 SEC	1.001	1.066	0.936	1.011	0.999	1.000	0.992	1.016	0.973	1.028	0.976	0.950	0.992	1.014	0.986	0.996
中部 SEC	0.920	1.153	1.003	0.998	1.024	0.937	1.009	0.978	1.086	0.958	1.051	0.976	0.995	0.993	0.941	1.000
西部 SEC	0.970	0.987	1.006	1.066	0.994	1.050	0.959	0.947	1.140	1.031	0.925	1.009	0.925	1.102	0.974	1.004
全国 STC	1.061	0.983	1.066	0.998	1.043	1.035	1.013	1.042	0.966	1.017	1.020	1.031	1.032	0.959	1.005	1.018
东部 STC	1.025	0.977	1.080	0.954	1.080	1.034	0.993	0.995	1.031	0.999	1.002	1.054	0.999	0.976	0.999	1.013
中部 STC	1.108	0.891	1.035	1.021	0.993	1.090	1.004	1.030	0.937	1.053	0.955	1.025	1.003	1.003	1.024	1.010
西部 STC	1.064	1.062	1.076	1.027	1.043	0.998	1.039	1.099	0.925	1.010	1.090	1.012	1.089	0.911	0.998	1.028

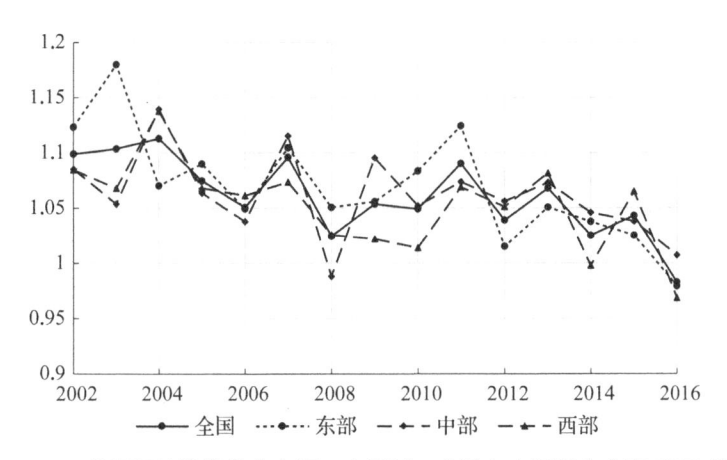

图 3-13 基于环境绩效维度中国三大区域工业绿色全要素生产率 GML 指数

结合表 3-5 与图 3-14,从工业环境绩效技术效率变化 EC 指标来看,东、中、西部的技术效率变化趋势大致相似,可以发现中部地区的技术效率的波动性较高,且从均值上看,全国平均工业环境绩效下技术效率的变化幅度为-0.4%,东部地区工业技术效率变化幅度为-0.2%,中部地区工业技术效率变化幅度为 0.2%,西部地区工业技术效率变化幅度为-0.9%,表明全国工业环境技术效率增速的降低主要由于西部地区环境技术效率低下引致。对比表 3-5 与图 3-15,从工业环境绩效技术进步变化 TC 指标来看,全国工业环境绩效下技术进步的提升主要由东部地区技术进步的增速引起,就均值上来看,东部地区的绿色技术进步变化率为 7.1%,高出全国平均水平 0.7%,而中部与西部的工业绿色技术进步变化均低于全国平均水平。此外,从环境绩效下的工业绿色全要素生产率变动的分解项中可以解释上文所提及的,东部、中部、西部的工业绿色绩效均呈现下降趋势,原因在于,东部地区技术进步的增速虽然在提升,但技术效率与技术进步并未同步增长,反而呈现技术效率增速衰减趋势;中部地区的技术效率增速在提升,技术进步却呈现倒退趋势,而技术效率增速提升所带来的正向效应,并不足以平抑技术效率所带来的负向效应;西部地区无论是从技术效率还是从技术进步的指标上来看,二者均呈现低于全国平均值。因此,提升西部地区的工业环境绩效水平对于提升全国整体的工业环境绩效具有重要的意义。

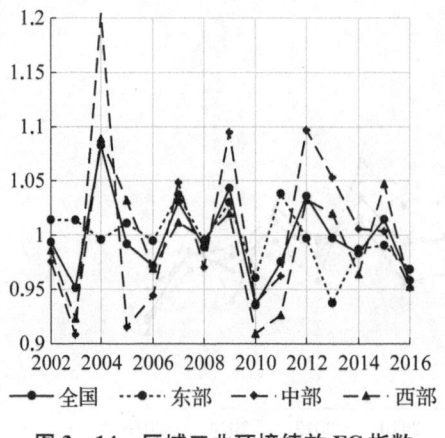

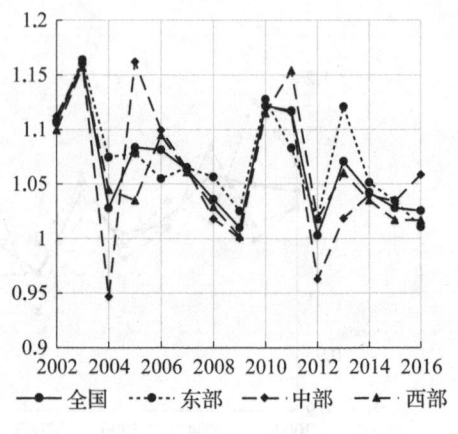

图 3-14 区域工业环境绩效 EC 指数

图 3-15 区域工业环境绩效 TC 指数

进一步地,从区域工业环境绩效 EC 指数分解为纯效率变化指标(PEC)与规模效率变化指标(SEC),对比表3-5与图3-16可以发现,环境绩效维度工业纯技术效率下降0.3%,其中东部与中部地区环境绩效维度工业纯技术效率保持0.2%的增速,而西部地区环境绩效维度工业纯技术效率下降1.3%。对比表3-5与图3-17,可以发现环境绩效下,规模效率变化来看,全国平均水平的规模绩效并未出现波动,在东部地区下降0.4%,但是西部地区规模技术效率略高于0.4%,从指标大小上来看,东西部的变化值大致相同,这也解释了全国平均水平并未出现明显的波动。此外,东部地区的技术效率增速下降主要是由于规模技术效率降低导致,而西部地区的技术效率降低,则是由纯技术效率与规模技术效率共同引起的。

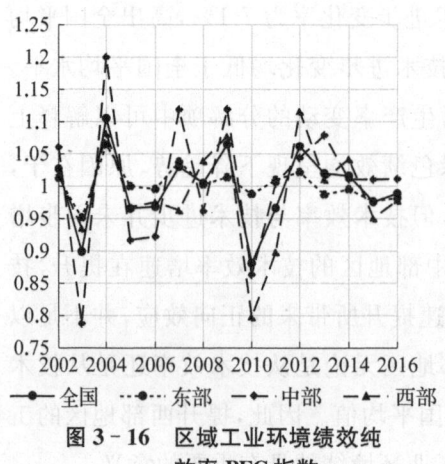

图 3-16 区域工业环境绩效纯效率 PEC 指数

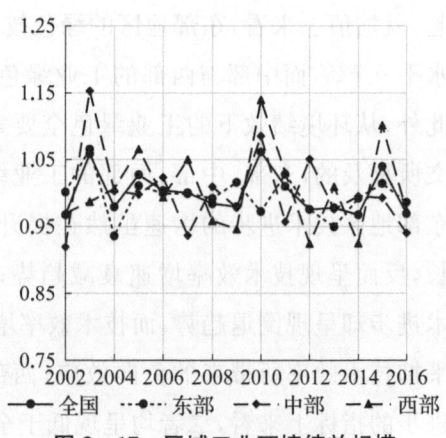

图 3-17 区域工业环境绩效规模效率 SEC 指数

最后，从工业环境技术进步变动视角下，将技术变化（TC）进行再分解为规模技术变化（GSTC）和纯技术进步变化（GPTC）。对比表3-5和图3-18，环境绩效下，全国工业纯技术进步增长率为4.6%，而东、中、西部地区的工业纯技术进步增长率分别为5.7%、4.8%和3.2%，可见环境绩效下，工业纯技术进步增长率呈现东、中、西部逐次递减态势，且相较全国而言，西部地区的工业纯技术进步增长率低1.4%。对比表3-5与图3-19可以发现，全国工业规模技术进步平均增长为1.8%，而东部地区增长为1.3%，中部地区为1.0%，西部地区为2.8%，西部地区虽然在工业纯技术进步增长方面处于落后，但在规模技术进步增速却处于领先。此外，在变化趋势上，对比图3-18和图3-19发现，工业纯技术进步与工业规模技术进步的变动呈现相反态势。

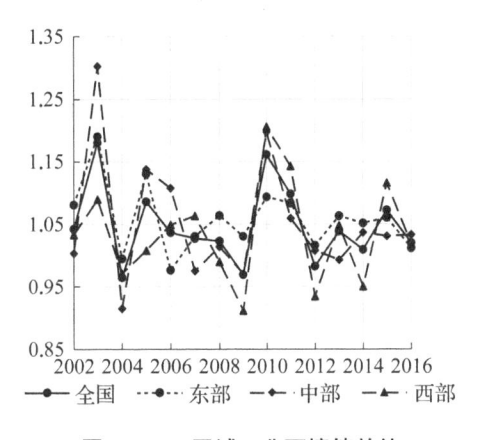

图3-18　区域工业环境绩效纯技术进步PTC指数

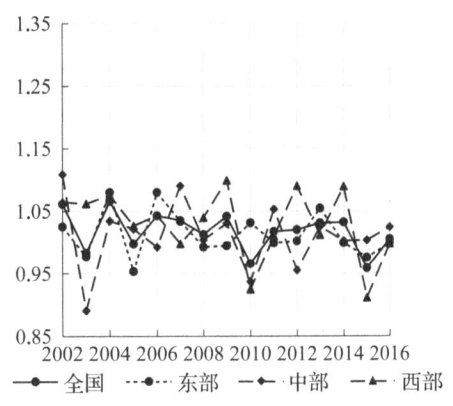

图3-19　区域工业环境绩效规模技术进步STC指数

（二）碳绩效维度的GML指数分解

表3-6为基于碳排放绩效维度中国区域工业绿色全要素生产率的GML指数分解。结果显示：在碳排放绩效下，中国工业绿色全要素生产率的增速为5.6%，略低于工业环境绩效的增速。从分解项来看，碳绩效的技术效率增速为-0.5%，而碳绩效下的技术进步增速为6.1%，表明碳绩效下中国工业绿色全要素生产率的增速的驱动力得益于前沿技术水平的提升。和环境绩效下的结论类似，碳绩效下的工业技术进步的正向促进作用可以抵消技术效率低下

表 3-6 中国区域碳绩效维度工业绿色全要素 GML 指数及分解

地区	2001—2002	2002—2003	2003—2004	2004—2005	2005—2006	2006—2007	2007—2008	2008—2009	2009—2010	2010—2011	2011—2012	2012—2013	2013—2014	2014—2015	2015—2016	均值
全国 GML	1.092	1.094	1.116	1.071	1.065	1.097	1.007	1.043	1.043	1.099	1.038	1.066	1.026	1.043	0.946	1.056
东部 GML	1.104	1.158	1.085	1.067	1.082	1.114	1.017	1.029	1.074	1.152	1.017	1.063	1.039	1.013	0.948	1.063
中部 GML	1.085	1.052	1.113	1.079	1.050	1.107	0.976	1.093	1.043	1.082	1.049	1.061	1.044	1.044	0.953	1.055
西部 GML	1.087	1.070	1.142	1.071	1.063	1.077	1.023	1.023	1.016	1.072	1.048	1.079	1.001	1.068	0.942	1.051
全国 EC	0.989	0.940	1.056	1.044	0.989	1.017	0.991	1.039	0.950	0.940	1.008	1.015	0.987	1.029	0.942	0.995
东部 EC	0.984	0.972	1.011	1.063	1.029	1.011	1.008	1.021	0.976	0.991	0.961	0.994	1.003	1.005	0.964	0.999
中部 EC	0.998	0.921	1.051	1.033	0.968	1.032	0.970	1.089	0.973	0.917	1.036	1.037	1.009	1.021	0.935	0.998
西部 EC	0.986	0.925	1.095	1.038	0.973	1.013	0.996	1.018	0.912	0.919	1.029	1.017	0.956	1.056	0.926	0.989
全国 TC	1.104	1.164	1.057	1.026	1.077	1.079	1.017	1.003	1.098	1.170	1.030	1.050	1.039	1.014	1.004	1.061
东部 TC	1.121	1.192	1.073	1.004	1.052	1.102	1.009	1.008	1.100	1.163	1.058	1.069	1.036	1.007	0.983	1.063
中部 TC	1.087	1.143	1.059	1.044	1.084	1.073	1.006	1.004	1.072	1.180	1.013	1.023	1.034	1.022	1.020	1.056
西部 TC	1.102	1.156	1.042	1.032	1.093	1.063	1.027	1.004	1.114	1.167	1.019	1.060	1.048	1.011	1.017	1.063
全国 PEC	1.037	0.953	1.074	1.000	0.965	0.993	0.971	1.048	0.992	0.929	1.020	1.024	0.980	1.022	0.956	0.997
东部 PEC	1.003	0.978	1.048	1.006	1.025	0.996	1.016	1.005	1.031	0.974	1.010	0.997	1.003	1.000	0.972	1.004

续表

地区	2001—2002	2002—2003	2003—2004	2004—2005	2005—2006	2006—2007	2007—2008	2008—2009	2009—2010	2010—2011	2011—2012	2012—2013	2013—2014	2014—2015	2015—2016	均值
中部 PEC	1.021	0.930	1.063	1.005	0.940	1.033	0.946	1.119	0.968	0.907	1.043	1.045	1.010	1.025	0.944	0.998
西部 PEC	1.085	0.947	1.103	0.991	0.930	0.961	0.949	1.042	0.981	0.911	1.007	1.032	0.937	1.039	0.954	0.990
全国 PTC	1.020	1.113	0.999	1.042	1.075	1.074	1.012	0.988	1.031	1.160	1.004	1.036	1.050	1.035	1.001	1.042
东部 PTC	1.053	1.171	1.019	1.029	1.043	1.093	0.983	1.028	1.018	1.162	0.998	1.077	1.061	1.059	0.998	1.051
中部 PTC	1.039	1.104	1.015	1.054	1.094	1.051	1.019	0.968	1.064	1.180	1.001	1.010	1.030	1.014	1.010	1.042
西部 PTC	0.973	1.070	0.968	1.044	1.092	1.073	1.035	0.970	1.013	1.143	1.013	1.027	1.055	1.026	0.998	1.032
全国 SEC	0.953	0.987	0.983	1.044	1.026	1.025	1.020	0.991	0.957	1.012	0.988	0.991	1.007	1.007	0.985	0.998
东部 SEC	0.981	0.993	0.965	1.057	1.004	1.014	0.992	1.017	0.946	1.018	0.952	0.997	1.000	1.005	0.992	0.995
中部 SEC	0.977	0.991	0.989	1.028	1.030	0.999	1.025	0.973	1.006	1.011	0.993	0.993	0.999	0.996	0.990	1.000
西部 SEC	0.909	0.977	0.994	1.048	1.046	1.054	1.049	0.977	0.930	1.009	1.021	0.986	1.020	1.017	0.971	1.000
全国 STC	1.083	1.045	1.058	0.985	1.001	1.004	1.004	1.015	1.065	1.008	1.027	1.013	0.989	0.980	1.003	1.018
东部 STC	1.065	1.018	1.053	0.975	1.009	1.008	1.027	0.980	1.081	1.001	1.060	0.993	0.976	0.951	0.985	1.012
中部 STC	1.047	1.036	1.043	0.990	0.991	1.021	0.988	1.037	1.007	1.000	1.012	1.013	1.004	1.007	1.010	1.014
西部 STC	1.132	1.080	1.076	0.989	1.001	0.991	0.992	1.036	1.100	1.021	1.006	1.033	0.993	0.985	1.020	1.029

的负向影响,但在数值上看,碳绩效下的技术进步增速略低于环境绩效下技术进步的作用。进一步地,将碳绩效下的技术效率变化进行再分解,可以发现,在碳绩效维度下,纯技术效率变化率为－0.3%,而规模效率变化率为－0.2%,表明当前在碳绩效下工业技术效率增速降低的主要原因在于纯技术效率与规模效率增速减弱。此外,从碳绩效维度下技术进步的分解项来看,纯技术增长率为4.2%,而规模技术变化1.8%,即技术进步对碳绩效下工业绿色全要素生产率的拉动效应,纯技术进步的作用强于规模技术进步,且作用效果大概高出2.4%。

结合表3-6与图3-20,在碳绩效下,东、中、西部的工业绿色全要素GML指数均呈现下降趋势,且东部最高、西部最低。从均值上看,东部地区碳绩效维度工业GTFP增速为6.3%,拉高全国平均水平0.7%,而中部地区碳绩效维度工业GTFP增速为5.5%,与全国平均水平大体一致,而西部地区碳绩效维度工业增速为5.1%,拉低全国平均水平0.5%。东、中、西部的GML均值均在1以上,表明各地区的碳绩效平均值都保持增长的趋势,且东部、中部、西部依次递减,与环境绩效的结果类似,但是在环境绩效下工业绿色全要素生产率的强度高于碳绩效,即强度存在差异,而影响方向并不改变。

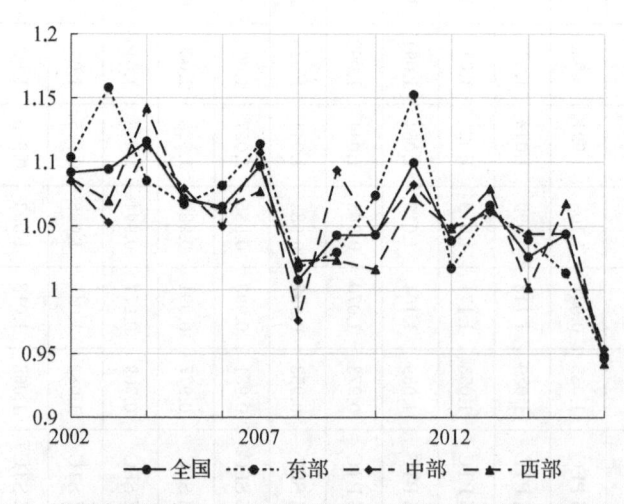

图3-20 基于碳绩效维度中国三大区域工业绿色全要素生产率GML指数

结合表 3-6 与图 3-21,从工业碳绩效技术效率变化 EC 指标来看,东、中、西部的技术效率变化趋势相似。从均值上看,东部地区的碳绩效增速为 -0.1%,中部地区为 -0.2%,而西部地区为 -1.1%,表明技术效率变化对地区碳绩效均呈现阻碍作用,而西部地区最为明显。对比表 3-6 与图 3-22,从工业碳绩效技术进步变化 TC 指标来看,东部的技术进步增长驱动全国碳绩效维度的技术进步增速,就均值上来看,东部的工业碳绩效维度技术进步变化率为 6.3%,拉高全国平均水平 0.2%;而中部地区工业碳绩效维度技术进步变化率为 5.6%,拉低全国碳绩效维度工业技术进步变化率 0.5%,不难理解东部地区的工业碳绩效技术进步增速较快可能在于人力资本的溢出效应,而西部地区的碳绩效技术进步增速较快可能与资源禀赋相关。此外,从碳绩效下的工业绿色全要素生产率变动的分解项中可以发现不同地区技术效率的降低是诱致工业绿色全要素生产率增速减弱的主要因素。

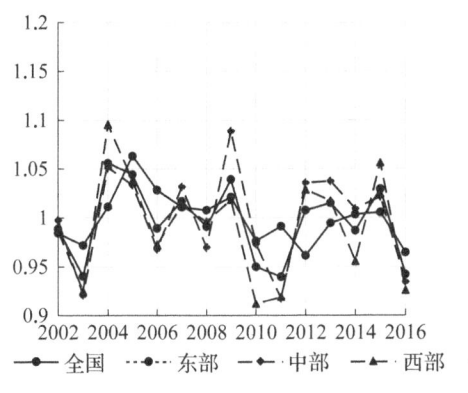

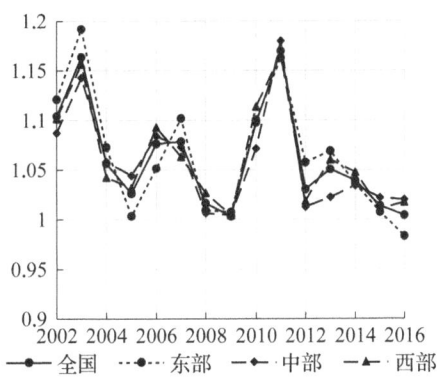

图 3-21　区域工业碳绩效 EC 指数　　图 3-22　区域工业碳绩效 TC 指数

上文显示,工业技术效率降低诱发碳绩效下工业绿色全要素生产率增速降低的重要因素,接着来看各分解项的变化。对比表 3-6 和图 3-23,可以发现东部纯效率增长为 0.4%,中部纯效率变化为 -0.2%,而西部的纯效率变化为 -0.1%。结果表明,中部和西部的工业纯效率降低诱发全国平均碳绩效技术效率增速减弱。从均值上看,东部地区的工业规模效率降低 0.5%,而中部和西部的工业规模效率并未出现明显变化,表明虽然东部工业纯技术效率增速在提升,而规模效率增速却并未同步。

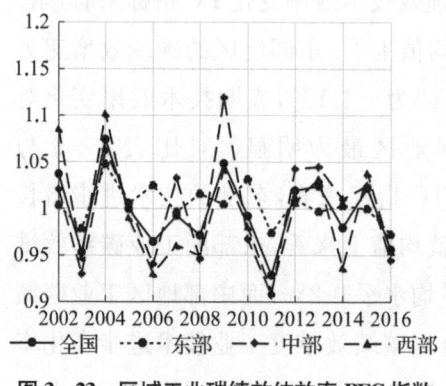

图 3-23　区域工业碳绩效纯效率 PEC 指数 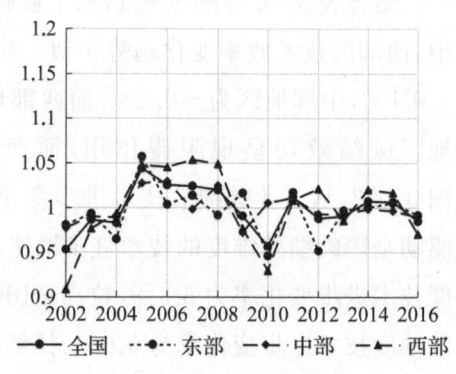　　图 3-24　区域工业碳绩效规模效率 SEC 指数

　　碳绩效维度工业绿色全要素生产率的提升主要是工业技术进步的作用。为此，本书将工业碳绩效技术进步的变化率分解为纯技术进步变化与规模技术进步变化。对比表3-6与图3-25，从均值上看，东部地区的碳绩效维度纯技术进步增长为5.1%，拉高全国平均水平0.9%；中部地区的碳绩效维度纯技术进步增长为4.2%，与全国平均水平基本贴合，西部地区的碳绩效维度纯技术进步增长为3.2%，拉低全国平均水平0.1%。而图3-26结果表明在规模技术进步下，与工业纯技术进步增长呈现的相反态势，西部地区的规模技术进步增速为2.9%，反而激励全国平均水平的增速，从时间趋势上可以发现，纯技术进步增速与规模技术进步的增速呈现反向态势。

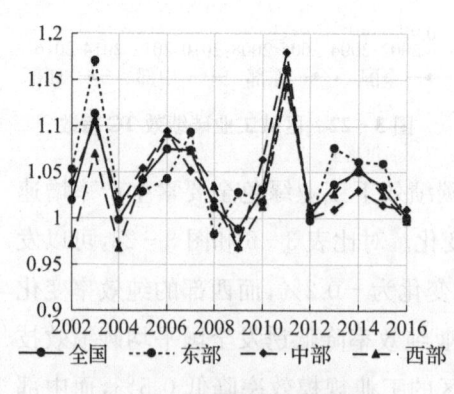

图 3-25　区域工业碳绩效纯技术进步 PTC 指数 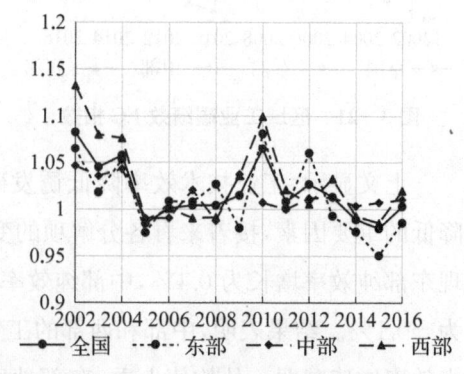　　图 3-26　区域工业碳绩效规模技术进步 STC 指数

3.4 本章小结

本章主要进行公众环境诉求与中国工业绿色全要素生产率的特征性事实分析。首先,界定公众环境诉求内涵、衡量测度与特征分析,其次梳理基于非参数型 DEA 测算绿色全要素生产率的前沿研究方法,在空气污染与气候变化制约中国经济高质量发展的现实背景下,分别以工业污染排放和工业碳排放为非期望产出,采用融合径向和非径向优势的混合(Epsilon-Based Measure, EBM 模型)对工业绿色全要素生产率进行测算,同时创新性地将马尔科夫区制转移模型(Markov Switching Autoregression, MS-AR 模型)引入能源环境领域,探究工业绿色全要素生产率增长的动态演变特征。最后,在已有全要素生产率分解方式的基础上,本书对于绿色全要素生产率中的分项进行再分解,得到如下主要结论:

第一,公众环境诉求的内涵主要指公众有意识、有组织地表达对环境问题的关注以及对于改善环境质量的强烈需求,表征公众对环境保护的关注与参与程度,是非正式环境规制的重要表现形式之一。指标衡量方面,分别采用人均信访来件数和谷歌环境搜索指数作为公众环境参与和公众环境关注的代理变量,综合体现公众环境诉求强度。基于核密度分析表明,从位置上看,公众环境参与和公众环境关注核密度曲线呈现缓慢右移特征,表明公众环境诉求的强度愈发明显。从形态上看,公众环境诉求的核密度分布呈现由"尖峰"向"宽峰"过渡,且右拖尾面积在增大,表明公众环境诉强度呈现由收敛向发散转变,公众环境诉求增强的区域在增多。而从峰高上看,峰高呈现逐渐下降的趋势,表明各省的公众环境诉求强度差异明显,呈现区域异质性,主要集中在东南沿海、东北以及西南地区。

第二,进入 21 世纪以来,中国工业绿色全要素生产率增长呈现波动下降趋势。H-P 滤波结果显示:从趋势成分看,环境绩效维度工业 GTFP 从 2001—2002 年保持 10.317% 的增速,下降到 2015—2016 年 1.621% 的增速,但是从趋势均值上看在样本期内 2002—2016 年仍然保持 6.079% 的增速;而在碳绩效维度工业 GTFP 从 2001—2002 年保持 9.99% 的增速,下降到 2015—2016 年 3.393% 的增速,但是从趋势均值上看在样本期内 2002—2016 年仍然保持5.641%的增速,表明虽然我国环境绩效下的工业绿色全要素生产率的增速在降低,但是仍然保持着约6%的增速,且环境绩效维度的工业GTFP增速强于碳绩效维度。从波动成分看,环境绩效维度与碳绩效维度工业GTFP整体波动较为明显,不确定性较强。在2008年波动成分达到"谷值",而2011年和2013年达到明显的"峰值"。

第三,非线性MSM(3)-AR(3)模型结果显示:环境绩效维度工业GTFP与碳绩效维度工业GTFP存在"缓慢、中速与高速增长区制"。区制属性特征结果显示:不同区制下,工业GTFP增长存在非对称性。环境绩效维度工业GTFP增速处于"缓慢增长区制"内的持续性较高,表现出明显的"惰性"特征。而碳绩效维度工业GTFP增速处于"快速增长区制"内的稳定性较强,表现出较强的"惯性"特征。

第四,分解结果显示:环境(碳)绩效维度2001—2016年中国区域工业绿色全要素生产率年均增长率为6%(5.6%),其中技术效率分解项年均增长率为−0.4%(−0.5%),而技术进步分解项年均增长率为6.4%(6.1%)。这表明样本期内驱动工业绿色GTFP提升的主要在于技术进步,即技术进步对绿色全要素生产率增长影响所引致的"增长效应"强于技术效率的负向效应。进一步地,将技术效率分项进行再分解,可以发现规模效率基本维持不变(−0.2%),而纯技术效率的变化率为−0.3%(−0.3%),意味着工业技术效率的降低主要是由纯技术效率低下引起的,同时表明中国工业纯技术效率依然偏低。此外,将技术进步分项进项再分解,可以发现纯技术增长率为4.6%(4.2%),而规模技术变化1.8%(1.8%),即在环境(碳)绩效下,技术进步在驱动中国工业绿色全要素生产率提升中,纯技术进步的作用强于规模技术的作用2.8(2.4)百分点。

第4章 主效应检验:基于公众层面的绩效分类考察

已有研究基于正式环境规制视角从政府和企业方面进行了大量的研究,而系统地从公众层面"自下而上"的视角,探讨公众环境诉求对提升工业绿色竞争力的影响是本章的研究重点。为此,本章结合动态面板回归模型,对公众环境诉求的环境绩效分类考察。一是考察公众环境诉求对环境绩效维度工业GTFP(下文亦简称为工业环境绩效)的影响,二是考察公众环境诉求对碳绩效维度工业GTFP(下文亦简称为工业碳绩效)的影响。

4.1 公众环境诉求对环境绩效维度工业GTFP的影响检验

4.1.1 计量模型设定数据说明

为了非正式约束下公众环境诉求对环境绩效维度工业GTFP的影响,以期检验"波特假说"在软约束条件下的成立性。本书首先建立公众环境参与环境绩效维度工业GTFP的散点拟合效果图,如图4-1所示,结果显示随着公众环境参与的提高,工业绿色全要素生产率呈现递增趋势。而图4-2显示的是公众环境关注与环境绩效维度工业GTFP的散点拟合效果图,结果显示,公众环境关注对环境绩效维度工业GTFP的影响同样呈现递增趋势。二者表明,公众环境诉求对环境绩效下工业绿色全要素生产率具有激励作用。需要说明的是,被解释变量为环境绩效下工业绿色全要素生产率指数的累计值(陈超凡,2016;杜龙政等,2019)。

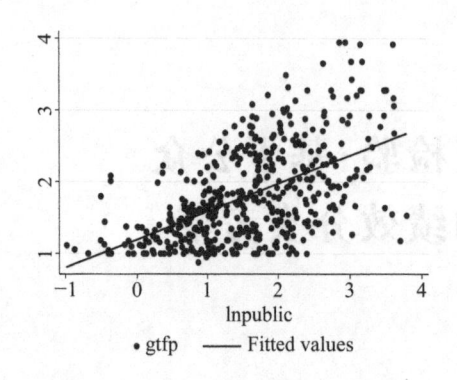

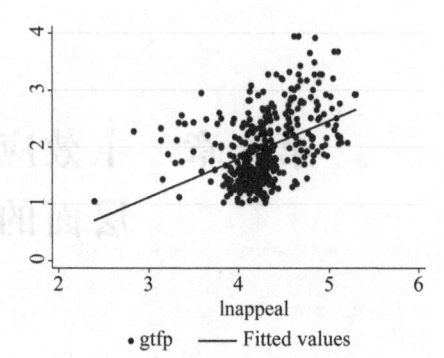

图 4-1 公众环境参与和环境绩效维度工业 GTFP 的散点图

图 4-2 公众环境关注和环境绩效维度工业 GTFP 的散点图

图 4-1 和图 4-2 为典型化事实分析，为了得到更加严谨和精确的结论，本书进一步建立实证分析模型，将一系列可能影响工业环境绩效的因素纳入分析框架，开展经验检验，以期更加严谨地探讨公众环境诉求的工业环境绩效效果，模型建立如下：

$$esgtfp_{it} = \alpha_0 + \beta_0 lnpublic_{it} + \sum \gamma_i X_{it} + \mu_i + \lambda_t + \varepsilon_{it} \quad (4.1)$$

$$esgtfp_{it} = \alpha_0 + \beta_0 lnappeal_{it} + \sum \gamma_i X_{it} + \mu_i + \lambda_t + \varepsilon_{it} \quad (4.2)$$

事实上，前一期工业绿色全要素生产率往往对下一期产生影响。例如，陈超凡(2016)年指出，前期的 GTFP 对当期 GTFP 具有传递作用和示范效应，即前期 GTFP 对后期产生"传递性"的影响，即呈现"路径依赖"特征。为此，在静态面板模型的基础上，引入工业环境绩效的一阶滞后项，一方面可以体现工业环境绩效的路径依赖特征，另一方面考虑到遗漏模型的动态特征可能引致模型的估计结果产生偏误。为此，动态面板模型如下：

$$esgtfp_{it} = \alpha_0 + \alpha_1 esgtfp_{it-1} + \beta_0 lnpublic_{it} + \sum \gamma_i X_{it} + \mu_i + \lambda_t + \varepsilon_{it}$$
$$(4.3)$$

$$esgtfp_{it} = \alpha_0 + \alpha_1 esgtfp_{it-1} + \beta_0 lnappeal_{it} + \sum \gamma_i X_{it} + \mu_i + \lambda_t + \varepsilon_{it}$$
$$(4.4)$$

其中，$esgtfp_{it}$ 代表第 i 个省份在第 t 年环境绩效维度工业 GTFP，并以累积值表征,体现了地区工业环境竞争力,$esgtfp_{it-1}$为工业环境绩效的滞后一期,反映工业环境绩效的动态效应。在式(4.3)中$lnpublic_{it}$为本书的核心解释变量,采用人均因环境污染来信量表征,体现公众的环境参与程度(Dasgupta,1997;Li等,2012;李永友和沈坤荣,2008;韩超等,2016;马勇等,2018;伍格致和游达明,2019;Zhang等,2019)。具体来说,2001—2010年采用因环境污染的来信数,2011年由于汇总了电话(网络)投诉而来信数出现锐减,因此2011—2015年的数据是因环境污染的来信数与电话(网络)投诉的总和,来源于2002—2016年的《中国环境年鉴》,而2017年《中国环境年鉴》的统计口径发生改变,仅公布当年接到群众的微信举报件数,这一指标相对2016年度《中国环境年鉴》中的环境污染的来信数与电话(网络)投诉的总和差距较大,为了避免异常值等情况,该年度采用基于已有年份拟合获取。为此,囿于数据可得性,此研究样本区间为2001—2016年。在式(4.4)中$lnappeal$同样是本书的核心解释变量,代表公众环境关注,采用谷歌环境指数(Google Trends)表征,具体来说,在谷歌搜索引擎上基于谷歌搜索指数平台以"环境污染+省份名称"为核心关键词,手动收集获取各省份的环境污染"CSV"文件,并且求得当年的平均值,综合反映公众环境关注(Kahn和Kochen,2011;Zheng等,2014;郑思齐等,2013;李欣等,2017;Shen等,2019;史丹和陈素梅,2019)。综合利用谷歌环境搜索指数和人均因污染来信量两个指标,分别反映公众对环境问题的关注与参与程度,较为契合地印证了公众这一行为主体对环境问题的"诉"与"求"。

关于控制变量:(1)环境规制(Er)。由于本书探究的是非正式软约束对工业绿色全要素生产率的影响,因此有必要对正式约束下的环境规制这一硬约束进行控制。不可否认,政府环境规制提升环境效率,控制环境污染的重要手段,已有对于正式约束下的环境规制进行了大量研究,对于已有关于正式环境规制的测度指标,主要有以下几类:第一,环境法律法规数量(Dong等,2019;王兵等,2010;Xu和Song,2000;包群和彭水军,2006;李胜兰等,2014)。第二,政策执行力度指标,诸如规制机构对企业排污监督与检测次数、排污费收入等(Levinson,1996;Brunnermeier和Cohen,2003;董直庆和赵景,2017)。第三,治理污染的投资占总支出或者总收入的比重(沈能,2012;Berman和Bui,2001;杜龙政等,2019)。第四,基于各地区污染排放的综合指数进行衡量,从排放效果上量化地区环境治理强度(Cole 等,2005;张文彬等,2010;钟茂初等,2015;董直庆和王辉,2019;杨振兵等,2016)。还有学者采用人均 GDP 等指标内生化环境规制指标(Mani 和 Wheeler,1998;Antweiler 等,2001;陆旸,2009)。而以上指标在测度环境规制时均存在不同程度的不足,例如排污程度的降低可能并非是环境规制的作用,而是技术进步产生的,因此综合指数法可能存在高估环境规制效果的作用,同样人均收入法也存在类似的问题。为了尽可能全面表征政府环境规制的强度,本书参考 Dong 等(2019)的做法,采用地方环境法律法规总数的累计值表征环境规制。事实上,地方政府对环境规制以立法的形式进行约束,这一制度性约束法律效力产生的威慑效应更强,可以更为准确地反映环境规制的力度。具体来说,采用颁布的地方性环境法规(件),地方性环境行政规章(件)及地方环境标准(件)的总和,同时采用历年的累计值表征,数据来源于《中国环境年鉴》。

(2) 能源价格(Pe)。能源要素是工业发展的重要基石,而能源价格是决定能源需求的关键因素。能源价格作为一种调节手段,在绿色经济发展过程中充当着调整能源需求、提升能源效率、促进节能减排的关键作用(徐刚等,2009;Tang 和 Tan,2012)。Fisher-Vanden(2004)基于 1997—1999 年中国约 2 500 家能源密集型企业能源强度降低的驱动因素进行检验,发现能源价格的影响程度超过 50%。Cornillie 和 Fankhauser(2004)针对中东和前苏联等传统能源密集型地区能源强度下降的影响因素进行实证分析,结果表明能源价格是能源效率提升的重要因素之一,Wing(2008)的观点与之类似。刘红玫和陶全(2002)发现能源价格的变化对推动能源效率提升,进而促进整体绿色全要素生产率的提升具有关键作用。由于官方统计指标并未公布能源价格数据,已有关于能源价格指标的衡量大多采用各省市燃料、动力煤价格指数表征(杨福霞等,2018;陈宇峰和朱荣军,2018),而这种方法衡量的能源价格仍然较为粗糙,本书则参考 Li 和 Lin(2014)、董直庆和赵景(2017)的做法,采用 $pe = \frac{(\sum e_i p_i)}{E}$ 方法计算,其中 e_i 选择消费量最大的五种能源投入,包括洗精煤、焦炭、汽油、柴油和电力。E 代表能源消费总量,囿于数据可得性,各分类能源价格数据采用 2000—2005 年城市细分能源市场价格且基于 2001—2016 年的能源价格指数进行推算所得。

（3）禀赋结构（Kl）。一般而言，技术创新模式内生于地区经济发展模式，市场以何种资源要素抑或产业为主导，那么其技术进步就将偏向何种产业或资源。高比例的污染产业将显著抑制地区绿色全要素生产率提升，相反，以轻资产为主的产业模式，将显著提升绿色全要素生产率（Cole 和 Elliott，2003；Cole 等，2005；Acemoglu，2002）。而禀赋结构对提升工业环境绩效的影响并不明确（杜龙政等，2019；李琳和刘琛，2018），一是禀赋结构对提升工业 GTFP 具有促进作用。基于资本密集型的禀赋结构为促进创新要素流动、盘活创新资源提供了充裕的资金保障，有利于提升技术效率，为此无论是技术进步还是技术效率提升均在一定程度上加快提升工业 GTFP。二是禀赋结构对提升工业 GTFP 具有抑制作用。张军（2002）认为工业部门资本深化程度加剧，与当前工业比较优势并不契合，中国情境下，特殊的重工业化路径背离了绿色发展轨迹，造成绿色全要素生产率的下降。此外，禀赋结构提升加快了资本对劳动的挤出效应，一定程度上削弱劳动收入份额，加剧劳动收入不平等（王丹枫，2011），有效需求不足，降低了企业的研发创新动力。王林辉等（2019）指出我国技术进步的偏向性存在逆要素禀赋特征，即技术进步并非呈现中性，技术进步并非朝充裕的要素偏向，而是存在朝稀缺的要素偏向的特征。为此，要素禀赋结构对提升工业绿色全要素生产率的影响并不明确。本书参考王林辉等（2019）、杜龙政等（2019）的方法，选择资本劳动比表征禀赋结构。

（4）贸易开放（$Open$）。"污染避难所假说"（Pollution Haven Hypothesis，PHH）认为借助贸易开放，发达国家在国际市场中将不利于本国环境保护的产业跨国转移到环境规制程度较低的发展中国家，不利于提升工业 GTFP（Copeland 和 Taylor，2004；Candau 和 Dienesch，2017）。当然，贸易开放也可能促进工业 GTFP，可能的原因在于贸易开放的规模效应、竞争效应与技术外溢效应间接地促进东道国绿色技术进步与产业结构升级，为经济增长提供了强劲的动力，促进绿色全要素生产率提升（张同斌和刘俸奇，2018；杜龙政等，2019）。此外，还有研究认为贸易开放对于地区绿色技术创新的影响并不明确。陈丽娴等（2016）基于服务业开放的不同程度分类检验，发现只有当贸易开放程度达到一定门限时，贸易开放才能促进地区绿色发展。

Barrio-Castro 等(2002)认为对外贸易开放所引致的技术扩散需要依赖不同国家的技术吸收能力与东道国经济发展水平。彭水军等(2013)实证检验了贸易开放对不同污染物排放强度的影响差异,发现贸易开放所引致的结构效应对不同的污染的环境绩效产生非对称性,并取决于要素禀赋效应与污染避难所效应的综合效应。为此,参考黄赛男等(2020)、谢贤君等(2020)的方法,采用进出口总额占 GDP 的比重表征地区发展对国际市场的依赖粘性。

(5) 政府主导(Gov),制度质量对地区经济高质量发展的影响具有特殊意义与重要解释力,而新制度学派认为只有提升制度的有效性,才能实现经济的可持续增长(魏下海,2010)。李光勤和洪梦(2020)认为,政府干预可以激励产业结构调整,弥补市场经济的不足,进而推动绿色全要素生产率提升。而傅勇和张晏(2007)研究发现,中国行政分权体质下,提升政府主导会使公共品投入偏离最优水平,削弱资源配置效率,不利于提升绿色全要素生产率。邵帅等(2013)指出,政府主导对资源配置与效率提升的作用并不明确。原因在于,只有当政府干预处于合理范围内,才能平抑由于市场的盲目调节或者市场滞后性所引致效率的损失,进而促进效率提升。一旦政府过度干预,会对整个社会的效率提升产生负向影响,不利于激励市场活力。为此,参考董直庆和王辉(2019)、韩晶等(2017)的做法,采用政府的财政支出与地区 GDP 的比重表征。

以上各变量除特殊说明外,其余来源于《中国环境年鉴》《中国物价年鉴》《中国工业统计年鉴》《中国能源统计年鉴》以及《中国城市(镇)生活与价格年鉴》。表 4-1 报告了公众环境诉求影响工业环境绩效的变量定性描述,而表 4-2 报告了公众环境诉求影响工业环境绩效的变量统计性描述。

表 4-1 公众环境诉求影响工业环境绩效变量定性描述

变量类别	变量符号	定义	度量指标及说明	单位
被解释变量	$Esgtfp$	工业环境绩效	基于 EBM 模型测算的以污染排放为非期望产出的 GML 指数累计值	%
被解释变量的分解项	$Esec$	工业环境技术效率	工业环境绩效的分解项技术效率指数累计值	%
	$Estc$	工业环境技术进步	工业环境绩效的分解项技术进步指数累计值	%

续 表

变量类别	变量符号	定义	度量指标及说明	单位
被解释变量的分解项	$Espec$	工业环境纯技术效率	工业技术效率的分解项纯技术效率指数累计值	%
	$Essec$	工业环境规模技术效率	工业技术效率的分解项规模技术效率指数累计值	%
	$Esptc$	工业环境纯技术进步	工业技术进步的分解项纯技术进步指数累计值	%
	$Esstc$	工业环境规模技术进步	工业技术进步的分解项规模技术进步指数累计值	%
核心解释变量	$Lnpublic$	公众环境参与	衡量公众环境诉求的指标1:采用人均因环境污染来信量的自然对数	件/万人
	$Lnappeal$	公众环境关注	衡量公众环境诉求的指标2:采用谷歌环境搜索指数的自然对数	——
工具变量	$Lnvc$	空气流通系数	风速乘以边界层高度,来源于欧洲天气预报中心EAR数据库	——
	$Lnkd$	互联网宽带接入端口	互联网宽带接入端口数据	万个
控制变量	Er	环境规制	地方性环境法规(件),地方性环境行政规章(件)及地方环境标准(件)的总和,并采用历年的累计值的自然对数	件
	Pe	能源价格	基于已有文献折算的综合能源价格	百元/吨标准煤
	Kl	禀赋结构	资本劳动比即资本密集度	亿元/万人
	$Open$	贸易开放	进出口总额占GDP的比重	%
	Gov	政府主导	政府财政支出占GDP的比重	%

表4-2 公众环境诉求影响工业环境绩效的变量统计描述

变量	均值	标准差	最小值	25%分位数	中位数	75%分位数	最大值
$Esgtfp$	1.819	0.653	0.878	1.303	1.678	2.231	3.945
$Esec$	1.017	0.237	0.417	0.911	1	1.104	2.294
$Estc$	1.812	0.569	0.701	1.377	1.684	2.196	3.679
$Espec$	1.003	0.232	0.342	0.915	1	1.112	2.193
$Essec$	1.524	0.495	0.377	1.154	1.443	1.775	2.939
$Esptc$	1.030	0.168	0.478	0.990	1	1.038	2.263
$Esstc$	1.241	0.525	0.679	1.046	1.132	1.262	8.650
$Lnpublic$	1.597	0.918	−0.982	0.950	1.634	2.237	3.787

续 表

变量	均值	标准差	最小值	25%分位数	中位数	75%分位数	最大值
Lnappeal	4.289	0.396	2.394	4.093	4.261	4.522	5.298
Lnvc	7.335	0.741 9	4.436 1	7.084 5	7.494 4	7.778 1	8.521 5
Lnkd	6.308	1.163 6	2.734 3	5.514 6	6.437 5	7.176 8	8.781 9
Lner	3.050	1.366	0	2.197	3.135	4.078	5.690
Pe	22.02	8.612	7.921	15.33	20.99	26.64	49.26
Kl	21.53	15.07	5.704	11.33	17.28	26.56	111.7
Open	0.325	0.402	0.032 1	0.086 7	0.133	0.369	1.767
Gov	0.198	0.090 2	0.077 2	0.136	0.176	0.233	0.627

4.1.2 公众环境诉求对环境绩效维度工业 GTFP 影响的基准检验

表 4-3 为公众环境诉求对环境绩效维度工业 GTFP 影响的基准检验结果。其中,模型(1)—(4)为静态面板的回归结果,模型(1)—(2)采用 OLS 估计,模型(3)—(4)采用全面 FGLS 法估计,在一定程度上解决组间异方差以及同期相关性等问题。结果显示,公众环境参与($Lnpublic$)与公众环境关注($Lnappeal$)对环境绩效维度工业 GTFP 的影响保持 1% 的显著性为正,公众环境诉求对提升工业环境绩效具有激励作用。模型(5)—(8)为动态面板的回归结果,考虑到公众环境诉求对提升工业环境绩效存在双向因果而导致的内生性问题,选择公众环境诉求的滞后一期与滞后二期作为工具变量,并采用广义矩估计(Generalized Method of Moments,GMM)对动态面板进行估计。模型(5)和(7)采用差分 DIFF-GMM 方法估计,而模型(6)和(8)采用系统 SYS-GMM 方法估计。为了避免实证结果的有偏性,本书对实证结果进行 Arellano-Bond 序列相关性检验,以确保无二阶以上的序列相关性,此外,还需进行确保工具变量稳健性 Sargan 统计检验。模型(5)—(8)结果显示:Sargan 检验的 P 值均超过 0.1,表明接受工具变量均有效的原假设,且 AR(2)检验大多通过残差序列不存在二阶序列相关的原假设,表明差分 DIFF-GMM 与系统 SYS-GMM 估计有效性较高。类似地,模型(5)—(8)结果显示:公众环境参与($Lnpublic$)与公众环境关注($Lnappeal$)对环境绩效维度工业 GTFP 的影响均保持 1% 的显著性水平为正,表明公众环境诉求对提

升工业绩效具有显著的正向影响。由于系统 SYS-GMM 的估计方法效率更高,为此,本书选择模型(6)和模型(8)进行实证结果解读。首先,环境绩效维度工业 GTFP 影响的一阶滞后项($L.Esgtfp$)在不同的模型下均保持 1% 的显著性为正,表明工业环境绩效存在较强的路径依赖特征,上一期的工业环境绩效有利于提升当期的环境绩效,产生明显的"滚雪球效应",这一结论与邵帅等(2019)的结论类似。公众环境参与($Lnpublic$)对环境绩效维度工业 GTFP 在 1% 的显著性水平上为正,且公众环境参与提升 1%,工业环境绩效提升 0.038 7 个单位;而公众环境关注($Lnappeal$)对环境绩效维度工业 GTFP 的影响仍保持 1% 的显著性水平上为正,表明公众环境关注增加 1%,工业环境绩效增长 0.142 0 个单位。"波特假说"指出,合理的环境规制可以有效提升要素配置效率,实现技术革新,有利于提高全要素生产率。结果表明,公众环境诉求对提升工业绩效具有显著的激励作用,证实了"波特假说"在软约束下依旧成立。控制变量方面:禀赋结构(Kl)对工业环境绩效的影响在 1% 的显著性水平上为负,表明提升工业禀赋结构对工业环境效率产生负向影响,这一结果和杜龙政(2019)的结论一致,表明当前资本密集型的行业依旧是污染较为严重的化工等行业,不利于提升工业环境效率。另一方面,当前资源依赖程度较高,资源依赖型产业往往与资本要素耦合密切,因此禀赋结构并不有利于提升工业环境绩效。能源价格(Pe)对工业环境绩效的影响在 1% 的显著性上为正,表明提高能源价格有助于提升工业环境绩效(林伯强和刘泓汛,2015)。贸易开放($Open$)对工业环境绩效的影响在 1% 的显著性水平上为负,表明"污染避难所假说"在中国成立,虽然贸易开放会推动跨国要素流动,提升资源配置效率,但是当前国内的环境规制标准并不严格,发达国家的污染转移使得本国生产结构呈现污染偏向,不利于提升工业绿色竞争力。环境规制($Lner$)对提升工业环境绩效产生正向影响,表明在中国情境下,"创新补偿效应"的作用强于"遵循成本效应",命令控制型环境规制对于提高工业环境绩效仍然发挥关键作用。政府主导(Gov)对提升工业环境绩效的影响并不显著,表明政府的财政支出依然存在效率低下等问题,对于提升工业环境绩效的作用并不明显,这一结果与邵帅等(2013)的研究结论一致。

表 4-3 公众环境诉求对环境绩效维度工业 GTFP 影响的基准检验

回归方法 模型	静态面板 OLS (1)	OLS (2)	FGLS (3)	FGLS (4)	动态面板 DIFF-GMM (5)	SYS-GMM (6)	DIFF-GMM (7)	SYS-GMM (8)
L.$Esgtfp$					0.932 9***	0.841 1***	0.917 1***	0.840 6***
					(0.048 1)	(0.027 1)	(0.052 0)	(0.021 4)
Ln$public$		0.215 7***		0.210 5***	0.033 2***	0.038 7***		
		(0.030 9)		(0.008 0)	(0.005 8)	(0.007 8)		
Ln$appeal$	0.371 6***		0.333 6***				0.126 3***	0.142 0***
	(0.080 1)		(0.029 9)				(0.019 9)	(0.023 5)
Kl	0.004 1**	0.002 1	0.003 4***	0.001 7*	−0.012 0***	−0.005 5***	−0.013 6***	−0.005 0***
	(0.001 8)	(0.001 5)	(0.000 6)	(0.000 9)	(0.001 9)	(0.000 8)	(0.002 1)	(0.000 9)
Pe	0.018 2***	0.022 5***	0.018 2***	0.022 8***	0.007 2***	0.005 5***	0.009 8***	0.007 3***
	(0.004 0)	(0.003 3)	(0.001 6)	(0.001 6)	(0.000 8)	(0.000 8)	(0.001 5)	(0.001 8)
$Open$	−0.041 6	−0.216 3***	−0.032 9*	−0.204 3***	−0.223 3***	−0.158 9***	−0.186 9***	−0.176 0***
	(0.082 3)	(0.069 8)	(0.018 3)	(0.019 8)	(0.011 4)	(0.012 0)	(0.016 0)	(0.021 7)
Lner	0.107 3***	0.143 0***	0.108 6***	0.134 5***	0.067 9***	0.057 0***	0.061 8***	0.033 9***
	(0.030 4)	(0.020 3)	(0.014 1)	(0.008 2)	(0.010 6)	(0.007 7)	(0.012 7)	(0.009 8)

续 表

回归方法	静态面板					动态面板			
模型	OLS (1)	OLS (2)	FGLS (3)	FGLS (4)	DIFF-GMM (5)	SYS-GMM (6)	DIFF-GMM (7)	SYS-GMM (8)
Gov	1.181 6***	0.594 9**	1.074 2***	0.511 1***	−0.105 5*	−0.070 6	0.010 8	−0.010 0
	(0.298 0)	(0.273 1)	(0.075 8)	(0.061 4)	(0.061 1)	(0.060 4)	(0.061 8)	(0.059 5)
_Cons	−0.743 8**	0.453 0***	−0.562 8***	0.505 4***	0.151 0***	0.202 2***	−0.367 9***	−0.332 7***
	(0.308 4)	(0.071 7)	(0.126 4)	(0.038 5)	(0.019 0)	(0.013 7)	(0.087 9)	(0.097 6)
AR(1)	—	—	—	—	−2.895 8	−2.935 1	−2.822 5	−2.840 3
P值	—	—	—	—	0.003 8	0.003 3	0.004 8	0.004 5
AR(2)	—	—	—	—	1.588 7	1.638 9	1.488 1	1.456 6
P值	—	—	—	—	0.112 1	0.101 2	0.136 7	0.145 2
Sargan	—	—	—	—	0.307 9	0.997 6	0.250 7	0.816 3
N	390	480	390	480	420	450	360	390

注：系数下方括号内为回归结果标准误，***、**、*分别代表1%、5%和10%的显著性，下同。

4.1.3 公众环境诉求对环境绩效维度工业 GTFP 分解项的影响检验

前文证实了无论是公众环境参与还是公众环境关注所表征的公众环境诉求,均会推动工业环境绩效的提升,而工业环境绩效可以分解为技术进步与技术效率。为此,本书接着对不同的分解项进行回归,以检验何种路径推动工业环境绩效的作用更强。表 4-4 为环境绩效下公众环境诉求对工业环境绩效分解项的回归结果。其中,模型(1)—(4)为对技术进步的回归结果,模型(1)和(3)采用的是 DIFF-GMM 的回归方法,模型(2)和(4)采用的是 SYS-GMM 的回归方法;模型(5)—(8)为对技术效率的回归结果,模型(5)和(7)采用的是差分 DIFF-GMM 的回归方法,模型(6)和(8)采用的是系统 SYS-GMM 的回归方法。结果显示,在对工业环境绩效分解项技术进步的影响模型中,公众环境参与($Lnpublic$)与公众环境关注($Lnappeal$)的系数均保持1%的显著性为正;在对工业环境绩效分解项技术效率的影响模型中,公众环境参与($Lnpublic$)和公众环境关注($Lnappeal$)的系数至少保持5%的显著性水平为正。结果表明:技术进步与技术效率提升均是公众环境诉求激励工业环境绩效的方式,可能的原因在于,公众环境诉求较高地区的政府更倾向于提升地区的技术创新水平,从本质上促进地区的绿色技术创新能力;企业层面,一方面为了配合上级政府环境治理要求,另一方面为了满足公众的环境诉求,倾向于通过 FDI、OFDI 等方式促进企业的技术溢出,提高"干中学"能力,激励企业提升整体绿色技术效率。

公众环境诉求对工业环境绩效的分解项技术进步与技术效率均产生正向促进作用,本书对技术进步的两个分解项规模技术进步与纯技术进步进行分类检验,进一步挖掘哪种技术进步类型可以更加激励技术进步提升,实证结果如表 4-5 所示。其中,模型(1)—(4)为对规模技术进步的影响,模型(1)和(3)采用 DIFF-GMM 的回归方法,模型(2)和(4)采用 SYS-GMM 的回归方法;而模型(5)—(8)为对纯技术进步的影响,模型(5)和(7)采用 DIFF-GMM 的回归方法,模型(6)和(8)采用 SYS-GMM 的回归方法。结果显示,无论是公众环境参与($Lnpublic$)还是公众环境关注($Lnappeal$)对规模技术进步的影响为负,而对纯技术进步的影响在1%的显著性水平上为正。可能的原因在于公众环境诉求对地区企业发展产生舆论压力,在环保投诉递增、舆论压力

表4-4 公众环境诉求对工业技术进步与工业技术效率的影响——环境绩效维度

回归方法 模型	技术进步 DIFF-GMM (1)	SYS-GMM (2)	DIFF-GMM (3)	SYS-GMM (4)	技术效率 DIFF-GMM (5)	SYS-GMM (6)	DIFF-GMM (7)	SYS-GMM (8)
L.estc	0.156 9*** (0.007 8)	0.325 5*** (0.031 2)	0.161 4*** (0.010 6)	0.327 9*** (0.027 9)				
L.esec					−0.226 4*** (0.031 3)	0.542 9*** (0.030 2)	−0.031 6*** (0.006 7)	0.398 0*** (0.013 1)
Lnpublic	0.068 4*** (0.010 4)	0.065 4*** (0.011 5)			0.023 3*** (0.006 1)	0.015 0*** (0.003 8)		
Lnappeal			0.106 9*** (0.012 8)	0.110 6*** (0.023 6)			0.007 7** (0.003 5)	0.027 0** (0.008 8)
Kl	0.013 5*** (0.000 8)	0.012 6*** (0.000 8)	0.011 5*** (0.001 2)	0.010 7*** (0.001 1)	−0.007 4*** (0.000 9)	−0.005 8*** (0.000 7)	−0.005 2*** (0.000 5)	−0.005 1*** (0.000 5)
Pe	0.017 9*** (0.000 9)	0.014 5*** (0.000 8)	0.022 0*** (0.001 5)	0.018 5*** (0.001 6)	0.001 6** (0.000 7)	0.002 7*** (0.000 5)	0.001 5*** (0.000 5)	0.000 8* (0.000 4)
Open	−0.246 6*** (0.010 2)	−0.070 2** (0.033 0)	−0.228 5*** (0.004 2)	−0.004 1 (0.014 7)	−0.093 3** (0.038 0)	−0.059 2*** (0.005 6)	−0.037 4*** (0.007 4)	−0.035 4 (0.028 2)

续表

回归方法 模型	技术进步				技术效率			
	DIFF-GMM (1)	SYS-GMM (2)	DIFF-GMM (3)	SYS-GMM (4)	DIFF-GMM (5)	SYS-GMM (6)	DIFF-GMM (7)	SYS-GMM (8)
Lner	0.149 7***	0.099 6***	0.169 1***	0.123 3***	0.045 4***	0.037 1***	0.034 3***	0.028 7***
	(0.007 3)	(0.012 1)	(0.020 2)	(0.011 5)	(0.007 6)	(0.005 6)	(0.008 8)	(0.006 1)
Gov	−0.016 0	−0.093 1***	0.075 4**	−0.022 4	−0.230 3***	−0.056 3**	−0.118 8***	−0.021 7
	(0.029 9)	(0.012 5)	(0.023 3)	(0.023 5)	(0.049 7)	(0.024 4)	(0.008 2)	(0.025 1)
_Cons	0.369 0***	0.294 8***	−0.124 9*	−0.249 6**	1.255 7***	0.412 8***	1.028 9***	0.524 9***
	(0.024 3)	(0.030 7)	(0.069 1)	(0.100 6)	(0.034 1)	(0.022 5)	(0.029 4)	(0.042 0)
AR(1)	−2.757 7	−2.829 2	−2.495 2	−2.602 1	−1.298 4	−2.028 7	0.201 5	−2.652 7
P值	0.005 8	0.004 7	0.012 6	0.009 3	0.194 2	0.042 5	0.840 3	0.008 0
AR(2)	0.172 1	0.726 2	0.295 6	0.771 2	−1.529 5	1.314 1	−0.213 8	−0.555 1
P值	0.863 4	0.467 7	0.767 6	0.440 6	0.126 1	0.188 8	0.830 6	0.578 9
Sargan	0.338 0	0.924 4	0.202 1	0.850 2	0.492 0	0.492 3	0.257 6	0.997 1
N	420	450	360	390	420	450	360	390

第4章 主效应检验:基于公众层面的绩效分类考察

表4-5 公众环境诉求对工业规模技术进步与工业纯技术进步的影响——环境绩效维度

回归方法 模型	规模技术进步 DIFF-GMM (1)	规模技术进步 SYS-GMM (2)	规模技术进步 DIFF-GMM (3)	规模技术进步 SYS-GMM (4)	纯技术进步 DIFF-GMM (5)	纯技术进步 SYS-GMM (6)	纯技术进步 DIFF-GMM (7)	纯技术进步 SYS-GMM (8)
L.esstc	−0.391 7***	−0.000 9	−0.161 3***	0.147 6***				
	(0.000 8)	(0.005 3)	(0.001 1)	(0.006 8)				
L.esptc					0.409 0***	0.539 7***	0.198 4***	0.403 4***
					(0.057 5)	(0.078 8)	(0.020 8)	(0.015 6)
Lnpublic	−0.048 8***	−0.130 2***			0.146 3***	0.103 7**		
	(0.007 4)	(0.013 5)			(0.011 0)	(0.032 9)		
Lnappeal			−0.189 7***	−0.438 3***			0.231 2***	0.246 8***
			(0.017 0)	(0.019 7)			(0.031 5)	(0.027 4)
Kl	0.014 1***	0.043 3***	0.020 7***	0.025 0***	0.000 7	−0.002 7***	0.001 7	−0.002 9**
	(0.000 9)	(0.001 1)	(0.000 7)	(0.000 6)	(0.000 6)	(0.000 6)	(0.001 2)	(0.001 1)
Pe	0.010 3***	0.001 6*	0.003 0***	−0.008 3***	0.010 8***	0.010 0***	0.018 9***	0.016 1***
	(0.001 0)	(0.001 0)	(0.000 6)	(0.000 6)	(0.000 9)	(0.001 1)	(0.001 4)	(0.001 5)
Open	−0.093 4***	0.001 6	0.390 3***	0.211 6***	−0.227 6***	−0.178 8***	−0.212 5***	−0.140 7**
	(0.008 0)	(0.019 2)	(0.013 4)	(0.036 1)	(0.039 2)	(0.053 1)	(0.036 9)	(0.044 5)

· 101 ·

续 表

回归方法 模型	规模技术进步					纯技术进步			
	DIFF-GMM (1)	SYS-GMM (2)	DIFF-GMM (3)	SYS-GMM (4)	DIFF-GMM (5)	SYS-GMM (6)	DIFF-GMM (7)	SYS-GMM (8)
Lner	0.058 4***	−0.179 1***	0.006 2	−0.000 1	0.075 3***	0.079 3***	0.106 1***	0.089 6***
	(0.005 8)	(0.014 8)	(0.005 0)	(0.006 3)	(0.017 9)	(0.013 9)	(0.012 7)	(0.007 1)
Gov	−0.185 1***	0.083 3***	−0.051 7*	−0.008 7	−0.077 7	0.073 1	0.134 5***	0.119 0***
	(0.038 7)	(0.025 2)	(0.027 3)	(0.029 2)	(0.129 2)	(0.247 0)	(0.026 9)	(0.030 3)
_Cons	1.128 8***	1.060 9***	1.601 0***	2.520 8***	0.297 4***	0.202 7***	−0.493 7***	−0.669 7***
	(0.019 7)	(0.026 8)	(0.077 3)	(0.090 3)	(0.043 7)	(0.041 4)	(0.140 5)	(0.110 7)
AR(1)	−0.970 0	−1.000 1	−1.038	−1.071 5	−2.751 9	−2.828	−2.877 6	−2.937 5
P 值	0.332 0	0.317 3	0.299 3	0.284 0	0.005 9	0.004 7	0.004 0	0.003 3
AR(2)	−0.154 5	0.968 5	0.815 6	0.980 1	−0.518 6	−0.135 6	−1.590 1	−1.144 9
P 值	0.877 2	0.332 8	0.414 7	0.327 0	0.604 0	0.892 1	0.111 8	0.252 3
Sargan	0.409 1	0.942 4	0.198 2	0.981 3	0.291 5	0.999 2	0.122 5	1.000 0
N	420	450	360	390	420	450	360	390

较大的现实背景下,不利于企业进一步扩大规模,做大做强,因此对规模技术进步存在负向的削弱作用。而企业迫于公众压力,希望通过大量研发投入等方式促进地区纯技术创新,以此向社会传递正向的信号,缓解公众的负面情绪,弥补负向的公众质疑,重新赢得公众青睐,由此对纯技术创新产生正向激励作用。

上文针对环境绩效下的技术进步进行分解,发现在公众环境诉求较高的地区,可以通过研发创新提升地区的纯技术创新能力,一方面为了缓解地区公众的负面情绪,另一方面通过提升技术创新能力进而生产更多较为环保的产品,获取较高的市场竞争力。同时,技术效率也是公众环境诉求影响工业环境绩效的重要渠道,正如表4-4所示,在公众环境参与($Lnpublic$)对工业环境绩效的影响在1%的显著性水平上为正,为此本书接下来对技术效率进一步分解为规模效率和纯技术效率,以检验公众环境参与对技术效率的分解项的影响,实证结果如表4-6所示。其中,模型(1)—(2)为对规模效率影响的回归结果,而模型(3)—(4)为对纯技术效率的回归结果,分别采用DIFF-GMM和SYS-GMM的估计方法。结果显示,公众环境诉求对提升规模效率的影响在1%的显著性水平上为正,而对纯技术效率的影响并不显著。结果表明,公众环境诉求对技术效率的提升作用主要通过提升规模效率发挥作用,即公众环境诉求可能会促进地区产业结构升级,实现地区产业转型,进而形成范围经济,提升整体的规模效率。

4.1.4 内生性与稳健性检验

事实上,在经济系统内公众环境诉求并非单项的影响工业环境绩效,而工业的环境状况也将反向地影响公众的环境诉求,例如当工业环境绩效低下,环境污染严重,公众会通过网络关注、信访甚至游行示威等方式表达自身的环境诉求(郑思齐等,2013)。为此。在探究公众环境诉求这一软约束对工业环境绩效的影响时需要考虑可能存在的双向因果关系所造成的内生性问题。而在动态面板回归模型中,本书已经选择公众环境诉求的滞后一阶和滞后二阶作为公众环境诉求的工具变量,故进一步拟从地理角度选择更为合适的工具变量,以增强结论的稳健性。首先,对于公众环境诉求的第一个指标,用以衡量公众环境参与的因环境污染的信访来信量表征。不可否认,公众环境信访量与

表4-6 公众环境诉求对工业规模技术效率与工业纯技术效率的影响——环境绩效维度

回归方法模型	规模效率 DIFF-GMM (1)	规模效率 SYS-GMM (2)	规模效率 DIFF-GMM (3)	规模效率 SYS-GMM (4)	纯技术效率 DIFF-GMM (5)	纯技术效率 SYS-GMM (6)	纯技术效率 DIFF-GMM (7)	纯技术效率 SYS-GMM (8)
L.essec	−0.161 9***	0.128 2***	−0.186 6***	−0.009 2				
	(0.001 8)	(0.014 1)	(0.004 5)	(0.021 9)				
L.espec					0.107 5***	0.348 0***	0.236 1***	0.392 7***
					(0.024 4)	(0.010 2)	(0.064 5)	(0.021 8)
Lnpublic	0.025 3***	0.021 7***			0.003 3	0.006 0		
	(0.003 1)	(0.003 7)			(0.003 7)	(0.004 1)		
Lnappeal			0.016 6**	0.109 3***			0.003 1	−0.020 9
			(0.006 4)	(0.009 8)			(0.019 3)	(0.018 1)
Kl	−0.002 4***	0.009 4***	−0.001 0***	0.008 7***	−0.005 2***	−0.005 9***	−0.005 7***	−0.005 8***
	(0.000 2)	(0.000 2)	(0.000 2)	(0.000 3)	(0.000 8)	(0.000 4)	(0.001 5)	(0.000 5)
Pe	0.003 6***	−0.000 3	0.004 1***	−0.000 5	0.000 1	0.000 3	−0.000 9	−0.000 3
	(0.000 5)	(0.000 4)	(0.000 6)	(0.000 6)	(0.000 4)	(0.000 5)	(0.001 1)	(0.000 4)
Open	0.026 3**	−0.149 0***	−0.044 7***	−0.091 4***	−0.032 6	0.006 6	−0.008 6	0.023 2
	(0.011 5)	(0.007 5)	(0.007 6)	(0.017 8)	(0.025 8)	(0.018 9)	(0.044 7)	(0.032 7)

续　表

回归方法 模型	规模效率				纯技术效率			
	DIFF-GMM (1)	SYS-GMM (2)	DIFF-GMM (3)	SYS-GMM (4)	DIFF-GMM (5)	SYS-GMM (6)	DIFF-GMM (7)	SYS-GMM (8)
Lner	−0.002 7	−0.077 8***	−0.018 2***	−0.086 7***	0.049 5***	0.055 2***	0.045 5***	0.058 0***
	(0.003 0)	(0.004 6)	(0.003 8)	(0.006 4)	(0.003 7)	(0.002 6)	(0.010 0)	(0.007 5)
Gov	0.024 4*	−0.070 9***	0.067 2***	−0.016 1	−0.052 5	0.006 9	0.038 9	0.055 2*
	(0.014 5)	(0.019 3)	(0.017 4)	(0.018 0)	(0.078 7)	(0.013 1)	(0.059 9)	(0.028 3)
_Cons	1.110 2***	0.976 5***	1.138 8***	1.319 3***	0.865 0***	0.575 9***	0.760 1***	0.621 2***
	(0.006 1)	(0.018 9)	(0.021 4)	(0.043 9)	(0.025 3)	(0.016 1)	(0.103 3)	(0.053 2)
AR(1)	−1.404 8	−1.458 6	−1.228 7	−1.247 5	−2.369 6	−2.475 5	−2.159 2	−2.276
P值	0.160 1	0.144 7	0.219 2	0.212 2	0.017 8	0.013 3	0.030 8	0.022 8
AR(2)	−1.043 6	1.060 9	−0.264 9	0.844 4	−1.003 8	−0.182 6	−0.893 8	−0.516 2
P值	0.296 6	0.288 7	0.791 1	0.398 4	0.315 5	0.855 1	0.371 4	0.605 7
Sargan	0.583 7	0.367 8	0.796 1	0.964 3	0.884 4	0.525 3	0.104 0	0.995 7
N	420	450	360	390	420	450	360	390

地区的空气污染高度相关,而地区的空气流通系数可以较为合理地反应地区的空气污染浓度(董直庆和王辉,2019;杜龙政等,2019),因此满足工具变量相关性的要求。此外,空气流动系数并不会对工业绿色全要素生产率产生影响,满足工具变量外生性的要求。为此,参考 Jacobsen(2002)的做法,采用风速与边界层高度的乘积衡量空气流通系数。具体的测算参考杜龙政等(2019)的方法,基于网格数据与地区省会城市进行匹配,解析风速与边界层高度数据进行测算。而对于本书结合谷歌环境搜索指数衡量公众的环境关注程度,参考 Du 等(2019)年的做法,采用地区互联网宽带接入端口数衡量,因为网络关注的载体是地区的互联网水平,而地区互联网宽带接入端口数量一定程度可以较为合理地衡量地区的互联网发展水平,由于这一数据并未公布 2006 年之前的数据,为此仅检验 2006 年之后的样本区间,数据来源于《中国统计年鉴》。因此,本节在上文的基础上,额外选择空气流通系数、互联网宽带接入端口数量作为公众环境参与和公众环境关注的额外工具变量进行再检验,回归结果见表4-7。

表4-7 公众环境诉求对环境绩效维度工业 GTFP 影响的内生性检验

回归方法 模型	DIFF-GMM (1)	SYS-GMM (2)	DIFF-GMM (3)	SYS-GMM (4)
$L.esgtfp$	0.969 4***	0.885 3***	0.990 7***	0.864 2***
	(0.054 3)	(0.018 4)	(0.059 9)	(0.021 2)
$Lnpublic$	0.022 3**	0.039 6***		
	(0.009 3)	(0.009 2)		
$Lnappeal$			0.082 7***	0.103 8***
			(0.016 1)	(0.022 6)
Kl	−0.012 3***	−0.005 7***	−0.014 1***	−0.004 4***
	(0.001 9)	(0.000 7)	(0.002 0)	(0.000 8)
Pe	0.006 5***	0.004 3***	0.009 7***	0.006 4***
	(0.001 0)	(0.000 9)	(0.001 0)	(0.001 5)
$Open$	−0.210 2***	−0.181 3***	−0.190 0***	−0.202 5***
	(0.027 5)	(0.015 1)	(0.015 3)	(0.020 4)
$Lner$	0.061 9***	0.044 2***	0.049 6***	0.026 9**

第4章 主效应检验:基于公众层面的绩效分类考察

续 表

回归方法 模型	DIFF-GMM (1)	SYS-GMM (2)	DIFF-GMM (3)	SYS-GMM (4)
	(0.011 7)	(0.007 2)	(0.013 0)	(0.008 6)
Gov	−0.067 6	−0.080 3*	−0.008 2	−0.002 0
	(0.063 4)	(0.045 9)	(0.068 1)	(0.052 8)
_Cons	0.141 3***	0.199 6***	−0.248 5***	−0.172 9*
	(0.019 9)	(0.011 2)	(0.073 1)	(0.089 9)
AR(1)	−2.889 2	−2.933 5	−2.824 7	−2.844 4
P 值	0.003 9	0.003 4	0.004 7	0.004 4
AR(2)	1.567 4	1.617 2	1.463 6	1.451 5
P 值	0.117 0	0.105 8	0.143 3	0.146 6
Sargan	0.416 5	0.464 0	0.229 2	0.712 2
N	420	450	360	390

表4-7结果显示,所有模型中,检验工具变量有效性的Sargan检验的P值均大于0.5,工具变量有效。模型(1)和(2)是对公众环境参与的回归结果,分别采用DIFF-GMM和SYS-GMM法估计;模型(3)和(4)是对公众环境关注的回归结果,分别采用DIFF-GMM和SYS-GMM法估计。结果显示:无论在何种估计方法下,公众环境参与对提升工业绩效的影响在5%的显著性水平上为正;而公众环境关注对提升工业环境绩效在1%的显著性水平上为正,结果证实了公众环境诉求对提升工业环境绩效具有激励作用。

此外,本书采用SBM-GML指数对工业环境绩效进行重新测算,并进一步进行实证回归,如表4-8所示。结果同样证实,无论何种回归方法下,公众环境诉求对提升工业环境绩效至少在5%的显著性水平为正。这表明在软约束条件下"波特假说"依旧成立,为此需要充分发挥公众在提升工业绩效中的作用。作为公众参与型的环境治理形式,公众可以通过直接抑或间接地给地方政府抑或企业施压,将企业的环境意识内化到经营决策中,进而促进地区的工业环境绩效。

表 4-8 公众环境诉求对环境绩效维度工业 GTFP 影响的稳健性检验

测算方法 回归方法 模型	SBM			
	DIFF-GMM (1)	SYS-GMM (2)	DIFF-GMM (3)	SYS-GMM (4)
$L.ssgtfp$	0.687 8***	0.848 3***	0.625 3***	0.822 3***
	(0.031 5)	(0.042 6)	(0.042 8)	(0.022 2)
$Lnpublic$	0.244 9***	0.140 8**		
	(0.037 1)	(0.053 6)		
$Lnappeal$			0.139 1**	0.232 6***
			(0.055 0)	(0.034 1)
Kl	−0.012 9***	0.001 3	−0.007 8**	0.000 4
	(0.002 1)	(0.002 3)	(0.002 8)	(0.001 0)
Pe	0.017 6***	0.007 8***	0.024 9***	0.013 5***
	(0.002 3)	(0.002 1)	(0.004 3)	(0.001 7)
$Open$	−0.747 3***	−0.101 4	−0.554 8***	−0.087 2
	(0.080 7)	(0.181 9)	(0.081 4)	(0.131 8)
$Lner$	0.172 9***	0.021 7	0.246 4***	0.029 4*
	(0.018 6)	(0.018 0)	(0.029 7)	(0.017 3)
Gov	−0.482 2**	−0.298 3*	−0.053 9	0.223 1**
	(0.195 6)	(0.177 8)	(0.093 4)	(0.106 7)
$\_Cons$	0.104 5	0.083 1	−0.613 5**	−0.845 0***
	(0.067 5)	(0.061 5)	(0.239 0)	(0.180 2)
AR(1)	−2.228 6	−2.101 9	−2.116 4	−2.113 1
P 值	0.025 8	0.030 8	0.034 3	0.034 6
AR(2)	1.361 5	1.349 4	1.289 3	1.276 9
P 值	0.173 3	0.177 2	0.197 3	0.201 6
Sargan	0.449 2	0.999 4	0.128 1	0.955 8
N	420	450	360	390

4.2 公众环境诉求对碳绩效维度工业 GTFP 的影响检验

2016 年起实施的《大气污染防治法》首次以法律形式规定了常规污染物和温室气体的协同管控。在"十四五"规划期间,建立多污染环境控制战略,实现多污染协同管理目标,是精准治污的重点工作。虽然二氧化碳排放和常规污染物分属于不同的环境排放物,但从来源看,由于大部分温室气体与大气污染物均来自矿物质的燃烧、经济生产与能源消费,二者存在一定的"同源性",因此,协同控制常规污染物排放和碳排放具有现实的理论与实践依据。上文基于常规污染排放作为非期望产出测算工业 GTFP,进而验证公众环境诉求对环境绩效的影响;本章基于上文测算的以碳排放作为非期望产出的工业 GTFP(下文亦称工业碳绩效),考察公众环境诉求碳绩效维度工业 GTFP 的影响。

4.2.1 计量模型设定与数据说明

首先,为了在整体上观察公众环境诉求与碳绩效维度工业 GTFP 的关系,本书首先建立公众环境诉求与碳绩效维度工业 GTFP 的散点图,如图 4-3 和图 4-4 所示。图 4-3 为公众环境参与和碳绩效维度工业 GTFP 的散点图,而图 4-4 为公众环境关注与碳绩效维度工业 GTFP 的散点图。可以直观地发现,公众环境诉求对于提升工业碳绩效具有正向影响。

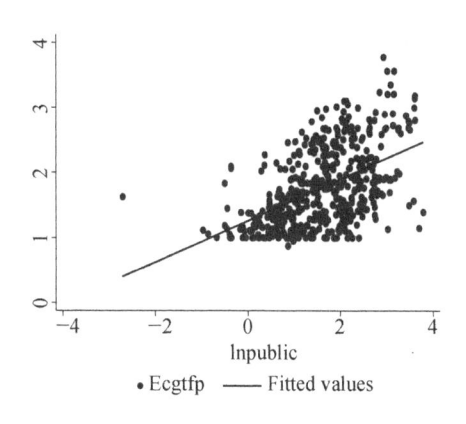

图 4-3 公众环境参与和碳绩效维度工业 GTFP 的散点图

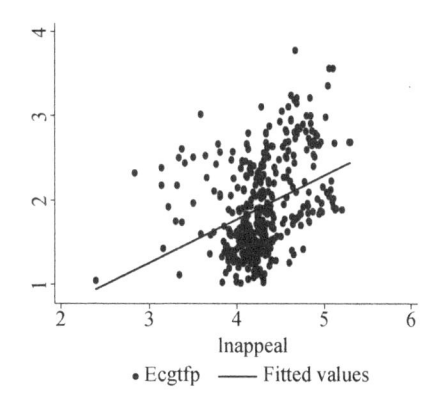

图 4-4 公众环境关注和碳绩效维度工业 GTFP 的散点图

而散点图拟合的仅仅是二者初步的关系,为了更加严谨地探究公众环境诉求对碳绩效维度工业 GTFP 的影响,本书建立如下的回归方程:

$$ecgtfp_{it} = \alpha_0 + \beta_0 lnpublic_{it} + \sum \gamma_i X_{it} + \mu_i + \lambda_t + \varepsilon_{it} \tag{4.5}$$

$$ecgtfp_{it} = \alpha_0 + \beta_0 lnappeal_{it} + \sum \gamma_i X_{it} + \mu_i + \lambda_t + \varepsilon_{it} \tag{4.6}$$

与工业环境绩效类似,碳绩效维度工业 GTFP 同样存在"路径依赖"特征。刘备和董直庆(2020)指出技术进步具有有偏性特征,一旦技术进步呈现能源偏向则会诱发"碳锁定"效应。因此,在探讨公众环境诉求对工业碳绩效的影响中,同样需要引入碳绩效维度工业 GTFP 的滞后项,建立动态面板回归模型如下:

$$ecgtfp_{it} = \alpha_0 + \alpha_1 ecgtfp_{it-1} + \beta_0 lnpublic_{it} + \sum \gamma_i X_{it} + \mu_i + \lambda_t + \varepsilon_{it} \tag{4.7}$$

$$ecgtfp_{it} = \alpha_0 + \alpha_1 ecgtfp_{it-1} + \beta_0 lnappeal_{it} + \sum \gamma_i X_{it} + \mu_i + \lambda_t + \varepsilon_{it} \tag{4.8}$$

其中,$ecgtfp_{it}$ 为第 i 个省份第 t 年碳绩效维度工业 GTFP,$esgtfp_{it-1}$ 为工业碳绩效的滞后一期,反映工业碳绩效的动态效应。核心解释变量为公众环境参与 $lnpublic_{it}$ 以及公众环境关注 $lnappeal_{it}$。对于控制变量的选择:一方面二氧化碳排放和常规污染排放具有一定的"同源性",另一方面在指标测算的方法上,二者基于的测算方法是相同的。已有研究在考虑对于碳排放绩效和环境绩效上的影响因素是相似的,为此,本章对于碳绩效的控制变量选择与 4.1.1 节一致,这里不再赘述,而变量的定性描述与定量描述见表 4-9 和表 4-10。

表 4-9 公众环境诉求影响碳绩效维度工业 GTFP 变量定性描述

变量类别	变量符号	定义	度量指标及说明	单位
被解释变量	$Ecgtfp$	工业碳绩效	基于 EBM 模型测算的以污染排放为非期望产出的 GML 指数累计值	%
被解释变量的分解项	$Ecec$	工业碳技术效率	工业碳绩效的分解项技术效率指数累计值	%
	$Ectc$	工业碳技术进步	工业碳绩效的分解项技术进步指数累计值	%
	$Espec$	工业碳纯技术效率	工业技术效率的分解项纯技术效率指数累计值	%
	$Essec$	工业碳规模技术效率	工业技术效率的分解项规模技术效率指数累计值	%

续 表

变量类别	变量符号	定义	度量指标及说明	单位
被解释变量的分解项	Ecptc	工业碳纯技术进步	工业技术进步的分解项纯技术进步指数累计值	%
	Esstc	工业碳规模技术进步	工业技术进步的分解项规模技术进步指数累计值	%
核心解释变量	Lnpublic	公众环境参与	衡量公众环境诉求的指标1:采用人均因环境污染来信量的自然对数	件/万人
	Lnappeal	公众环境关注	衡量公众环境诉求的指标2:采用谷歌环境搜索指数的自然对数	——
工具变量	Lnvc	空气流通系数	风速乘以边界层高度,来源于欧洲天气预报中心EAR数据库	
	Lnkd	互联网宽带接入端口	互联网宽带接入端口数据	万个
控制变量	Er	环境规制	地方性环境法规(件),地方性环境行政规章(件)及地方环境标准(件)的总和,并采用历年的累计值的自然对数	件
	Pe	能源价格	基于已有文献折算的综合能源价格	百元/吨标准煤
	Kl	禀赋结构	资本劳动比即资本密集度	亿元/万人
	Open	贸易开放	进出口总额占GDP的比重	%
	Gov	政府主导	政府财政支出占GDP的比重	%

表4-10 公众环境诉求影响碳绩效维度工业GTFP变量统计描述

变量	均值	标准差	最小值	25%分位数	中位数	75%分位数	最大值
$Ecgtfp$	1.769	0.594	0.873	1.288	1.657	2.157	3.778
$Ecec$	1.007	0.196	0.402	0.889	1	1.121	1.599
$Ectc$	1.767	0.499	1	1.371	1.668	2.17	3.307
$Ecpec$	1.025	0.201	0.425	0.919	1	1.134	1.74
$Ecsec$	1.447	0.407	0.503	1.12	1.393	1.7	2.772
$Esptc$	0.987	0.0889	0.481	0.972	1	1.025	1.397
$Ecstc$	1.255	0.393	0.958	1.072	1.151	1.279	5.028
$Lnpublic$	1.597	0.918	−0.982	0.950	1.634	2.237	3.787
$Lnappeal$	4.289	0.396	2.394	4.093	4.261	4.522	5.298
$Lnvc$	7.335	0.7419	4.4361	7.0845	7.4944	7.7781	8.5215
$Lnkd$	6.308	1.1636	2.7343	5.5146	6.4375	7.1768	8.7819
$Lner$	3.050	1.366	0	2.197	3.135	4.078	5.690

续 表

变量	均值	标准差	最小值	25%分位数	中位数	75%分位数	最大值
Pe	22.02	8.612	7.921	15.33	20.99	26.64	49.26
Kl	21.53	15.07	5.704	11.33	17.28	26.56	111.7
$Open$	0.325	0.402	0.032 1	0.086 7	0.133	0.369	1.767
Gov	0.198	0.090 2	0.077 2	0.136	0.176	0.233	0.627

4.2.2 公众环境诉求对碳绩效维度工业 GTFP 影响的基准检验

表 4-11 为公众环境诉求对碳绩效维度工业 GTFP 影响的基准回归结果。模型(1)—(4)为基于静态面板的回归结果,其中模型(1)—(2)采用的是 OLS 回归估计,而模型(3)—(4)采用的是 FGLS 估计方法。结果显示,公众环境参与($Lnpublic$)对碳绩效维度工业 GTFP 的影响在 1% 的显著性水平上为正,公众环境关注($Lnappeal$)对碳绩效维度工业 GTFP 的影响同样保持 1% 的显著性为正,表明公众环境诉求对提升工业碳绩效具有显著的正向促进作用。模型(5)—(8)为基于动态面板的回归结果,其中模型(5)和(7)为采用 DIFF-GMM 的回归结果,模型(6)和(8)为采用 SYS-GMM 的回归结果。考虑了动态因素后,工业碳绩效的滞后项($L.ecgtfp$)的系数在 1% 的显著性水平上为正,表明上一期的工业碳绩效对当期的碳绩效存在正向促进作用,即上期的碳绩效对当期的碳绩效的影响具有"传递性",一旦忽视模型的动态效应可能引发实证结果的偏误,而 SYS-GMM 回归方法估计的结果效率更高,为此采用以动态面板 SYS-GMM 的回归方法进行实证解读。公众环境参与($Lnpublic$)对提升工业碳绩效的影响在 1% 的显著性水平上为正,且影响系数为 0.080 4,表明当公众环境参与提升 1%,会使工业碳绩效提高 0.080 4 个单位。同样,公众环境关注($Lnappeal$)对提升工业碳绩效的影响在 1% 的显著性水平上为正,且影响系数为 0.165 7,表明当公众环境关注提升 1%,会使工业碳绩效增加 0.165 7 个单位。结果表明,公众的环境诉求有助于激励碳绩效改善,体现了公众在提升工业碳绩效下"自下而上"的推动作用。而将表 4-11 与表 4-3 对比发现,公众环境诉求对提升碳绩效的作用强于对环境绩效的影响,可能的原因在于资源禀赋等驱动因素的区域特征,碳排放强度往往显示较强的空间集聚特征(Liang 等,2019)。因此,在规模效应驱动下,提升碳绩效的效果更为显著,

表 4-11 公众环境诉求对碳绩效维度工业 GTFP 影响的基准检验

回归方法模型	静态面板 OLS (1)	静态面板 OLS (2)	静态面板 FGLS (3)	静态面板 FGLS (4)	动态面板 DIFF-GMM (5)	动态面板 SYS-GMM (6)	动态面板 DIFF-GMM (7)	动态面板 SYS-GMM (8)
L.ecgtfp					0.784 0***	0.785 4***	0.797 2***	0.783 6***
					(0.055 1)	(0.020 2)	(0.057 5)	(0.023 8)
Lnpublic		0.191 9***	0.297 1***	0.161 4***	0.048 6***	0.080 4***		
		(0.028 7)	(0.022 3)	(0.007 4)	(0.007 5)	(0.009 4)		
Lnappeal	0.300 6***						0.113 4***	0.165 7***
	(0.074 5)						(0.022 9)	(0.020 8)
Kl	0.005 6***	0.004 1**	0.005 5***	0.003 9***	−0.011 4***	−0.007 8***	−0.012 9***	−0.009 6***
	(0.001 6)	(0.001 4)	(0.000 5)	(0.000 3)	(0.002 1)	(0.001 5)	(0.001 9)	(0.001 4)
Pe	0.016 8***	0.020 9***	0.016 0***	0.021 0***	0.012 0***	0.009 6***	0.014 6***	0.015 8***
	(0.003 7)	(0.003 1)	(0.002 0)	(0.001 0)	(0.001 0)	(0.001 6)	(0.002 3)	(0.001 4)
Open	−0.121 8	−0.267 7***	−0.111 1***	−0.228 8***	−0.145 2***	0.041 0**	−0.127 1***	0.039 2
	(0.076 5)	(0.064 8)	(0.024 6)	(0.018 0)	(0.018 5)	(0.019 6)	(0.021 8)	(0.024 3)
Lner	0.079 6***	0.117 1***	0.081 6***	0.117 8***	0.085 1***	0.055 4***	0.079 6***	0.042 4***
	(0.028 3)	(0.018 9)	(0.011 7)	(0.005 2)	(0.009 3)	(0.009 6)	(0.013 0)	(0.009 6)

续 表

<table>
<thead>
<tr><th rowspan="2">回归方法
模型</th><th colspan="4">静态面板</th><th colspan="4">动态面板</th></tr>
<tr><th>OLS
(1)</th><th>OLS
(2)</th><th>FGLS
(3)</th><th>FGLS
(4)</th><th>DIFF-GMM
(5)</th><th>SYS-GMM
(6)</th><th>DIFF-GMM
(7)</th><th>SYS-GMM
(8)</th></tr>
</thead>
<tbody>
<tr><td>Gov</td><td>1.039 8***
(0.277 0)</td><td>0.472 1*
(0.253 9)</td><td>0.849 8***
(0.080 6)</td><td>0.482 0***
(0.047 1)</td><td>−0.019 8
(0.063 9)</td><td>−0.053 4
(0.078 1)</td><td>0.059 6
(0.053 6)</td><td>0.116 0*
(0.067 2)</td></tr>
<tr><td>_Cons</td><td>−0.349 2
(0.286 7)</td><td>0.191 9***
(0.028 7)</td><td>−0.300 3**
(0.096 2)</td><td>0.580 1***
(0.028 0)</td><td>0.142 9***
(0.024 5)</td><td>0.098 3***
(0.027 2)</td><td>−0.337 1***
(0.097 9)</td><td>−0.566 7***
(0.092 4)</td></tr>
<tr><td>AR(1)</td><td>—</td><td>—</td><td>—</td><td>—</td><td>−3.032 2</td><td>−3.101 9</td><td>−3.078 6</td><td>−3.059 8</td></tr>
<tr><td>P值</td><td>—</td><td>—</td><td>—</td><td>—</td><td>0.002 4</td><td>0.001 9</td><td>0.002 1</td><td>0.002 8</td></tr>
<tr><td>AR(2)</td><td>—</td><td>—</td><td>—</td><td>—</td><td>1.293 3</td><td>1.457 6</td><td>1.078 3</td><td>1.192 3</td></tr>
<tr><td>P值</td><td>—</td><td>—</td><td>—</td><td>—</td><td>0.195 9</td><td>0.145 0</td><td>0.233 1</td><td>0.233 1</td></tr>
<tr><td>Sargan</td><td>—</td><td>—</td><td>—</td><td>—</td><td>0.304 3</td><td>0.931 8</td><td>0.815 4</td><td>0.815 4</td></tr>
<tr><td>N</td><td>390</td><td>480</td><td>390</td><td>480</td><td>420</td><td>450</td><td>360</td><td>390</td></tr>
</tbody>
</table>

进而实现精准减排。控制变量方面:禀赋结构(Kl)对工业碳绩效的影响在至少在5%的显著性水平上为负,这一结果与陈超凡(2016)结论一致,工业规模的扩张是诱发资本密集度攀升的重要路径,而重型工业化发展方式虽然提高了资本—劳动比,却进一步加剧了环境恶化。能源价格(Pe)的工业碳绩效的影响在1%的显著性水平上为正,表明能源价格会倒逼企业增强节能环保意识,提升企业的绿色竞争力。贸易开放($Open$)对工业碳绩效产生负向影响,表明贸易不仅对工业环境绩效产生抑制作用,同样对工业碳绩效产生削弱作用,进一步表明"污染避难所假说"在中国情境下的成立性。环境规制($Lner$)对提升工业碳绩效具有促进作用,进一步肯定了"创新补偿效应"相比"遵循成本效应"更为占优,同时也表明增强环境规制强度,"自上而下"的环境规制工具在提升工业环境竞争力中依旧发挥重要作用。政府主导(Gov)对提升碳绩效的影响并不显著,不可否认,政府的财政支出在不断增强,但是依旧面临着结构性以及效率低下等问题,因此可能对提升工业碳绩效的作用并不明显,这一结论与邵帅等(2013)的研究一致。

4.2.3　公众环境诉求对碳绩效维度工业 GTFP 分解项的影响检验

前文证实了无论是公众环境参与还是公众环境关注所表征的公众环境诉求均会推动工业碳绩效的提升,而工业碳绩效可以分解为技术进步与技术效率,为此,本书接着对不同的分解项进行回归,以检验何种路径推动工业碳绩效的作用更强。表4-12为碳绩效下公众环境诉求对工业碳绩效分解项的回归结果。其中,模型(1)—(4)为对技术进步的回归结果,模型(1)和(3)采用的是 DIFF-GMM 的回归方法,模型(2)和(4)采用的是 SYS-GMM 的回归方法;模型(5)—(8)为对技术效率的回归结果,模型(5)和(7)采用的是 DIFF-GMM 的回归方法,模型(6)和(8)采用的是 SYS-GMM 的回归方法。结果显示,在对工业环境绩效分解项技术进步的影响模型中,公众环境参与($Lnpublic$)与公众环境关注($Lnappeal$)的系数均保持1%的显著性为正,而在对工业环境绩效分解项技术效率的影响模型中,公众环境参与($Lnpublic$)与公众环境关注($Lnappeal$)的影响并不显著。结果表明:技术进步是公众环境诉求激励工业碳绩效的重要方式。可能的原因在于,公众通过网络关注、环境信访、检举以及举报等方式参与环境治理,强大的舆论压力会倒逼企业尽可能地承担社

表4-12 公众环境诉求对工业技术进步与工业技术效率的影响——碳绩效维度

回归方法 模型	技术进步 DIFF-GMM (1)	技术进步 SYS-GMM (2)	技术进步 DIFF-GMM (3)	技术进步 SYS-GMM (4)	技术效率 DIFF-GMM (5)	技术效率 SYS-GMM (6)	技术效率 DIFF-GMM (7)	技术效率 SYS-GMM (8)
L.estc	0.577 7*** (0.021 6)	0.485 7*** (0.018 5)	0.601 1*** (0.021 9)	0.517 4*** (0.019 2)				
L.ecec					0.493 7*** (0.036 0)	0.747 4*** (0.016 5)	0.481 2*** (0.027 6)	0.783 7*** (0.037 6)
Lnpublic	0.064 0*** (0.005 1)	0.077 6*** (0.005 9)			−0.003 9 (0.004 0)	−0.006 8 (0.004 6)		
Lnappeal			0.099 7*** (0.008 7)	0.116 6*** (0.010 2)			0.005 4 (0.007 4)	0.001 6 (0.009 5)
Kl	0.005 4*** (0.000 4)	0.007 7*** (0.000 5)	0.005 0*** (0.000 6)	0.007 3*** (0.000 6)	−0.006 0*** (0.000 5)	−0.004 0*** (0.000 5)	−0.005 4*** (0.000 5)	−0.003 1*** (0.000 4)
Pe	0.013 4*** (0.000 4)	0.013 8*** (0.000 4)	0.018 0*** (0.000 7)	0.018 4*** (0.000 9)	0.001 0* (0.000 5)	−0.000 3 (0.000 3)	0.000 1 (0.000 4)	−0.002 2*** (0.000 5)
Open	−0.155 9*** (0.016 9)	−0.258 8*** (0.022 3)	−0.076 4*** (0.014 7)	−0.192 6*** (0.013 4)	0.005 2 (0.007 6)	−0.008 4 (0.006 3)	−0.011 7 (0.010 6)	−0.018 8 (0.015 9)

续 表

回归方法	技术进步				技术效率			
模型	DIFF-GMM (1)	SYS-GMM (2)	DIFF-GMM (3)	SYS-GMM (4)	DIFF-GMM (5)	SYS-GMM (6)	DIFF-GMM (7)	SYS-GMM (8)
$Lner$	0.035 7***	0.042 3***	0.037 4***	0.038 7***	0.043 9***	0.034 3***	0.030 7***	0.018 7***
	(0.010 1)	(0.009 0)	(0.010 4)	(0.008 4)	(0.003 0)	(0.003 9)	(0.005 0)	(0.003 2)
Gov	0.105 2**	0.157 9***	0.182 2***	0.217 9***	−0.115 0***	−0.113 8***	−0.098 6***	−0.089 5***
	(0.034 5)	(0.035 6)	(0.032 3)	(0.029 8)	(0.015 0)	(0.021 9)	(0.012 5)	(0.021 1)
$\_Cons$	0.208 4***	0.284 8***	−0.303 7***	−0.262 9***	0.502 9***	0.275 1***	0.552 7***	0.301 0***
	(0.012 9)	(0.019 4)	(0.034 7)	(0.037 8)	(0.042 0)	(0.020 1)	(0.041 4)	(0.062 5)
$AR(1)$	−2.896 7	−2.943 2	−2.836 3	−2.842 2	−3.042 1	−3.273 8	−2.956 3	−2.985 8
P 值	0.003 8	0.003 2	0.004 6	0.004 5	0.002 3	0.001 1	0.003 1	0.002 8
$AR(2)$	−0.529 2	−0.841 8	0.098 7	−0.118 6	−0.089 6	−0.154 1	−0.031 5	0.071 5
P 值	0.596 7	0.399 9	0.921 3	0.905 6	0.928 6	0.877 5	0.974 9	0.943 0
$Sargan$	0.286 2	0.889 7	0.155 6	0.781 4	0.374 3	0.927 9	0.850 2	0.980 6
N	420	450	360	390	420	450	360	390

责任,而通过技术创新实现企业的转型升级,降低碳排放,参与减排行动。这正是企业内化社会责任的重要方式,进而逐渐提升企业绿色竞争力。

上文结果显示公众环境诉求对工业碳绩效的分解项技术进步产生影响,那么本书进一步地对技术进步的分解项规模技术进步与纯技术进步分别进行再检验,进一步考察是何种技术进步类型发挥着关键作用。实证结果如表4-13所示。其中,模型(1)—(4)为对规模技术进步的影响,模型(1)和(3)采用 DIFF-GMM 的回归方法,模型(2)和(4)采用 SYS-GMM 的回归方法;而模型(5)—(8)为对纯技术进步的影响,模型(5)和(7)采用 DIFF-GMM 的回归方法,模型(6)和(8)采用 SYS-GMM 的回归方法。结果显示,公众环境参与($Lnpublic$)对规模技术进步与纯技术进步的影响至少在5%的显著性水平上为正,公众环境关注($Lnappeal$)对纯技术进步的影响在1%的显著性水平上为正,而对规模技术进步的影响在1%的显著性水平上为负。结果表明,规模技术进步与纯技术进步是公众环境诉求影响技术进步的重要路径,而不同的公众环境诉求形式的影响具有差异,事实上,公众越来越通过网络关注参与环境治理,相比传统的信访渠道,网络渠道日益日趋成为主要公众参与形式(Shen 等,2019)。不可否认,相比传统的信访方式,网络关注以其广泛的传播性加快对地区环境治理的关注,会倒逼企业通过纯技术进步提升绿色技术创新效率,而强大的网络关注会对地区企业规模扩张、企业间的合作产生不利影响,不利于范围经济,因此对规模技术进步产生负向影响。

4.2.4　内生性与稳健性检验

为了解决公众环境诉求与碳绩效维度工业 GTFP 之间的双向因果关系,在内生性处理部分,本节采取的方法与4.1.4节类似,采用空气流通系数作为公众环境参与的工具变量,而采用互联网端口接入数量作为公众环境关注的工具变量,对公众环境诉求对工业碳绩效的影响进行再检验,回归结果见表4-14。其中,模型(1)和(2)为公众环境参与对工业碳绩效的影响,而模型(3)和(4)为公众环境关注对工业碳绩效的影响。回归结果表明:无论是公众环境参与($Lnpublic$)还是公众环境关注($Lnappeal$),对工业碳绩效的影响均在1%的显著性水平上为正,进一步表明,公众环境诉求有利于助推降低碳排放强度,提升工业绿色竞争力,非正式约束下"波特假说"依然成立。

第4章 主效应检验:基于公众层面的绩效分类考察

表4-13 公众环境诉求对工业规模技术进步与工业纯技术进步的影响——碳绩效维度

<table>
<tr><th rowspan="3">回归方法
模型</th><th colspan="4">规模技术进步</th><th colspan="4">纯技术进步</th></tr>
<tr><th>DIFF-GMM
(1)</th><th>SYS-GMM
(2)</th><th>DIFF-GMM
(3)</th><th>SYS-GMM
(4)</th><th>DIFF-GMM
(5)</th><th>SYS-GMM
(6)</th><th>DIFF-GMM
(7)</th><th>SYS-GMM
(8)</th></tr>
<tr></tr>
<tr><td>L.ecstc</td><td>0.181 0***
(0.007 5)</td><td>0.688 1***
(0.004 2)</td><td>0.223 4***
(0.006 0)</td><td>0.629 4***
(0.006 6)</td><td></td><td></td><td></td><td></td></tr>
<tr><td>L.ecptc</td><td></td><td></td><td></td><td></td><td>0.329 7***
(0.027 1)</td><td>0.773 5***
(0.021 1)</td><td>0.308 9***
(0.023 8)</td><td>0.727 4***
(0.025 4)</td></tr>
<tr><td>Lnpublic</td><td>0.030 9***
(0.002 7)</td><td>0.011 7**
(0.004 0)</td><td></td><td></td><td>0.056 6***
(0.009 0)</td><td>0.041 1***
(0.005 5)</td><td></td><td></td></tr>
<tr><td>Lnappeal</td><td></td><td></td><td>−0.135 8***
(0.010 9)</td><td>−0.104 5***
(0.009 7)</td><td></td><td></td><td>0.170 8***
(0.015 2)</td><td>0.165 8***
(0.014 8)</td></tr>
<tr><td>Kl</td><td>−0.001 1***
(0.000 3)</td><td>0.007 3***
(0.000 2)</td><td>0.001 1**
(0.000 4)</td><td>0.009 3***
(0.000 2)</td><td>0.005 4***
(0.000 5)</td><td>0.001 5**
(0.000 5)</td><td>0.004 1***
(0.000 7)</td><td>0.001 6
(0.001 0)</td></tr>
<tr><td>Pe</td><td>0.009 4***
(0.000 6)</td><td>0.004 0***
(0.000 3)</td><td>0.009 3***
(0.000 4)</td><td>0.003 1***
(0.000 4)</td><td>0.009 4***
(0.000 8)</td><td>0.005 7***
(0.000 5)</td><td>0.013 9***
(0.001 1)</td><td>0.010 6***
(0.000 7)</td></tr>
<tr><td>Open</td><td>−0.140 1***
(0.002 7)</td><td>−0.204 6***
(0.014 0)</td><td>−0.122 0***
(0.001 7)</td><td>−0.160 0***
(0.011 6)</td><td>−0.097 4***
(0.018 1)</td><td>−0.018 4
(0.015 5)</td><td>−0.040 1***
(0.011 1)</td><td>−0.054 7***
(0.013 8)</td></tr>
</table>

续表

回归方法 模型	规模技术进步 DIFF-GMM (1)	规模技术进步 SYS-GMM (2)	规模技术进步 DIFF-GMM (3)	规模技术进步 SYS-GMM (4)	纯技术进步 DIFF-GMM (5)	纯技术进步 SYS-GMM (6)	纯技术进步 DIFF-GMM (7)	纯技术进步 SYS-GMM (8)
Lner	0.013 0***	−0.079 2***	0.020 8***	−0.067 2***	0.073 9***	0.008 7	0.083 9***	−0.012 1*
	(0.002 0)	(0.004 9)	(0.003 9)	(0.008 0)	(0.006 6)	(0.007 3)	(0.006 8)	(0.007 3)
Gov	0.071 0***	0.179 7***	0.115 0***	0.236 7***	0.020 4	−0.017 3	0.097 5***	0.031 4
	(0.014 0)	(0.020 6)	(0.009 5)	(0.026 5)	(0.030 5)	(0.034 5)	(0.024 6)	(0.059 4)
_cons	0.773 3***	0.428 1***	1.010 2***	0.891 8***	0.373 7***	0.130 9***	−0.206 2***	−0.499 0***
	(0.010 2)	(0.011 3)	(0.029 3)	(0.054 4)	(0.019 1)	(0.018 8)	(0.061 5)	(0.039 8)
AR(1)	−2.332 5	−1.671 7	−1.920 0	−1.591 8	−3.129 8	−3.325 2	−3.037 7	−3.177 1
P 值	0.019 7	0.094 6	0.054 9	0.111 4	0.001 7	0.000 9	0.002 4	0.001 5
AR(2)	−1.029 2	−0.958 2	−1.031 5	−0.964 8	−1.153 8	−0.892 1	−0.711 2	−0.459 4
P 值	0.303 4	0.338 0	0.302 3	0.334 6	0.248 6	0.372 3	0.476 9	0.645 9
Sargan	0.452 8	0.998 8	0.205 9	0.960 0	0.282 7	0.887 0	0.188 9	0.804 9
N	420	450	360	390	420	450	360	390

表 4-14 公众环境诉求对碳绩效维度工业 GTFP 影响的内生性问题检验

回归方法 模型	DIFF-GMM (1)	SYS-GMM (2)	DIFF-GMM (3)	SYS-GMM (4)
$L.ecgtfp$	0.762 1***	0.855 8***	0.794 4***	0.799 8***
	(0.034 5)	(0.054 8)	(0.055 4)	(0.035 4)
$Lnpublic$	0.134 7***	0.098 7***		
	(0.017 7)	(0.020 5)		
$Lnappeal$			0.084 6***	0.127 6***
			(0.017 1)	(0.023 5)
Kl	−0.011 4***	−0.007 2***	−0.010 1***	−0.007 4***
	(0.001 7)	(0.001 5)	(0.001 2)	(0.001 3)
Pe	0.011 1***	0.008 8***	0.015 8***	0.015 5***
	(0.002 1)	(0.002 0)	(0.001 6)	(0.002 1)
$Open$	−0.162 6**	−0.061 9	−0.127 8***	0.022 1
	(0.055 9)	(0.045 9)	(0.017 6)	(0.017 2)
$Lner$	0.065 1***	0.016 5	0.062 1**	0.035 7***
	(0.012 5)	(0.011 4)	(0.023 3)	(0.009 7)
Gov	−0.146 9**	−0.162 2**	0.000 4	0.077 8
	(0.070 1)	(0.057 1)	(0.059 9)	(0.075 1)
$\_Cons$	0.147 6***	0.135 6***	−0.226 7***	−0.435 1***
	(0.037 5)	(0.024 6)	(0.075 8)	(0.106 6)
AR(1)	−3.125 9	−3.135 6	−3.000 8	−3.004 7
P 值	0.001 8	0.001 7	0.002 7	0.002 7
AR(2)	1.411 2	1.316 2	1.142	1.239 6
P 值	0.158 2	0.188 1	0.253 5	0.215 1
Sargan	0.401 4	0.999 4	0.769 5	0.971 4
N	420	450	360	390

此外，本书采用 SBM 方法对工业碳排放绩效进行重新测算，并进一步进行实证回归，如表 4-15 所示。结果同样证实，无论何种回归方法下，公众环境诉求对工业碳绩效的影响均保持 1% 的显著性水平为正。结合上文，表明无论是在提升工业环境绩效还是工业碳绩效，公众的环境诉求均起到推动作用，

暗示在协同减排的目标政策下,除了依赖政府的力量以外,公众的力量不容忽视,畅通"自下而上"的公众诉求渠道是推动工业绿色全要素生产率提升的重要举措。

表 4-15 公众环境诉求对碳绩效维度工业 GTFP 影响的稳健性检验

测算方法 回归方法 模型	SBM			
	DIFF-GMM (1)	SYS-GMM (2)	DIFF-GMM (3)	SYS-GMM (4)
$L.scgtfp$	0.762 1***	0.855 8***	0.794 4***	0.799 8***
	(0.034 5)	(0.054 8)	(0.055 4)	(0.035 4)
$Lnpublic$	0.134 7***	0.098 7***		
	(0.017 7)	(0.020 5)		
$Lnappeal$			0.084 6***	0.127 6***
			(0.017 1)	(0.023 5)
Kl	−0.011 4***	−0.007 2***	−0.010 1***	−0.007 4***
	(0.001 7)	(0.001 5)	(0.001 2)	(0.001 3)
Pe	0.011 1***	0.008 8***	0.015 8***	0.015 5***
	(0.002 1)	(0.002 0)	(0.001 6)	(0.002 1)
$Open$	−0.162 6**	−0.061 9	−0.127 8***	0.022 1
	(0.055 9)	(0.045 9)	(0.017 6)	(0.017 2)
$Lner$	0.065 1***	0.016 5	0.062 1**	0.035 7***
	(0.012 5)	(0.011 4)	(0.023 4)	(0.009 7)
Gov	−0.146 9**	−0.162 2**	0.000 4	0.077 8
	(0.070 1)	(0.057 1)	(0.059 9)	(0.075 1)
$\_Cons$	0.147 6***	0.135 6***	−0.226 7**	−0.435 1***
	(0.037 5)	(0.024 6)	(0.075 8)	(0.106 6)
AR(1)	−2.885 5	−2.810 9	−2.659 6	−2.803 9
P 值	0.003 9	0.004 9	0.007 8	0.005 0
AR(2)	0.760 01	0.740 6	0.506 1	0.438 6
P 值	0.447 2	0.458 9	0.612 8	0.660 9
Sargan	0.441 9	0.999 2	0.158 0	0.969 1
N	420	450	360	390

4.3 公众环境诉求对工业绿色全要素生产率影响的异质性分析

4.3.1 公众环境诉求对工业绿色全要素生产率不同分位点上的影响

上文显示公众环境诉求在提升工业绿色全要素生产率的影响中具有促进作用,那么本书进一步分析在不同程度工业的环境绩效和工业碳绩效下,公众的作用又如何？面板分位数回归(Quantile Regression for Panel Data)可以全面地刻画自变量对因变量不同范围和不同条件分布下的影响,且不易受到"尖端"和"肥尾"等异常值的影响(Koenker,2004),本书选择工业环境绩效10%、25%、50%、75%、90%五个分位点进行检验,采用面板数据 bootstrap 方法进行系数估计,回归结果如表4-16所示。结果中展示了公众环境诉求对工业环境绩效的分位数回归结果,其中模型(1)—(5)分别为公众环境诉求的分项指标——公众参与对工业环境绩效在不同分位点上的影响;而模型(6)—(10)为公众环境诉求的分项指标——公众环境关注对工业环境绩效在不同分位点上的影响。结果显示,随着工业环境绩效的条件分布从低端(0.1分位数)向高端(0.9分位数)变化时,公众环境参与对提升工业环境绩效的影响由 0.080 5 上升到 0.278 2,类比图 4-5 可知,随着工业环境绩效的提升,公众环境参与的影响逐渐增加。不难理解,在工业环境绩效低下的地区,公众环境参与的作用较为有限,公众通过信访、举报等方式参与环境治理,在短期内可以改善工业环境绩效,而长期工业绿色全要素生产率的提升从根本上需要提升企业的技术进步水平与技术效率水平。在工业环境绩效高的地区,地区企业工业技术水平相对成熟,因此,公众环境参与程度提升会加快技术进步效率,提升工业绿色绩效。随着工业环境绩效的条件分布从低端(0.1分位数)向中端(0.5分位数)、再到高端(0.9分位数)变化时,公众环境参与对提升工业环境绩效的影响由 0.456 1 先下降,再上升到 0.505 7,而后再下降到 0.410 4。类比图 4-6 可知,公众环境关注对不同分位点上的工业绩效的影响呈现先下降后上升再降低的倒"N"型,结果虽然整体上公众环境关注会推进工业环境效率,但是在工业环境绩效处于不同的分位点差异明显。具体来说,当工业环境绩效处于

0.25分位点时,公众环境关注的影响促进作用最小;当工业环境绩效处于0.75分位点时,公众环境关注的影响最大。可能的原因在于,在工业环境绩效较低的地区,当地区环境关注提升时,引起地区政府对环境问题的重视,增强环境管制,有利于提升工业环境绩效;而当工业环境绩效由0.1分位点转向0.25分位点,公众环境关注的促进作用减弱,原因是当工业绩效发展处于缓慢上升阶段,公众网络舆论会给企业生产产生负面影响,不利于企业效益提升,削减绿色研发投入,进而不利于提升工业环境绩效。而当其工业环境绩效跨越0.25分位点转向0.75分位点时,即当地区环境绩效处于渐进提升阶段,公众网络关注产生的舆论会对企业产生倒逼效应,促进企业转型升级,地区的绿色发展对公众的环境诉求敏感性最高;当工业环境绩效跨0.75分位点,进入高分位阶段时,公众环境关注对地区工业环境绩效的促进作用减弱,可能的原因是当工业环境绩效已经处于较高的区域时,则对公众环境关注的敏感性较弱。

表4-16 公众环境诉求对工业环境维度工业 GTFP 的分位数回归

模型 分位数	(1) Q(10)	(2) Q(25)	(3) Q(50)	(4) Q(75)	(5) Q(90)
$Lnpublic$	0.080 5*	0.131 1***	0.118 9**	0.232 4***	0.278 2***
	(0.045 5)	(0.029 5)	(0.042 2)	(0.042 3)	(0.057 5)
Kl	−0.002 8	0.000 8	0.008 6***	0.008 0***	0.005 4*
	(0.002 2)	(0.001 4)	(0.002 0)	(0.002 0)	(0.002 8)
Pe	0.015 4**	0.021 7***	0.030 8***	0.035 8***	0.031 3***
	(0.004 9)	(0.003 2)	(0.004 5)	(0.004 5)	(0.006 2)
$Open$	−0.097 5	−0.217 0**	−0.204 1**	−0.417 3***	−0.474 4***
	(0.102 5)	(0.066 5)	(0.095 1)	(0.095 4)	(0.129 6)
$Lner$	0.079 5**	0.100 9***	0.073 4**	0.115 3***	0.203 9***
	(0.029 9)	(0.019 4)	(0.027 7)	(0.027 8)	(0.037 8)
Gov	0.729 1*	0.511 2*	0.619 6*	0.270 8	0.694 1
	(0.401 6)	(0.260 5)	(0.372 5)	(0.373 5)	(0.507 7)
$\_Cons$	0.528 3***	−0.385 3	−1.295 8**	−1.334 5**	−0.700 6
	(0.105 3)	(0.321 1)	(0.433 1)	(0.541 2)	(0.526 1)

续 表

模型 分位数	(6) Q(10)	(7) Q(25)	(8) Q(50)	(9) Q(75)	(10) Q(90)
$Lnappeal$	0.456 1***	0.282 5***	0.505 7***	0.525 7***	0.410 4**
	(0.101 5)	(0.083 4)	(0.112 5)	(0.140 6)	(0.136 7)
Kl	−0.005 3**	0.001 8	0.008 6***	0.012 9***	0.008 8**
	(0.002 2)	(0.001 8)	(0.002 5)	(0.003 1)	(0.003 0)
Pe	0.013 4**	0.017 9***	0.024 0***	0.022 5**	0.023 8***
	(0.005 0)	(0.004 1)	(0.005 6)	(0.007 0)	(0.006 8)
$Open$	−0.106 8	−0.065 0	−0.133 3	−0.186 3	−0.097 9
	(0.104 3)	(0.085 7)	(0.115 6)	(0.144 4)	(0.140 3)
$Lner$	0.072 2*	0.054 7*	0.047 0	0.082 8	0.198 2***
	(0.038 5)	(0.031 7)	(0.042 7)	(0.053 4)	(0.051 9)
Gov	0.287 2	0.797 7**	0.716 9*	1.506 1**	1.041 9**
	(0.377 7)	(0.310 3)	(0.418 6)	(0.523 1)	(0.508 4)
$\_Cons$	−1.028 1**	−0.385 3	−1.295 8**	−1.334 5**	−0.700 6
	(0.390 8)	(0.321 1)	(0.433 1)	(0.541 2)	(0.526 1)
N	480	480	480	480	480

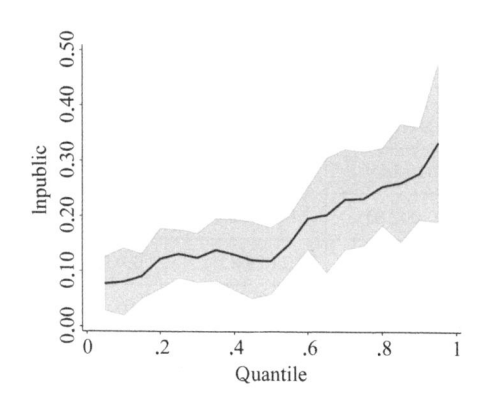

图 4-5 公众环境参与对环境绩效维度工业 GTFP 影响的系数变化

图 4-6 公众环境关注对环境绩效维度工业 GTFP 影响的系数变化

类似地,本书选择工业碳绩效 10%、25%、50%、75%、90%五个分位点进行检验,采用面板数据 bootstrap 方法进行系数估计,回归结果如表 4-17 所示。结果展示了公众环境诉求对工业碳绩效的分位数回归结果,其中模型(1)—(5)分别为公众环境诉求的分项指标——公众环境参与对工业碳绩效在不同分位点上的影响;而模型(6)—(10)为公众环境诉求的分项指标——公众环境关注对工业碳绩效在不同分位点上的影响。结果显示,随着工业碳绩效的条件分布从低端(0.1分位数)向高端(0.9分位数)变化时,公众环境参与对提升工业碳绩效的影响由0.0830上升到0.2689。类比图4-7可知,与工业环境绩效类似,随着工业碳绩效的提升,公众环境参与的影响逐渐增加。随着工业环境绩效的条件分布从低端(0.1分位数)向中端(0.5分位数)、再到高端(0.9分位数)变化时,公众环境参与对提升工业环境绩效的影响由0.3662先下降,再上升到0.5029,而后再下降到0.2957。类比图4-8可知,公众环境关注对不同分位点上的工业碳的影响同样呈现先下降后上升再降低的倒"N"型,这表明虽然整体上公众环境关注会推进工业碳效率,但是在工业碳绩效处于不同的分位点差异明显。具体来说,当工业碳绩效处于0.25分位点时,公众环境关注的影响促进作用最小,而当工业碳绩效处于0.75分位点时,公众环境关注的影响最大,结论与表4-16基本一致。

表4-17 公众环境诉求对碳绩效维度工业 GTFP 影响的分位数回归

模型 分位数	(1) Q(10)	(2) Q(25)	(3) Q(50)	(4) Q(75)	(5) Q(90)
$Lnpublic$	0.0830**	0.1061***	0.1322**	0.2212***	0.2689***
	(0.0387)	(0.0303)	(0.0404)	(0.0497)	(0.0396)
Kl	−0.0025	0.0021	0.0101***	0.0123***	0.0100***
	(0.0019)	(0.0015)	(0.0020)	(0.0024)	(0.0019)
Pe	0.0141***	0.0232***	0.0261***	0.0292***	0.0341***
	(0.0042)	(0.0033)	(0.0043)	(0.0053)	(0.0042)
$Open$	−0.1175	−0.2232**	−0.2525**	−0.4256***	−0.5494***
	(0.0873)	(0.0684)	(0.0910)	(0.1120)	(0.0893)
$Lner$	0.0769**	0.0785***	0.0671**	0.1030***	0.1334***
	(0.0254)	(0.0199)	(0.0265)	(0.0326)	(0.0260)
Gov	0.5824*	0.2147	0.4907	0.1607	0.4004
	(0.3418)	(0.2680)	(0.3565)	(0.4385)	(0.3498)
$\_Cons$	0.5751***	0.5547***	0.4972***	0.6224***	0.5998***
	(0.0897)	(0.0700)	(0.0935)	(0.1150)	(0.0918)

续 表

模型	(6)	(7)	(8)	(9)	(10)
分位数	Q(10)	Q(25)	Q(50)	Q(75)	Q(90)
$Lnappeal$	0.366 2***	0.278 8**	0.374 7**	0.502 9***	0.295 7**
	(0.084 7)	(0.089 5)	(0.113 6)	(0.118 1)	(0.125 7)
Kl	−0.003 2*	0.002 3	0.012 4***	0.015 9***	0.012 1***
	(0.001 9)	(0.002 0)	(0.002 5)	(0.002 6)	(0.002 8)
Pe	0.008 4**	0.017 3***	0.024 9***	0.020 2***	0.021 6***
	(0.004 2)	(0.004 4)	(0.005 6)	(0.005 9)	(0.006 2)
$Open$	−0.001 8	−0.122 2	−0.188 6	−0.270 2**	−0.371 4**
	(0.087 0)	(0.091 9)	(0.116 7)	(0.121 3)	(0.129 1)
$Lner$	0.047 6	0.021 6	−0.002 4	0.069 0	0.133 5**
	(0.032 2)	(0.034 0)	(0.043 1)	(0.044 8)	(0.047 7)
Gov	0.468 8	0.561 0*	0.667 4	1.034 0**	1.271 1**
	(0.315 2)	(0.332 8)	(0.422 6)	(0.439 3)	(0.467 7)
$\_Cons$	−0.581 3*	−0.216 9	−0.692 9	−1.127 4**	−0.094 8
	(0.326 2)	(0.344 3)	(0.437 2)	(0.454 5)	(0.483 9)
N	390	390	390	390	390

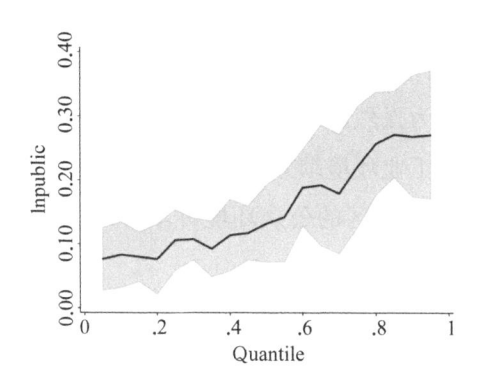

图4-7 公众环境参与对碳绩效维度 工业GTFP影响的系数变化

图4-8 公众环境关注对碳绩效维度 工业GTFP影响的系数变化

4.3.2 公众环境诉求对工业绿色全要素生产率影响的区域异质性

在经济区域发展不平衡的背景下，地区工业绿色发展绩效亦呈现差异化的发展态势。总体来说，区域间工业绿色发展呈现"马太效应"特征，在绿色发展绩效较高的地区,呈现由增长极下的辐射与带动周边区域实现绿色发展;绿色发展绩效较低的地区,负向外溢特征明显,加快恶化地区的环境状况(李子豪与毛军,2018)。为此,在"以人为本"的发展理念下,系统考察公众环境诉求对地区工业绿色发展绩效的影响,有利于探寻工业绿色发展的现实路径,实现区域高质量发展。

表4-18结果显示,公众环境诉求对工业环境绩效影响的区域异质性分析结果。其中,模型(1)—(3)为公众环境参与($Lnpublic$)对不同区域环境绩效的影响,而模型(4)—(6)为公众环境关注($Lnappeal$)对不同区域环境绩效的影响,均采用SYS-GMM的回归方法。结果显示,在东部地区,公众环境参与($Lnpublic$)对工业环境绩效的影响在1%的显著性水平上为正,且影响大小为0.0501;在中部地区,公众环境参与对工业环境绩效的影响在1%的显著性水平上正,且影响大小为0.0403;在西部地区,公众环境诉求的影响显著性下降,且影响大小为0.0127。公众环境关注($Lnappeal$)东部的工业环境绩效的影响在5%的显著性水平上为正,且影响大小为0.0178,对中西部地区的工业环境效应的影响为正,但是均不显著。结果表明,公众环境诉求对东部地区工业环境绩效的影响最大,而对中西部地区的影响递减,即在东部地区公众"自下而上"的推动作用最为显著。不可否认,可能的原因在于东部地区的经济发展水平较高,公众对提升环境质量的要求更为强烈,因此公众会提升东部地区环境关注度与环境参与度,进而激励地区的工业环境绩效(张华等,2017)。此外,已有研究也证实,相比内陆地区,东部沿海地区的公众环境诉求可以有效提升环境治理投资水平(于文超等,2014)。

表4-18 公众环境诉求对环境绩效维度工业GTFP影响的区域异质性

模型	东部(1)	中部(2)	西部(3)	东部(4)	中部(5)	西部(6)
$L.esgtfp$	0.9003***	0.9156***	0.9210***	0.8943***	0.9108***	0.9389***
	(0.0131)	(0.0179)	(0.0133)	(0.0178)	(0.0215)	(0.0347)
$Lnpublic$	0.0501***	0.0403***	0.0127*			
	(0.0124)	(0.0049)	(0.0074)			
$Lnappeal$				0.0178**	0.0157	−0.0035
				(0.0083)	(0.0216)	(0.0143)

续 表

模型	东部(1)	中部(2)	西部(3)	东部(4)	中部(5)	西部(6)
Kl	−0.005 6***	−0.005 6***	−0.005 5***	−0.005 0***	−0.004 6***	−0.003 4**
	(0.000 9)	(0.001 0)	(0.000 9)	(0.000 7)	(0.001 3)	(0.001 1)
Pe	0.004 3***	0.003 5***	0.003 3***	0.004 2***	0.004 1***	0.003 0**
	(0.001 0)	(0.000 9)	(0.000 8)	(0.000 7)	(0.000 8)	(0.001 2)
$Open$	−0.187 6***	−0.114 8*	−0.133 7***	−0.181 2***	−0.141 1***	−0.096 9
	(0.013 4)	(0.059 5)	(0.026 5)	(0.024 2)	(0.011 6)	(0.065 2)
$Lner$	0.051 7***	0.047 7***	0.048 0***	0.052 2***	0.044 7***	0.036 9***
	(0.004 3)	(0.007 4)	(0.004 9)	(0.010 5)	(0.008 7)	(0.011 0)
Gov	−0.073 5	−0.047 6	−0.049 3	−0.078 3**	−0.032 7	−0.008 3
	(0.046 8)	(0.044 5)	(0.042 8)	(0.039 1)	(0.034 1)	(0.059 1)
$\_Cons$	0.176 6***	0.173 5***	0.179 3***	0.180 9***	0.161 5***	0.140 5***
	(0.015 3)	(0.027 1)	(0.011 9)	(0.014 8)	(0.027 2)	(0.042 5)
AR(1)	−2.926 3	−2.906 6	−2.921	−2.848 4	−2.842 1	−2.823 3
P 值	0.003 4	0.003 7	0.003 5	0.004 4	0.004 5	0.004 8
AR(2)	1.636 8	1.569 6	1.556 6	1.560 1	1.568	1.563 4
P 值	0.101 7	0.116 5	0.119 6	0.118 7	0.116 9	0.118 0
Sargan	0.429 5	0.388 9	0.417 9	0.265 4	0.232 9	0.969 5
N	165	120	165	143	104	143

当前,我国碳排放强度高于世界平均水平,在经济增长等因素的压力下,依然存在碳排放达峰延迟的风险。而在区域发展不平衡的现实条件下,地区和企业提升碳绩效,控制碳排放的内生动力仍显不足(陈菡等,2020)。为此,本书接着探究公众环境诉求提升区域碳绩效的异质性作用效果,结果如表4-19所示。其中,模型(1)—(3)为公众环境参与($Lnpublic$)对不同区域碳绩效的影响,而模型(4)—(6)为公众环境关注($Lnappeal$)对不同区域碳绩效的影响,均采用系统 SYS-GMM 的回归方法。结果显示,公众环境参与($Lnpublic$)对东部、中部与西部的环境绩效影响均在保持1%的显著性水平,影响大小分别为 0.114 1、0.068 6 以及−0.024 6,呈现逐渐递减趋势。类似地,公众环境关注($Lnappeal$)东部工业环境绩效的影响至少保持5%的显著性水平,且影响大小分别为 0.092 6、0.061 1 和−0.042 6。结果表明,公众环境诉求对东部地区工业碳绩效的影响最大,而对中西部地区的影响递减。可能的原

因在于,东部作为碳排放最大的区域,呈现规模驱动特征(金乐琴和吴慧颖,2013),在低碳转型和碳排放达峰的过程中应该发挥领航者的作用,其中公众环境诉求起到正向显著促进工业碳绩效的作用。不可否认,东部地区较为优越的地理区位驱动经济发展迅猛,随着公众生活条件的改善,加快对环境质量的诉求,得益于东部地区较为充裕的资本保障,使得环境治理投资较高,因此,公众在提升工业碳绩效方面发挥重要作用。

表 4-19　公众环境诉求对碳绩效维度工业 GTFP 影响的区域异质性

模型	东部(1)	中部(2)	西部(3)	东部(4)	中部(5)	西部(6)
$L.ecgtfp$	0.8316***	0.8342***	0.8531***	0.7986***	0.8133***	0.8219***
	(0.0315)	(0.0216)	(0.0196)	(0.0199)	(0.0170)	(0.0346)
$Lnpublic$	0.1141***	0.0686***	−0.0246***			
	(0.0184)	(0.0181)	(0.0061)			
$Lnappeal$				0.0926***	0.0611***	−0.0426**
				(0.0173)	(0.0105)	(0.0164)
Kl	−0.0098***	−0.0073***	−0.0078***	−0.0095***	−0.0063***	−0.0089***
	(0.0014)	(0.0013)	(0.0012)	(0.0012)	(0.0013)	(0.0013)
Pe	0.0101***	0.0096***	0.0100***	0.0096***	0.0107***	0.0098***
	(0.0014)	(0.0012)	(0.0011)	(0.0012)	(0.0012)	(0.0009)
$Open$	−0.0953***	0.0837**	0.0394*	−0.1284***	0.1590***	0.0090
	(0.0081)	(0.0313)	(0.0212)	(0.0127)	(0.0251)	(0.0257)
$Lner$	0.0682***	0.0550***	0.0618***	0.0905***	0.0636***	0.0850***
	(0.0102)	(0.0087)	(0.0096)	(0.0115)	(0.0084)	(0.0129)
Gov	−0.0701	0.0548	0.0876	0.0282	0.1042	0.0788
	(0.0656)	(0.0790)	(0.0624)	(0.0514)	(0.0665)	(0.0578)
$\_Cons$	0.1036***	0.0763***	0.0679***	0.0362	−0.0387	0.1471***
	(0.0244)	(0.0230)	(0.0166)	(0.0277)	(0.0408)	(0.0306)
AR(1)	−3.072	−3.0541	−3.0827	−2.9717	−3.0418	−3.0029
P 值	0.0021	0.0023	0.0021	0.0030	0.0024	0.0027
AR(2)	1.5476	1.2121	1.2211	1.1161	1.3440	1.2360
P 值	0.1217	0.2255	0.2220	0.2644	0.1789	0.2164
Sargan	0.3910	0.3948	0.3612	0.3658	0.2206	0.2455
N	165	120	165	143	104	143

4.3.3 公众环境诉求的不同对象对工业绿色全要素生产率的影响

经验研究表明,公众对工业污染物的不同类型关注程度差异明显。史丹和陈素梅(2019)结合百度指数量化公众对分类型的环境污染物的关注程度,发现公众对雾霾的关注度逐渐提升,而对水污染和土壤污染的关注有限。借鉴这一思路,本书创新性地从分类环境关注度的视角,考察异质性公众环境诉求对提升工业环境绩效的作用效果。本书选择与工业污染较为相关的大气污染、水污染以及固体废弃物为研究对象,分类探讨公众对不同污染物的关注对提升工业环境绩效的影响差异。需要说明的是,由于数据可得性,谷歌指数对公众异质性环境关注的数据缺失严重,因此,本书仅基于百度指数的数据,探讨公众异质性环境关注的作用效果。具体来说,以百度搜索平台,以大气污染、水污染以及固体废弃物污染作为关键词+省份获取分省公众异质性环境关注的百度指数。

公众环境诉求的不同对象对工业绿色全要素生产率的影响回归结果见表4-20。其中,模型(1)—(3)为对异质性公众环境关注对工业环境绩效的影响,而模型(4)—(6)为异质性公众环境关注对碳绩效的影响。结果显示,无论就环境绩效还是碳绩效,公众大气污染关注(Lnair)的系数均保持1%的显著性为正;同样,公众水污染的关注(Lnwater)的系数也保持1%的显著性水平为正,但是公众大气污染关注的系数要大于公众水污染的关注的系数;且在环境绩效维度,公众固体废弃物关注(Lnguti)的系数并不显著。结果表明,公众对大气污染和水污染的关注可以显著提升工业绿色全要素生产率,且公众对大气污染的作用更强,即工业绿色全要素生产率对公众大气污染关注度更为敏感。可能的原因在于,一方面,就治理难度而言,相比大气污染,水污染的治理成本更高(王金南等,2006;杨丹辉和李红莉,2010),在短期内,地方政府迫于政绩考核压力与有限的环境治理资金约束下,政府更倾向于大气治理;另一方面,从国际舆论导向来看,发达国家更关心的是我国发展进程中的大气污染,因为大气污染与全球气候变化的减排行动关系密切,一旦中国大气污染严重会影响全球应对气候变化的减排进程(张晓,2014;史丹和陈素梅,2019)。

表 4-20 公众环境诉求的不同对象对工业绿色全要素生产率的影响

模型	环境绩效 (1)	环境绩效 (2)	环境绩效 (3)	碳绩效 (4)	碳绩效 (5)	碳绩效 (6)
$L.ecgtfp$				0.799 3***	0.837 3***	0.850 5***
				(0.032 8)	(0.030 9)	(0.033 0)
$L.esgtfp$	0.742 4***	0.808 3***	0.903 2***			
	(0.051 5)	(0.063 2)	(0.043 0)			
$Lnair$	0.211 0***			0.214 0***		
	(0.023 1)			(0.014 8)		
$Lnwater$		0.192 5**			0.124 6***	
		(0.062 4)			(0.030 7)	
$Lnguti$			0.015 6			0.065 9***
			(0.020 3)			(0.015 3)
Kl	−0.010 0***	−0.011 7**	−0.011 0***	−0.007 3***	−0.001 0	−0.007 1***
	(0.001 6)	(0.003 8)	(0.003 3)	(0.001 3)	(0.000 8)	(0.002 0)
Pe	0.000 2	0.001 0	−0.003 5	0.005 9**	0.005 4**	−0.001 1
	(0.002 5)	(0.005 5)	(0.006 4)	(0.002 4)	(0.001 8)	(0.002 5)
$Open$	−0.442 2*	−0.657 1**	−0.253 2	0.329 4	0.168 5	0.441 2*
	(0.251 0)	(0.322 0)	(0.210 8)	(0.250 5)	(0.136 0)	(0.243 0)
$Lner$	0.026 1*	0.008 1	0.045 3**	−0.052 8***	−0.075 3***	0.044 9***
	(0.015 4)	(0.036 9)	(0.016 3)	(0.014 8)	(0.012 4)	(0.010 9)
Gov	0.067 8	−0.027 7	−0.112 6	0.192 8***	0.182 8*	−0.042 6
	(0.120 0)	(0.218 1)	(0.242 9)	(0.057 1)	(0.110 5)	(0.135 4)
$\_cons$	0.076 7	0.125 3	0.576 1**	−0.146 7	0.056 3	0.321 1***
	(0.148 0)	(0.288 3)	(0.283 9)	(0.093 5)	(0.131 2)	(0.095 4)
AR(1)	−2.645 7	−2.660 1	−2.681 8	−2.873 8	−2.813 2	−2.849 5
P 值	0.008 2	0.007 8	0.007 3	0.004 1	0.004 9	0.004 4
AR(2)	−0.726 6	−0.460 9	−0.387 8	0.143 5	0.371 3	0.074 3
P 值	0.467 5	0.644 8	0.698 2	0.885 8	0.710 4	0.940 8
Sargan	0.425 9	0.431 3	0.307 9	0.357 2	0.151 8	0.126 8
N	180	180	180	180	180	180

4.4 本章小结

区别于已有基于政府和市场的视角，探讨命令控制型与市场激励型等正式规制下的环境效应，本章采用动态面板数据，同时结合系统 GMM(SYS-GMM)与差分 GMM(DIFF-GMM)方法，分类实证检验环境绩效维度与碳绩效维度公众环境诉求这一非正式环境规制对工业绿色竞争力的影响，并进行异质性问题探讨，得到的结论如下：

（1）第一，在不同回归方法下，无论是以环境绩效维度的工业 GTFP，还是以碳绩效维度的工业 GTFP 为被解释变量，综合采用公众环境参与和公众环境关注作为公众环境诉求的代理变量，实证检验结果均证实公众环境诉求有利于提升工业绿色全要素生产率，即"波特假说"在非正式环境规制约束下依旧成立，体现公众在提升工业绿色全要素生产率中"自下而上"的推动作用。此外，公众环境诉求对提升碳绩效的作用强于对环境绩效的影响。而对工业 GTFP 的不同分解项而言：环境绩效维度，公众环境诉求主要提升纯技术进步与规模效率；碳绩效维度，公众环境诉求主要激励规模技术进步与纯技术进步。

（2）第二，对控制变量而言，上一期的工业 GTFP 有利于提升当期工业 GTFP，表明工业 GTFP 具有内在"滚雪球"效应；禀赋结构对工业 GTFP 具有抑制作用，当前资本密集型行业与资源型产业的耦合性较高，工业规模的扩张是诱发资本密集度攀升的重要路径，而重型工业化发展方式虽然提高了资本—劳动比，却进一步加剧了环境恶化；能源价格对提升工业 GTFP 具有显著的激励作用，能源价格提升会增强能源利用效率，倒逼企业增强节能环保意识，提升企业的绿色竞争力；而贸易开放对工业 GTFP 的影响具有显著抑制作用，表明"污染避难所"假说在中国工业行业的存在性。环境规制对提升工业碳绩效具有促进作用，进一步肯定了"创新补偿效应"相比"遵循成本效应"更为占优，同时也表明增强环境规制强度，"自上而下"的环境规制工具在提升工业环境竞争力中依旧发挥重要作用。政府主导(Gov)对提升工业 GTFP 的影响并不显著。不可否认，政府的财政支出在不断增强，但是依旧面临着结构性以及效率低下等问题，因此可能对提升工业 GTFP 的作用并不明显。

第三,在异质性分析方面,通过分位数回归探讨公众环境诉求对提升工业 GTFP 在不同分位点的影响,结果显示随着工业 GTFP 由低分位点向高分位点变化时,公众环境参与的影响系数在逐渐增大,而公众环境关注的影响大小呈现先下降后上升再下降的倒"N"型影响。而在区域异质性方面,公众环境诉求对提升东部地区工业绿色竞争力的影响最大,而对中西部地区的影响递减。最后,从异质性公众环境诉求对象视角探究其对工业 GTFP 的影响,结果显示公众空气诉求对提升工业绿色竞争力的影响最大,而公众对水污染和固体废弃物污染关注对提升绿色发展绩效的影响依次递减。

第5章 调节机制检验:基于软约束视角的交互与门槛效应

公众环境诉求对提升工业绿色全要素生产率具有显著的促进作用,体现了公众在环境治理效率改善中的重要地位。那么,本章将进一步挖掘软约束视角下,探究健康需求水平、公众财富水平以及人力资本水平三个维度对公众环境诉求的调节作用及其区域异质性特征,最后考察不同调节作用是否呈现非线性门槛特征,深入探究软约束下公众环境诉求的作用效果。需要说明的是,选择健康、财富以及人力资本水平三个维度进行调节作用检验的原因在于:一方面,"环境健康贫困陷阱"理论指出环境质量的恶化或者与环境公共服务的不足,会通过影响健康、教育等方式影响社会资源配置,拉大贫富差距,而环境污染的"亲贫性"会进一步加剧不平等;另一方面,这三个调节机制也契合了人类发展指数中反映经济社会发展状况的健康、教育以及生活水平三个不同维度。

5.1 健康需求水平在公众环境诉求对工业 GTFP 影响中的调节作用

5.1.1 基于健康需求水平的调节效应检验

"环境健康贫困陷阱"指出环境的恶化会导致公众的寿命降低,当然也有研究指出环境的恶化并不一定提升公众健康损害风险,原因是经济发展带来资源效率的改善提升了公众抗击环境风险的能力(McNeill 等,2017)。本书基于交互项模型,探讨公众健康需求在环境诉求对工业绿色绩效中的调节作用,以期探讨健康需求水平在降低经济发展落入"环境健康贫困陷阱"中的作用。

$$esgtfp_{it} = \alpha_0 + \alpha_1 esgtfp_{it-1} + \beta_1 \ln public_{it} + \beta_2 \ln public_{it} * health_{it} + \sum \gamma_i X_{it} + \mu_i + \lambda_t + \varepsilon_{it} \tag{5.1}$$

$$esgtfp_{it} = \alpha_0 + \alpha_1 esgtfp_{it-1} + \beta_1 \ln appeal_{it} + \beta_2 \ln appeal_{it} * health_{it} + \sum \gamma_i X_{it} + \mu_i + \lambda_t + \varepsilon_{it} \tag{5.2}$$

$$ecgtfp_{it} = \alpha_0 + \alpha_1 ecgtfp_{it-1} + \beta_1 \ln public_{it} + \beta_2 \ln public_{it} * health_{it} + \sum \gamma_i X_{it} + \mu_i + \lambda_t + \varepsilon_{it} \tag{5.3}$$

$$ecgtfp_{it} = \alpha_0 + \alpha_1 ecgtfp_{it-1} + \beta_1 \ln appeal_{it} + \beta_1 \ln appeal_{it} * health_{it} + \sum \gamma_i X_{it} + \mu_i + \lambda_t + \varepsilon_{it} \tag{5.4}$$

式子(5.1)(5.2)(5.3)(5.4)分别引入公众环境诉求与公众健康需求的交互项,探究公众环境需求在环境诉求对工业环境绩效以及工业碳绩效的影响中的作用。在以上模型中,核心解释变量为 $\ln public_{it} * health_{it}$ 与 $\ln appeal_{it} * health_{it}$,若 β_1 为正,表明健康需求对环境诉求产生增强型调节作用,健康需求水平有利于激励环境诉求对工业绿色绩效的激励作用。而若 β_1 为负,表明健康需求水平对公众环境诉求产生干扰型调节作用,即健康需求水平削弱了公众环境诉求对工业环境绩效的激励作用。而本书参考杨思涵等(2020)的做法,选择医疗卫生支出占地方财政支出的比重作为公众健康需求的代理变量。原因在于,近年来公众健康需求提升驱动财政医疗卫生支出快速增长,给财政支出带来巨大压力,可见公众健康需求与地方的财政医疗卫生支出呈现正向关系。此外,基于医疗卫生支出占财政支出的比重表征公众健康需求可以较为清晰地量化环境污染的财政成本,具有一定的政策含义。

表5-1为基于健康需求水平对公众环境诉求的调节机制检验回归结果。其中,模型(1)—(4)为公众环境诉求对工业环境绩效的影响的调节效应检验;模型(5)—(8)为公众环境诉求对工业碳绩效的影响的调节效应检验;分别采用 SYS-GMM 和 DIFF-GMM 的回归方法。结果显示,无论在何种模型下,公众环境参与健康需求水平的交互项($Lnpublic * health$)以及公众环境关注与健康需求水平的交互项($Lnappeal * health$)的系数均保持1%的显著性为正,

第5章 调节机制检验:基于软约束视角的交互与门槛效应

表 5-1 公众环境诉求对工业绿色全要素生产率的影响——基于健康需求的调节作用

模型	环境绩效				碳绩效			
	(1)	(2)	(3)	(4)	(5)	(6)	(7)	(8)
回归方法	SYS-GMM	DIFF-GMM	SYS-GMM	DIFF-GMM	SYS-GMM	DIFF-GMM	SYS-GMM	DIFF-GMM
L.esgtfp	0.855 6***	0.593 2***	0.838 0***	0.707 2***				
	(0.022 0)	(0.060 7)	(0.017 2)	(0.053 8)				
L.ecgtfp					0.770 0***	0.424 8***	0.767 8***	0.609 6***
					(0.023 6)	(0.047 5)	(0.020 8)	(0.069 6)
Lnpublic * health	1.011 8***	1.107 6**			1.184 4***	1.218 7***		
	(0.288 3)	(0.458 3)			(0.312 9)	(0.205 5)		
Lnappeal * health			1.033 7***	1.394 0***			0.901 5***	1.054 3***
			(0.132 5)	(0.116 2)			(0.116 2)	(0.125 2)
Lnpublic	−0.017 2	−0.036 4			0.004 4	−0.020 9		
	(0.021 3)	(0.027 6)			(0.024 7)	(0.014 2)		
Lnappeal			0.043 3*	0.020 4			0.072 2***	0.031 6
			(0.025 2)	(0.021 7)			(0.018 9)	(0.023 8)
Kl	−0.057***	−0.013 1***	−0.007 2***	−0.014 7***	−0.008 6***	−0.012 0***	−0.011 2***	−0.013 1***
	(0.000 9)	(0.002 5)	(0.000 9)	(0.001 8)	(0.001 9)	(0.001 5)	(0.001 9)	(0.001 6)

续表

模型 回归方法	(1) SYS-GMM	(2) DIFF-GMM	环境绩效 (3) SYS-GMM	(4) DIFF-GMM	(5) SYS-GMM	(6) DIFF-GMM	碳绩效 (7) SYS-GMM	(8) DIFF-GMM
Pe	0.004 5***	0.007 3***	0.003 0**	0.009 7***	0.009 3***	0.012 2***	0.012 0***	0.015 1***
	(0.000 9)	(0.001 5)	(0.001 4)	(0.001 0)	(0.001 6)	(0.001 9)	(0.001 5)	(0.001 9)
$Open$	−0.139 8***	−0.102 3***	−0.069 9	−0.157 9***	0.090 0***	−0.028 3*	0.102 6***	−0.099 8***
	(0.026 7)	(0.018 6)	(0.052 2)	(0.017 1)	(0.027 3)	(0.015 2)	(0.024 9)	(0.016 7)
$Lner$	0.042 5***	0.057 2***	0.017 5	0.091 9***	0.046 9***	0.080 8***	0.030 8***	0.100 6***
	(0.004 7)	(0.009 2)	(0.012 1)	(0.014 2)	(0.008 6)	(0.013 8)	(0.007 3)	(0.018 3)
Gov	−0.117 7**	−0.103 8	−0.108 9*	−0.031 0	−0.063 6	−0.097 5	0.057 8	0.063 0
	(0.042 8)	(0.081 7)	(0.056 5)	(0.075 1)	(0.069 4)	(0.068 6)	(0.066 4)	(0.062 1)
$\_cons$	0.245 2***	0.208 6***	0.003 5	0.032 2	0.170 9***	0.209 2***	−0.214 1**	0.003 4
	(0.012 0)	(0.049 0)	(0.093 3)	(0.090 8)	(0.023 2)	(0.029 8)	(0.090 0)	(0.100 7)
AR(2)	1.683 4	−0.461 5	1.469 7	1.505 7	1.636 0	−0.596 9	1.259 5	1.278 3
P值	0.092 3	0.644 5	0.141 7	0.132 2	0.101 8	0.550 5	0.207 8	0.201 1
Sargan	0.408 1	0.849 9	0.351 5	0.241 2	0.459 5	0.857 2	0.293 4	0.193 1
N	450	420	390	360	450	420	390	360

结果表明,健康需求水平在公众环境诉求对绿色全要素生产率提升过程中产生增强型调节作用。公众健康需求是激励公众环境诉求提升的重要动因,为了避免陷入"环境健康贫困陷阱",提升公众的健康需求,是"自下而上"提升公众环境诉求的重要驱动力,进而推动工业环境效率提升、改善环境质量。

5.1.2 基于健康需求水平的调节效应区域异质性

健康需求水平在公众环境诉求对工业环境绩效的影响存在增强型调节效应,因为一旦经济发展落入"环境健康贫困陷阱",就会进一步诱致"中等收入陷阱",造成经济发展恶性循环。公众出于健康需求会进一步激励环境诉求,那么,公众健康需求的调节作用是否呈现区域异质性是本节关注的重点。尤其是对于资源依赖区而言,公众健康需求是否有利于提升工业环境绩效,进而实现地区转型升级。"资源诅咒说"以及"资源福音说"一直是学术界关注的重点,早期关于资源依赖产生的"诅咒说"抑或"福音说"主要集中在经济增长方面,目前已扩展经济效率、环境污染、收入不平等,以及教育与贫困等诸多方面(邵帅等,2013;Badeeb 等,2016;Friedrichs 等,2013;Wigley,2017)。本书主要关注在(非)资源依赖区[①],健康需求对公众环境诉求的调节作用是否存在差异,回归结果见表5-2。

表5-2结果显示健康需求水平调节效应的区域异质性回归结果。其中,模型(1)—(4)为对环境绩效的影响,模型(5)—(8)为对碳绩效的影响;资源依赖区的回归结果在奇数列展现;而非资源依赖区的结果在偶数列呈现,均采用系统 SYS-GMM 回归方法。结果显示:在非资源依赖区,公众环境参与和健康需求水平的交互项($Lnpublic * health$)以及公众环境关注与健康需求水平的交互项($Lnappeal * health$)均至少保持5%的显著性水平为正,而在资源依赖区,该交互项的结果并不显著。结果表明,在资源依赖区,健康需求对环境诉求的绿色全要素提升效应并不显著,而在非资源依赖区公众健康需求与环

[①] 参考邵帅与杨莉莉(2010)的做法,采用2001—2016年采矿业产值占工业总产值的比重表征地区资源产业依赖程度。同时将排名前15位的省份定义为资源依赖区,而排名后15位的省份定义为非资源依赖区。资源依赖区域为:新疆、山西、黑龙江、青海、陕西、内蒙古、宁夏、甘肃、贵州、河南、河北、天津、四川、山东、辽宁。非资源依赖区为:云南、吉林、安徽、湖南、江西、广西、重庆、海南、湖北、北京、广东、福建、江苏、浙江、上海。

表 5-2　基于健康需求水平调节效应的区域异质性

区域模型	环境绩效 资源依赖区 (1)	环境绩效 非资源依赖区 (2)	环境绩效 资源依赖区 (3)	环境绩效 非资源依赖区 (4)	碳绩效 资源依赖区 (5)	碳绩效 非资源依赖区 (6)	碳绩效 资源依赖区 (7)	碳绩效 非资源依赖区 (8)
L.esgtfp	0.747 6***	0.557 4**	0.723 1***	0.836 5***				
	(0.161 1)	(0.249 5)	(0.155 2)	(0.161 7)				
L.ecgtfp					0.829 4***	0.479 7**	0.761 0***	0.842 4***
					(0.135 8)	(0.177 6)	(0.126 5)	(0.151 1)
Lnpublic*health	0.655 0	2.937 7**			0.701 9	2.870 2***		
	(0.546 0)	(1.222 6)			(0.553 3)	(0.790 3)		
Lnappeal*health			0.513 4	1.803 3**			0.177 9	1.588 6***
			(0.360 7)	(0.592 0)			(0.600 7)	(0.402 3)
Kl	−0.004 6*	−0.004 4	−0.006 2*	−0.012 6**	−0.006 9**	−0.000 2	−0.008 0**	−0.008 7**
	(0.002 5)	(0.005 6)	(0.003 3)	(0.005 7)	(0.003 2)	(0.004 6)	(0.003 6)	(0.003 6)
Pe	0.004 6*	0.009 1*	0.005 8**	0.002 1	0.009 3**	0.010 3***	0.010 0**	0.004 2
	(0.002 6)	(0.005 2)	(0.002 8)	(0.003 9)	(0.004 3)	(0.001 8)	(0.004 0)	(0.003 8)
Open	0.473 0	0.106 6	0.605 3*	−0.231 7	0.607 1	0.234 5*	0.877 9	0.159 7**
	(0.598 5)	(0.205 6)	(0.345 6)	(0.292 3)	(0.379 3)	(0.141 9)	(0.727 1)	(0.059 4)

第 5 章　调节机制检验:基于软约束视角的交互与门槛效应

续　表

区域模型	环境绩效				碳绩效			
	资源依赖区(1)	非资源依赖区(2)	资源依赖区(3)	非资源依赖区(4)	资源依赖区(5)	非资源依赖区(6)	资源依赖区(7)	非资源依赖区(8)
$Lner$	0.089 9**	0.013 3	0.106 4**	0.023 7	0.044 9	0.049 5	0.094 0*	−0.027 7
	(0.043 7)	(0.031 3)	(0.053 5)	(0.031 2)	(0.064 5)	(0.034 7)	(0.052 5)	(0.038 7)
Gov	0.127 5	−0.632 2	0.257 3**	−0.677 4**	0.177 2	−0.453 0***	0.346 0***	−0.328 1
	(0.127 8)	(0.577 1)	(0.106 6)	(0.309 5)	(0.108 2)	(0.113 6)	(0.090 9)	(0.212 8)
$\_cons$	0.082 6	0.441 8***	−0.053 4	0.306 4	0.000 6	0.301 0***	−0.119 4	0.089 9
	(0.174 6)	(0.063 6)	(0.132 8)	(0.211 5)	(0.070 5)	(0.071 0)	(0.136 0)	(0.076 7)
AR(2)	1.513 6	1.686 4	1.607 6	1.234 1	0.933 3	1.708 2	1.139 6	0.783 5
P 值	0.130 1	0.091 7	0.107 9	0.217 2	0.350 8	0.087 6	0.254 4	0.433 3
Sargan	0.993 3	0.998 1	0.971 8	0.999 1	0.989 9	0.998 7	0.965 3	0.992 8
N	225	225	195	195	225	225	195	195

境需求的耦合作用明显，加快提升工业绿色竞争力。可能的原因在于，在资源依赖区，较高的产业资源依赖粘性使得地区财政收入主要依赖于资源产业。作为地区发展的支柱产业，当地大部分公众直接或间接从事资源产业的关联工作，家庭的主要收入来源于资源产业。当地区环境恶化，公众关于环境污染的关注、投诉、检举等并不一定激增，原因在于投诉引起的环境管制，会削弱企业的经营绩效，间接影响企业员工的收入。事实上，资源依赖地区的公众更倾向于通过更充足的资源获取更高的收入水平，从而延长寿命，实现风险规避(Romero-Ávila,2008)。

5.1.3 基于健康需求水平的非线性门槛效应检验

从公众对自身利益相关性最高的健康需求的视角来看，公众的健康需求水平对环境需求产生增强型复合作用。为了更加深入地延展健康需求在公众环境诉求对工业绿色全要素生产率影响中的调节效果，以期深入洞悉"环境-健康-经济"内在耦合效应，为此，借鉴李虹和邹庆(2018)的研究思路，首次借助 Hansen(1999)面板门槛模型，进一步探究健康需求水平在公众环境诉求对工业绿色全要素生产率中的门槛效果。具体来说，门槛模型具体表示为[①]：

$$y_{it} = \begin{cases} \mu_i + \alpha'_1 x_{it} + \varepsilon_{it} & q_{it} \leqslant \gamma \\ \mu_i + \alpha'_2 x_{it} + \varepsilon_{it} & q_{it} > \gamma \end{cases},$$

即 $y_{it} = \mu_i + \alpha'_1 x_{it} I(q_{it} \leqslant \gamma) + \alpha'_2 x_{it} I(q_{it} > \gamma) + \varepsilon_{it}$ （5.5）

其中，$I(q)$ 表示门槛示性函数。当给定 γ 值的前提条件下，对式(5.5)进行离差估计，进而得到不同的系数估计形式 $\hat{\alpha}(\gamma)$ 及残差平方和 $SSR(\gamma)$。而当门槛值越趋近于真实的门槛值时，其残差平方和的值越小，即最优门槛的取值是 $\gamma = \arg\min SSR(\gamma)$。

其次需要构造统计量进行 LM 检验，来验证门槛效应的存在性。即原假设 $H_0: \alpha'_1 = \alpha'_2$，拒绝原假设则代表存在门槛效应，反之则不存在。

最后，需要检验门槛值的准确性，采用的方法是逐步自举法并通过似然比

---

① 这里仅针对单门槛进行介绍，多门槛的情形同理。

统计量(LR)进行检验。原假设代表 $H_0: \gamma = \gamma_0$，LR 检验统计量为：

$$LR(\gamma) = n \frac{SSR(\gamma) - SSR(\hat{\gamma})}{(\hat{\sigma})^2}$$

在给定一定显著性水平上，满足 $LR(\gamma) > -\ln(1-\sqrt{1-\alpha})$，拒绝原假设（董翔宇和赵守国，2020）。为此，构建如下门槛模型：

$$esgtfp_{it} = \alpha_0 + \beta_1 lnpublic \cdot I(lnhealth \leq \gamma) + \beta_2 lnpublic \cdot I(lnhealth > \gamma) + \sum \phi_i X_{it} + \varepsilon_{it} \tag{5.6}$$

$$esgtfp_{it} = \alpha_0 + \beta_1 lnappeal \cdot I(lnhealth \leq \gamma) + \beta_2 lnappeal \cdot I(lnhealth > \gamma) + \sum \phi_i X_{it} + \varepsilon_{it} \tag{5.7}$$

$$ecgtfp_{it} = \alpha_0 + \beta_1 lnpublic \cdot I(lnhealth \leq \gamma) + \beta_2 lnpublic \cdot I(lnhealth > \gamma) + \sum \phi_i X_{it} + \varepsilon_{it} \tag{5.8}$$

$$ecgtfp_{it} = \alpha_0 + \beta_1 lnappeal \cdot I(lnhealth \leq \gamma) + \beta_2 lnappeal \cdot I(lnhealth > \gamma) + \sum \phi_i X_{it} + \varepsilon_{it} \tag{5.9}$$

本书采用自抽样检验 Bootstrap 的方法进行门槛效应检验，分别基于健康需求水平调节作用下公众环境诉求对工业环境绩效与工业碳绩效进行分类检验，确定是否存在门槛效应以及确定门槛值，回归结果见表 5-3 和表 5-4 所示。

表 5-3 公众环境诉求对工业环境绩效影响的健康需求水平门槛效应检验结果。结果显示：在以工业环境绩效为被解释变量，并以健康需求水平为门槛变量，公众环境参与（Lnpublic）的一门槛、双门槛以及三门槛的 P 值分别为 0.136 7、0.650 0 和 0.440 0，一门槛、双门槛以及三门槛并未通过显著性检验；公众环境关注（Lnappeal）的一门槛、双门槛以及三门槛的 P 值分别为 0.026 7、0.306 7 和 0.426 7，仅有一门槛在 1% 的显著性水平下显著。结果表明，公众环境关注（Lnappeal）对工业环境绩效的影响存在健康需求水平的单一门槛效应。

表5-3 公众环境诉求对环境绩效维度工业 GTFP 影响的健康需求水平门槛效应检验

门槛类型	公众环境参与(lnpublic)			公众环境关注(lnappeal)		
	一门槛	双门槛	三门槛	一门槛	双门槛	三门槛
RSS	30.807 3	30.295 0	29.751 2	20.778 3	20.103 9	19.573 2
MSE	0.066 4	0.065 3	0.064 1	0.055 1	0.053 3	0.051 9
F 值	23.48	7.85	8.48	27.76**	12.65	10.22
P 值	0.136 7	0.650 0	0.440 0	0.026 7	0.306 7	0.426 7
10%临界值	26.408 7	19.079 9	18.494 8	21.937 1	17.277 0	18.923 1
5%临界值	30.399 5	21.964 4	25.889 4	24.768 2	21.357 8	23.199 9
1%临界值	40.524 7	29.147 2	34.874 7	29.680 7	27.325 9	28.864 5

表5-4为公众环境诉求对工业碳绩效的健康需求水平门槛效应检验结果,显示:在以工业环境绩效为被解释变量,并以健康需求水平为门槛变量,公众环境参与(Lnpublic)的一门槛、双门槛以及三门槛的 P 值分别为 0.120 0、0.483 3 和 0.476 7,并未通过门槛检验;公众环境关注(Lnappeal)的一门槛、双门槛以及三门槛的 P 值分别为 0.036 7、0.320 0 和 0.610 0,仅有一门槛在 1% 的显著性水平下显著。结果表明,公众环境关注对工业碳绩效影响存在健康需求水平的单一门槛效应。

表5-4 公众环境诉求对碳绩效维度工业 GTFP 影响的健康需求水平门槛效应检验

门槛类型	公众环境参与(lnpublic)			公众环境关注(lnappeal)		
	一门槛	双门槛	三门槛	一门槛	双门槛	三门槛
RSS	28.101 7	27.486 6	26.955 9	19.136 9	18.491 1	18.051 9
MSE	0.060 6	0.059 2	0.058 1	0.050 8	0.049 0	0.047 9
F 值	24.23	10.38	9.13	29.00**	13.17	9.17
P 值	0.120 0	0.483 3	0.476 7	0.036 7	0.320 0	0.610 0
10%临界值	25.606 3	21.519 3	17.388 1	24.451 6	19.844 0	22.985 1
5%临界值	32.226 3	27.732 6	19.594 9	27.702 5	23.013 9	25.486 0
1%临界值	43.234 0	41.114 5	27.969 5	39.988 9	28.971 2	38.663 9

上文显示公众环境关注对工业绿色全要素生产率存在健康需求的单门槛。那么,在门槛效应检验的基础上,进一步需要估计出不同的门槛值,如表5-5所示,公众环境关注对工业环境绩效与工业碳绩效影响的健康需求水平门槛值为 0.033 5。此外,根据门槛模型的回归原理,当似然比统计量(Likelihood Ratio)的

值趋近 0 的时候，对应的 γ 值即为门槛估计值，图 5-1 为公众环境关注对工业环境绩效的健康需求水平门槛 LR 图，图 5-2 为公众环境关注对工业碳绩效的健康需求水平门槛 LR 图，可以发现，健康需求门槛值均为 0.0335。

表 5-5 公众健康需求门槛估计值与置信区间

	分类	门槛变量	门槛类型	估计值	95%置信区间
环境关注	环境绩效	健康需求	单一门槛	0.0335	[0.0329, 0.0337]
	碳绩效	健康需求	单一门槛	0.0335	[0.0321, 0.0337]

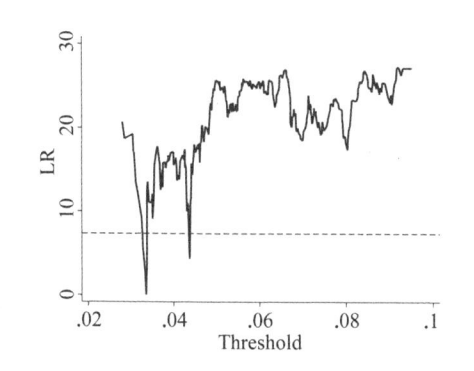

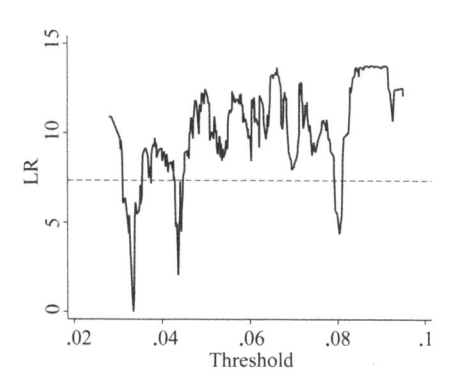

图 5-1 公众环境关注对工业环境绩效影响的健康需求水平门槛 LR 图

图 5-2 公众环境关注对工业碳绩效影响的健康需求水平门槛 LR 图

进一步地，根据门槛值将公众健康需求分为 $health \leqslant 0.0335$、$health > 0.0335$ 两个区间。当 $health \leqslant 0.0335$ 代表健康需求水平程度较弱，而当 $health > 0.0335$ 代表健康需求水平程度较高，基于此，本书将上述计量模型进一步修改为如下方程进行回归分析。

$$esgtfp_{it} = \alpha_0 + \beta_1 lnappeal \cdot I(health \leqslant 0.0335) + \beta_2 lnappeal \cdot$$
$$I(health > 0.0335) + \sum \phi_i X_{it} + \varepsilon_{it} \quad (5.10)$$

$$ecgtfp_{it} = \alpha_0 + \beta_1 lnappeal \cdot I(health \leqslant 0.0335) + \beta_2 lnappeal \cdot$$
$$I(health > 0.0335) + \sum \phi_i X_{it} + \varepsilon_{it} \quad (5.11)$$

表 5-6 模型(1)—(2)为公众环境诉求对工业环境绩效影响的健康需求水平的门槛效应参数估计结果。具体来说，当健康需求处于 $health \leqslant 0.0335$ 区间时，公众环境关注（$lnappeal$）的系数为正，但是并不显著；当健康需求水

平处于 $health > 0.0335$ 区间时,公众环境关注($lnappeal$)的系数在5%的显著性水平上为 0.2975。类似,模型(3)—(4)为公众环境诉求对工业碳绩效影响的健康需求水平的门槛效应参数估计结果,具体来说,当健康需求处于 $health \leqslant 0.0335$ 区间时,公众环境关注($lnappeal$)的系数为正,但是并不显著;当健康需求水平处于 $health > 0.0335$ 区间时,公众环境关注($lnappeal$)的系数在1%的显著性水平上为 0.2310;可以发现,健康需求水平只有达到一定程度,在公众环境诉求对工业绿色全要素生产率中才会呈现增强型作用,且公众健康需求水平的门槛调节作用在公众环境诉求对环境绩效的影响过程中更为明显。可能的原因在于,严峻的环境形势会引发公众对健康问题的担忧,进而加剧公众对环境问题的关注,助推工业绿色全要素生产率提升。而通常而言,环境污染相对于碳排放所引致的疾病负担更为严重,因此,公众健康需求水平在公众环境诉求对环境绩效影响中的门槛调节效应更为明显。

表 5-6 健康需求水平面板门槛模型的参数估计结果

模型变量	环境绩效 (1) 回归系数	(2) T 值	碳绩效 (3) 回归系数	(4) T 值
Kl	−0.0128	−2.59	−0.0066**	−2.06
Pe	0.0507***	6.27	0.0391***	7.21
$Open$	−2.649***	−9.18	−1.357***	−7.34
$Lner$	0.4696***	6.97	0.3901***	9.33
Gov	−0.1412	−0.31	0.3531	1.17
$\_cons$	0.0771	0.13	0.0771	0.13
$health < 0.0335$	0.1856	1.44	0.1202	1.41
$health > 0.0335$	0.2975**	2.42	0.2310***	2.88
F 值	15.02		24.01	

5.2 公众财富水平在公众环境诉求对工业 GTFP 影响中的调节作用

5.2.1 基于公众财富水平的调节效应检验

减贫、健康与环保是 2030 年可持续发展的重要目标(陈素梅和何凌云,

2020),而财富水平是提升公众需求水平的充分条件:一方面,工业模式驱动经济发展水平提升的同时也提高了公众的生活水平,另一方面,经济发展水平的提高极大地增加了社会健康成本。随着生活水平的改善,工作压力与心理负担对公众健康水平产生极大的威胁。为此,本书从公众财富水平的视角,检验财富水平对提升公众环境诉求对工业 GTFP 增长的调节效应。具体来说,本书参考杨志江和朱桂龙(2017)、董直庆等(2020)的调节机制方法,构造如下模型实证检验地区富裕程度在公众环境诉求对工业绿色绩效中的调节作用。

$$esgtfp_{it} = \alpha_0 + \alpha_1 esgtfp_{it-1} + \beta_1 lnpublic_{it} + \beta_2 lnpublic_{it} * lnwealth_{it} + \sum \gamma_i X_{it} + \mu_i + \lambda_t + \varepsilon_{it} \quad (5.12)$$

$$esgtfp_{it} = \alpha_0 + \alpha_1 esgtfp_{it-1} + \beta_1 lnappeal_{it} + \beta_2 lnappeal_{it} * lnwealth_{it} + \sum \gamma_i X_{it} + \mu_i + \lambda_t + \varepsilon_{it} \quad (5.13)$$

$$ecgtfp_{it} = \alpha_0 + \alpha_1 ecgtfp_{it-1} + \beta_1 lnpublic_{it} + \beta_2 lnpublic_{it} * lnwealth_{it} + \sum \gamma_i X_{it} + \mu_i + \lambda_t + \varepsilon_{it} \quad (5.14)$$

$$ecgtfp_{it} = \alpha_0 + \alpha_1 ecgtfp_{it-1} + \beta_1 lnappeal_{it} + \beta_2 lnappeal_{it} * lnwealth_{it} + \sum \gamma_i X_{it} + \mu_i + \lambda_t + \varepsilon_{it} \quad (5.15)$$

式子(5.12)(5.13)(5.14)(5.15)分别代表公众环境诉求对工业环境绩效以及工业碳绩效的影响,并在上一章的基础上引入公众环境诉求与财富水平的交互项。在以上模型中,核心解释变量为 $lnpublic_{it} * lnwealth_{it}$ 与 $lnappeal_{it} * lnwealth_{it}$,若 β_1 为正,表明公众的财富水平对环境诉求产生增强型调节作用,公众财富水平有利于增强公众环境诉求对工业绿色绩效的激励作用。而若 β_1 为负,表明公众财富水平对公众环境诉求产生干扰型调节作用,即公众财富水平削弱了公众环境诉求对工业环境绩效的激励作用。而本书对于财富水平抑或收入水平采用地区宏观层面的指标,参考经典 IPAT 模型中的做法,采用地区人均 GDP 表征地区财富水平(Dietz 和 Rosa,1994、1997;Grossman 和 Krueger,1995;Rosa 等,2004;董直庆等,2020),回归结果见表 5-7。

表 5-7 为基于公众财富水平对公众环境诉求的调节机制检验回归结果。其中,模型(1)—(4)为公众环境诉求对工业环境绩效的影响的调节效应;模型

表5-7 公众环境诉求对工业绿色全要素生产率的影响——基于公众财富水平的调节作用

回归方法 模型	环境绩效 SYS-GMM (1)	环境绩效 DIFF-GMM (2)	环境绩效 SYS-GMM (3)	环境绩效 DIFF-GMM (4)	碳绩效 SYS-GMM (5)	碳绩效 DIFF-GMM (6)	碳绩效 SYS-GMM (7)	碳绩效 DIFF-GMM (8)
L.esgtfp	0.842 4***	0.795 8***	0.802 9***	0.247 0***				
	(0.079 4)	(0.059 5)	(0.081 0)	(0.066 7)				
L.ecgtfp					0.808 6***	0.640 5***	0.716 6***	0.100 6*
					(0.045 2)	(0.062 3)	(0.046 2)	(0.053 4)
Lnpublic * Lnwealth	0.038 1*	0.057 6**			0.033 0*	0.103 5***		
	(0.019 6)	(0.024 3)			(0.016 3)	(0.011 9)		
Lnappeal * Lnwealth			0.038 1***	0.198 6***			0.057 3***	0.118 8***
			(0.008 4)	(0.013 5)			(0.012 9)	(0.021 6)
Lnpublic	0.065 7**	0.050 7**			0.020 1**	−0.000 2		
	(0.020 2)	(0.020 7)			(0.008 9)	(0.009 5)		
Lnappeal			0.052 7**	0.024 3			0.073 4***	0.037 0
			(0.023 9)	(0.031 8)			(0.020 2)	(0.024 0)
Kl	−0.005 8**	−0.011 8***	−0.004 8**	−0.018 4***	−0.005 9***	−0.012 2***	−0.008 2***	−0.015 3***
	(0.002 0)	(0.002 1)	(0.001 5)	(0.001 9)	(0.001 6)	(0.001 8)	(0.001 3)	(0.002 2)

第5章 调节机制检验:基于软约束视角的交互与门槛效应

续 表

回归方法模型	环境绩效 SYS-GMM (1)	环境绩效 DIFF-GMM (2)	环境绩效 SYS-GMM (3)	环境绩效 DIFF-GMM (4)	碳绩效 SYS-GMM (5)	碳绩效 DIFF-GMM (6)	碳绩效 SYS-GMM (7)	碳绩效 DIFF-GMM (8)
Pe	0.005 9***	0.008 4***	0.005 5***	0.006 3***	0.009 0***	0.014 0***	0.009 5***	0.008 6***
	(0.001 5)	(0.001 4)	(0.001 5)	(0.001 7)	(0.001 1)	(0.001 4)	(0.001 5)	(0.001 8)
$Open$	−0.261 0***	−0.360 3***	−0.095 7	−0.151 5***	−0.129 5***	−0.085 4***	0.073 5	0.074 1
	(0.064 2)	(0.093 7)	(0.062 4)	(0.029 6)	(0.034 8)	(0.013 1)	(0.045 0)	(0.051 5)
$Lner$	0.018 8	0.062 8***	−0.007 8	0.046 1***	0.021 5**	0.076 8***	−0.010 8	0.046 1***
	(0.012 0)	(0.007 9)	(0.018 4)	(0.012 8)	(0.010 4)	(0.009 7)	(0.013 8)	(0.010 5)
Gov	−0.241 4***	−0.221 1***	0.001 9	0.129 5	−0.116 2**	−0.082 7	0.215 9*	0.110 2**
	(0.065 8)	(0.059 2)	(0.049 9)	(0.131 4)	(0.050 3)	(0.060 1)	(0.119 1)	(0.038 5)
$\_Cons$	0.286 3***	0.343 1***	0.148 7	0.890 1***	0.258 7***	0.312 0***	0.037 2	0.495 4***
	(0.051 2)	(0.092 1)	(0.109 2)	(0.130 3)	(0.048 8)	(0.031 4)	(0.085 2)	(0.108 6)
$AR(2)$	1.655 1	1.680 0	1.559 1	1.911 5	1.175 9	1.625 7	1.307 3	−1.380 2
P 值	0.097 9	0.093 0	0.119 0	0.155 9	0.239 6	0.104 0	0.191 1	0.167 5
$Sargan$	0.999 4	0.562 3	0.985 6	0.964 6	0.998 9	0.326 5	0.982 7	0.656 0
N	450	420	390	360	450	420	390	360

(5)—(8)为公众环境诉求对工业碳绩效的影响的调节效应,分别采用 SYS-GMM 和 DIFF-GMM 的回归方法。结果显示,无论在何种模型下,公众环境参与财富水平的交互项(Lnpublic * Lnweath)以及公众环境关注与财富水平的交互项(Lnappeal * Lnweath)的系数均至少保持 10% 的显著性为正,结果表明在中国情景下,财富水平对公众诉求的环境效应产生增强型调节作用。即在财富更高的地区,公众具有更高的环境诉求,会激励地区提升工业绿色全要素生产率。可能的原因在于,通常财富水平决定了公众的需求层次,随着财富的积累,公众的环境诉求逐渐提升,驱动工业环境绩效改善。此外,公众财富水平提升有利于驱动技术进步方向转变,实现技术进步向节能方向转变,富者在提升环境绩效过程中承担更多的社会责任(董直庆等,2020)。

5.2.2 基于公众财富水平的调节效应区域异质性

上文显示,财富水平在公众环境诉求对提升工业绿色效率的影响中存在增强型调节作用,而这种调节效应在资源依赖区与非资源依赖区的影响是否具有差异?即随着公众财富水平的提升是否会扭转资源依赖区技术进步的污染偏向?

表 5-8 结果显示公众财富水平调节效应的区域异质性回归结果。其中,模型(1)—(4)为对环境绩效的影响,模型(5)—(8)为对碳绩效的影响;且奇数列为资源依赖区的回归结果,偶数列为非资源依赖区的回归结果,均采用 SYS-GMM 回归方法。结果显示:在资源依赖区,无论是公众环境参与和财富水平的交互项(Lnpublic * Lnwealth)以及公众环境关注与财富水平的交互项(Lnappeal * Lnwealth)均不显著,相反,在非资源依赖区却保持至少 5% 的显著性为正。结果表明,财富水平对公众诉求的环境效应产生增强型调节作用存在区域异质性,在非资源依赖区的效果较为明显,而在资源依赖区的效果并不明显。可能的原因在于,"资源诅咒"效应在中国情景下依然成立,在资源产业依赖较高的地区,借助已有的资源优势逐渐形成粗放型的发展方式,最终形成高污染与高排放的发展特征,而公众的财富水平提升并未根本扭转这一发展趋势。正如刘备和董直庆(2020)指出,碳锁定强度取决于资源依赖程度,资源依赖程度越强,从而碳锁定程度越高。此外,资源依赖地区会对绿色技术创新的研发投入产生挤出效应,从而削弱地区的工业绿色全要素生产率。

表 5-8 基于公众财富水平调节效应的区域异质性

区域模型	环境绩效				碳绩效			
	资源依赖区 (1)	非资源依赖区 (2)	资源依赖区 (3)	非资源依赖区 (4)	资源依赖区 (5)	非资源依赖区 (6)	资源依赖区 (7)	非资源依赖区 (8)
L.esgtfp	0.870 1*** (0.082 5)	0.654 9** (0.225 6)	−0.012 5 (0.325 4)	0.558 6** (0.254 4)				
L.ecgtfp					0.697 1*** (0.149 6)	0.596 2*** (0.167 1)	0.637 0*** (0.191 7)	0.676 1*** (0.157 8)
Lnpublic * Lnrwealth	0.055 5 (0.034 9)	0.158 9*** (0.032 8)			0.035 2 (0.037 8)	0.135 9*** (0.032 3)		
Lnappeal * Lnrwealth			0.037 5 (0.057 9)	0.177 8** (0.058 9)			−0.027 2 (0.057 0)	0.164 7*** (0.029 6)
Kl	−0.007 5** (0.002 9)	−0.001 7 (0.005 7)	−0.006 5*** (0.002 0)	−0.020 5*** (0.004 4)	−0.006 9** (0.002 9)	−0.003 9 (0.006 5)	−0.004 1 (0.003 2)	−0.015 3** (0.006 7)
Pe	0.005 7** (0.002 6)	0.003 8 (0.005 5)	0.011 4** (0.003 8)	0.001 9 (0.005 0)	0.009 0** (0.004 5)	0.005 6 (0.004 5)	0.007 6*** (0.002 2)	−0.001 4 (0.002 4)
Open	0.408 3 (0.439 8)	0.038 0 (0.244 1)	−0.187 4 (0.464 3)	−0.551 4** (0.245 5)	0.954 9 (0.635 7)	0.454 7 (0.345 4)	0.851 5 (0.562 4)	0.039 4 (0.204 6)

续表

区域模型	环境绩效				碳绩效			
	资源依赖区 (1)	非资源依赖区 (2)	资源依赖区 (3)	非资源依赖区 (4)	资源依赖区 (5)	非资源依赖区 (6)	资源依赖区 (7)	非资源依赖区 (8)
Lner	0.055 7	0.005 3	0.263 0**	−0.015 4	0.075 2	0.020 1	0.127 0**	−0.102 4
	(0.040 7)	(0.029 7)	(0.106 1)	(0.038 3)	(0.062 1)	(0.070 0)	(0.063 3)	(0.070 7)
Gov	0.157 3	−1.009 0**	1.195 5**	−0.781 2**	0.068 7	−0.498 5	0.907 5**	−0.326 6*
	(0.296 5)	(0.418 5)	(0.390 9)	(0.280 0)	(0.101 5)	(0.319 3)	(0.325 0)	(0.185 6)
_cons	0.048 4	0.590 3**	0.565 3	1.195 1***	0.111 2	0.354 4**	−0.015 7	0.848 2***
	(0.115 9)	(0.193 7)	(0.373 2)	(0.343 8)	(0.093 3)	(0.167 6)	(0.327 7)	(0.201 9)
AR(2)	1.599 1	1.421 6	1.430 1	1.072 3	1.350 8	1.376 2	1.208 8	0.882 0
P值	0.109 8	0.155 1	0.167 0	0.283 6	0.176 8	0.168 8	0.226 7	0.378 7
Sargan	0.981 5	0.999 9	0.999 1	0.999 4	0.997 8	0.997 3	0.999 1	0.991 1
N	225	225	195	195	225	225	195	195

5.2.3 基于公众财富水平的非线性门槛效应检验

上文显示财富水平对公众环境诉求产生增强型调节作用,且这种增强型调节作用在非资源依赖的区域较为明显;而公众环境诉求、财富水平对提升工业绿色全要素生产率的影响是多维的,当公众财富水平处于不同区间内的增强型调节作用可能呈现不同的特征。进一步结合门槛模型,探究公众财富水平的增强型调节作用是否呈现非线性作用效果。为此,设定如下门槛回归模型:

$$esgtfp_{it}=\alpha_0+\beta_1 lnpublic \cdot I(lnwealth \leqslant \gamma)+\beta_2 lnpublic \cdot \\ I(lnwealth > \gamma)+\sum \phi_i X_{it}+\varepsilon_{it} \quad (5.16)$$

$$esgtfp_{it}=\alpha_0+\beta_1 lnappeal \cdot I(lnwealth \leqslant \gamma)+\beta_2 lnappeal \cdot \\ I(lnwealth > \gamma)+\sum \phi_i X_{it}+\varepsilon_{it} \quad (5.17)$$

$$ecgtfp_{it}=\alpha_0+\beta_1 lnpublic \cdot I(lnwealth \leqslant \gamma)+\beta_2 lnpublic \cdot \\ I(lnwealth > \gamma)+\sum \phi_i X_{it}+\varepsilon_{it} \quad (5.18)$$

$$ecgtfp_{it}=\alpha_0+\beta_1 lnappeal \cdot I(lnwealth \leqslant \gamma)+\beta_2 lnappeal \cdot \\ I(lnwealth > \gamma)+\sum \phi_i X_{it}+\varepsilon_{it} \quad (5.19)$$

本书采用自抽样检验 Bootstrap 的方法进行门槛效应检验,分别基于财富水平调节作用下公众环境诉求对工业环境绩效与工业碳绩效进行分类检验,确定是否存在门槛效应以及确定门槛值,回归结果如表 5-9 和表 5-10 所示。

结合表 5-9 和表 5-10,结果显示,以工业环境绩效为被解释变量,并以财富水平为门槛变量,公众环境参与($Lnpublic$)的一门槛、双门槛以及三门槛的 P 值分别为 0.096 7、0.036 7 和 0.596 7,一门槛在 10% 的显著性水平下显著,双门槛在 5% 的显著性水平下显著,三门槛并未通过显著性检验;以工业碳绩效为被解释变量,并以财富水平为门槛变量,公众环境参与($Lnpublic$)的一门槛、双门槛以及三门槛的 P 值分别为 0.173 3、0.080 0 和 0.363 3;同样通过双门槛检验。而公众环境关注($Lnappeal$)无论对工业环境绩效还是工业碳绩效的影响并未通过财富门槛效应检验。综上,公众环境参与对工业绿色全要素生产率提升产生财富水平双门槛效应。

表 5-9　公众环境诉求对环境绩效维度工业 GTFP 影响的财富水平门槛效应检验

门槛类型	公众环境参与(lnpublic)			公众环境关注(lnappeal)		
	单门槛	双门槛	三门槛	单门槛	双门槛	三门槛
RSS	35.455 9	32.897 8	32.115 1	26.753 9	25.501 2	23.914 2
MSE	0.076 4	0.070 9	0.069 2	0.071 0	0.067 6	0.063 4
F 值	31.18	36.08	11.31	24.96	18.52	25.02
P 值	0.096 7	0.036 7	0.596 7	0.153 3	0.220 0	0.406 7
10%临界值	29.619 9	25.650 2	34.596 8	27.808 1	24.202 8	46.026 0
5%临界值	36.205 0	33.151 1	47.777 4	34.301 4	28.561 0	53.340 6
1%临界值	53.310 9	52.860 3	65.404 4	47.273 8	36.465 8	73.489 3

表 5-10　公众环境诉求对碳绩效维度工业 GTFP 影响的财富水平门槛效应检验

门槛类型	公众环境参与(lnpublic)			公众环境关注(lnappeal)		
	一门槛	双门槛	三门槛	一门槛	双门槛	三门槛
RSS	27.906 6	26.199 7	25.204 3	19.277 4	18.132 8	16.508 2
MSE	0.060 1	0.056 5	0.054 3	0.051 1	0.048 1	0.043 8
F 值	27.64	30.23	18.32	26.04	23.80	37.10
P 值	0.173 3	0.080 0	0.363 3	0.193 3	0.110 0	0.330 0
10%临界值	30.637 9	26.757 2	33.977 4	33.019 0	23.930 5	53.929 3
5%临界值	37.777 7	39.652 8	48.008 4	37.973 7	26.433 7	64.704 0
1%临界值	59.714 8	50.618 9	62.277 5	53.164 0	35.602 6	86.389 5

在门槛效应检验的基础上,进一步需要估计出不同的门槛值,如表 5-11 所示,公众环境参与对工业环境绩效的双财富门槛值分别为 1.779 与 0.744 2;而公众环境参与对工业碳绩效的双门槛值分别为 1.779 与 0.733 8。与表 5-5 类似,根据门槛模型的回归原理,当似然比统计量(Likelihood Ratio)的值趋近 0 的时候,对应的 γ 值即为门槛估计值,图 5-3 为工业环境绩效下财富水平的双门槛的 LR 图形,而图 5-4 为工业碳绩效下财富水平的双门槛的 LR 图形,分别对应表 5-11,表明门槛值的有效性。

表 5-11　财富水平门估计值与置信区间

门槛变量	门槛类型	估计值	95%置信区间
环境绩效	财富水平	一门槛	1.779 0	[1.763 2,1.840 0]
		1.779 0	[1.763 2,1.813 6]
	双门槛	0.734 2	[0.718 7,0.735 7]

续 表

	门槛变量	门槛类型	估计值	95%置信区间
碳绩效	财富水平	一门槛	1.779 0	[1.750 1,1.813 6]
			1.779 0	[1.763 2,1.813 6]
		双门槛	0.733 8	[0.717 7,0.734 2]

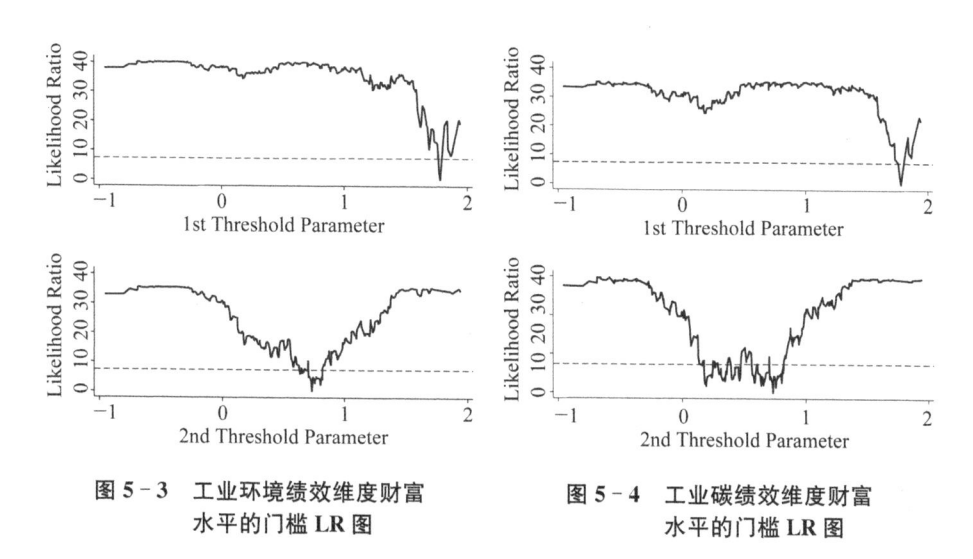

图 5-3 工业环境绩效维度财富水平的门槛 LR 图

图 5-4 工业碳绩效维度财富水平的门槛 LR 图

进一步地,分别在工业环境绩效维度与工业碳绩效维度,根据门槛值将财富水平分为 $lnwealth \leqslant 0.734\ 2$、$0.734\ 2 < lnwealth \leqslant 1.779$、$lnwealth > 1.779$,分别代表财富水平较低、中等与较高,进行面板门槛参数估计,回归结果见表 5-12。

表 5-12 财富水平面板门槛模型的参数估计结果

环境绩效			碳绩效		
变量	回归系数	T 值	变量	回归系数	T 值
Kl	-0.003 8**	-2.29	Kl	-0.000 2	-0.17
Pe	0.024 97***	8.92	Pe	0.024 1***	9.62
$Open$	-0.370 1***	-3.20	$Open$	-0.242 3**	-2.35
$Lner$	0.199 0***	10.16	$Lner$	0.160 1***	9.15
Gov	0.138 3	0.75	Gov	0.253 6	1.55
$\_cons$	0.545 3***	7.72	$\_cons$	0.522 8***	8.30

续 表

环境绩效			碳绩效		
变量	回归系数	T值	变量	回归系数	T值
lnwealth ≤ 0.734 2	0.097 9***	3.62	lnwealth ≤ 0.733 8	0.093 4***	3.87
0.734 2 < lnwealth ≤ 1.779	0.218 0***	7.47	0.733 8 < lnwealth ≤ 1.779	0.191 6***	7.34
lnwealth > 1.779	0.408 9***	9.10	lnwealth > 1.779	0.351 5***	8.75
F值	22.02		F值	27.57	

结果显示,无论在环境绩效还是在碳绩效下,随着财富水平的递增,公众环境参与对提升工业绿色全要素生产率的影响越大。具体来说,在环境绩效下,以财富水平为门槛变量的双门槛回归结果证实,当财富水平处于3个区制内,公众环境参与对环境绩效的影响分别为0.097 9、0.218 0、0.408 9;类似地,在碳绩效下,公众环境参与对碳绩效的影响分别为0.093 4、0.191 6、0.351 5,均呈现阶梯式上升状态。结果表明,虽然财富水平在公众环境诉求的影响中起到增强型调节作用,而这种增强型作用呈现梯度性,表明中国工业环境绩效的提升存在"奢侈品"属性。随着财富水平的提升,改善环境质量的诉求会以更高的速度增加,激励工业绿色全要素生产率提升,地区收入水平的差异一定程度上会影响自下而上的公众环境诉求强度。财富水平越高的地区,环境诉求的工业绿色全要素生产率提升效应存在自我加码动力,这与马本等(2017)的结论类似。

5.3 人力资本水平在公众环境诉求对工业GTFP影响中的调节作用

5.3.1 基于人力资本水平的调节效应检验

人力资本是区域创新能力的根本,也是提升全要素生产率的关键,尤其是对提升绿色全要素生产率的重要性不言而喻。一方面,环境污染不利于人力资本的引进与集聚,损害地区的技术创新水平,而技术水平提升的限制会进一步阻碍经济增长;另一方面,环境污染使得人力资本受损,降低劳动效率,使得地区企业增加员工健康支出,从而挤出研发投资。人力资本水平的变化会影响公众参与环境治理的强度,进而对工业绿色全要素生产率产生影响。为此,本书引入人力资本水平与公众环境诉求的交互项,探究人力资本水平在公众环境诉求对工业绿色全要素生产率中的作用。

$$esgtfp_{it} = \alpha_0 + \alpha_1 esgtfp_{it-1} + \beta_1 lnpublic_{it} + \beta_2 lnpublic_{it} * \\ lnhc_{it} + \sum \gamma_i X_{it} + \mu_i + \lambda_t + \varepsilon_{it} \tag{5.20}$$

$$esgtfp_{it} = \alpha_0 + \alpha_1 esgtfp_{it-1} + \beta_1 lnappeal_{it} + \beta_2 lnappeal_{it} * \\ lnhc_{it} + \sum \gamma_i X_{it} + \mu_i + \lambda_t + \varepsilon_{it} \tag{5.21}$$

$$ecgtfp_{it} = \alpha_0 + \alpha_1 ecgtfp_{it-1} + \beta_1 lnpublic_{it} + \beta_2 lnpublic_{it} * \\ lnhc_{it} + \sum \gamma_i X_{it} + \mu_i + \lambda_t + \varepsilon_{it} \tag{5.22}$$

$$cgtfp_{it} = \alpha_0 + \alpha_1 ecgtfp_{it-1} + \beta_1 lnappeal_{it} + \beta_2 lnappeal_{it} * \\ lnhc_{it} + \sum \gamma_i X_{it} + \mu_i + \lambda_t + \varepsilon_{it} \tag{5.23}$$

式子(5.20)(5.21)(5.22)(5.23)分别代表公众环境诉求对工业环境绩效以及工业碳绩效的影响,并在上一章的基础上引入公众环境诉求与人力资本水平的交互项。在以上模型中,核心解释变量为 $lnpublic_{it} * lnhc_{it}$ 与 $lnappeal_{it} * lnhc_{it}$,若 β_1 为正,表明人力资本对环境诉求产生增强型调节作用,人力资本水平有利于增强公众环境诉求对工业绿色绩效的激励作用。若 β_1 为负,表明人力资本水平对公众环境诉求产生干扰型调节作用,即人力资本水平削弱了公众环境诉求对工业环境绩效的激励作用。其中,人力资本水平的测算参考彭国华(2005)年的做法,首先参考如下算法计算平均受教育年限:

$$Edu = H1 * 1.5 + H2 * 7.5 + H3 * 10.5 + H4 * \\ 13.5 + H5 * 16.5 + H6 * 17.5 + H7 * 20.5;$$

其中,H1、H2、H3、H4、H5、H6、H7 分别代表文盲与半文盲、小学、初中、高中、大学专科、大学本科以及研究生就业比重,后面乘上的数字分别为其对应的各阶段受教育年限,进而计算得出平均受教育年限;其次需要将平均受教育年限转为人均人力资本水平,而这一转化过程需借助教育回报率的进行折算。鉴于官方并未公布官方的教育回报率数据,为此,本书参

Psacharopoulos 和 Patrinos(2002)的做法,将中国教育回报率设定为分段形式,即将教育年限处于 0—6 年、6—12 年以及 12 年以上分别设置 0.18、0.134 和 0.151 的线性比例,假设经过测算的受教育年限 Edu,根据 Edu 的大小测算人均人力资本,具体而言:

$$hr = \begin{cases} Edu * 0.18; & Edu \leqslant 6 \\ 6 * 0.18 + (Edu - 6) * 0.134; & 6 < Edu \leqslant 12 \\ (Edu - 12) * 0.151; & Edu > 12 \end{cases}$$

表 5-13 为基于人力资本水平对公众环境诉求的调节机制检验回归结果。其中,模型(1)—(4)为公众环境诉求对工业环境绩效的影响的调节效应,分别采用 SYS-GMM 和 DIFF-GMM 的回归方法;模型(5)—(8)为公众环境诉求对工业碳绩效的影响的调节效应,分别采用 SYS-GMM 和 DIFF-GMM 的回归方法。结果显示,无论在何种模型下,公众环境参与人力资本水平的交互项($Lnpublic * Lnhr$)以及公众环境关注与人力资本水平的交互项($Lnappeal * Lnhr$)的系数均保持 1% 的显著性为正,结果表明,人力资本水平在公众环境诉求对绿色全要素生产率提升过程中产生深度复合作用。即在人力资本水平相对高的地区,公众的环境诉求更为强烈,会激励地区提升工业绿色全要素生产率。可能的原因在于,人力资本高的地区,公众的环保诉求更为强烈,且公众的社会属性决定了其并非独立个体,其行为往往受周围公众的影响;根据社会互动理论,在人力资本高的地区,公众在社会互动过程中,更易收获环保知识,加快对公众的环保诉求。此外,人力资本水平是地区创新能力提升的关键,人力资本的知识溢出效应加快技术效率改进,进而推动绿色全要素生产率提升。

5.3.2 基于人力资本水平的调节效应区域异质性

人力资本水平在公众环境诉求对提升工业绿色效率的影响中存在增强型调节作用。那么,这种增强型调节作用在不同的区域内是否存在差异?上文显示财富水平并未有效扭转资源依赖区的技术进步的能源偏向,不利于提升绿色 GTFP。本节从人力资本的视角,同样将样本分为资源依赖区与非资源依赖区进行分类检验,探讨人力资本水平增强型调节作用的区域异质性,回归结果见表 5-14。

第5章 调节机制检验:基于软约束视角的交互与门槛效应

表5-13 公众环境诉求对工业绿色全要素生产率的影响——基于人力资本水平的调节作用

回归方法 模型	环境绩效 SYS-GMM (1)	环境绩效 DIFF-GMM (2)	环境绩效 SYS-GMM (3)	环境绩效 DIFF-GMM (4)	碳绩效 SYS-GMM (5)	碳绩效 DIFF-GMM (6)	碳绩效 SYS-GMM (7)	碳绩效 DIFF-GMM (8)
L.esgtfp	0.878 2*** (0.018 3)	0.958 3*** (0.057 4)	0.886 1*** (0.022 6)					
L.ecgtfp				0.887 4*** (0.088 5)	0.799 3*** (0.016 9)	0.803 5*** (0.060 3)	0.792 8*** (0.024 1)	0.916 0*** (0.040 9)
Lnpublic * Lnhr	0.010 9*** (0.002 0)	0.004 3** (0.001 7)			0.018 1*** (0.004 6)	0.003 9* (0.002 2)		
Lnappeal * Lnhr			0.007 8*** (0.001 5)	0.009 7** (0.003 2)			0.011 5*** (0.001 8)	0.004 9* (0.002 7)
Lnpublic	0.058 5*** (0.008 7)	0.041 2*** (0.009 8)			0.103 0*** (0.014 1)	0.058 8*** (0.007 0)		
Lnappeal			0.154 6*** (0.026 3)	0.121 1*** (0.022 4)			0.189 7*** (0.032 2)	0.120 9*** (0.021 8)
Kl	−0.006 1*** (0.000 9)	−0.012 6*** (0.002 1)	−0.005 8*** (0.001 1)	−0.012 8*** (0.002 3)	−0.008 3*** (0.001 5)	−0.010 9*** (0.002 2)	−0.010 0*** (0.001 8)	−0.014 6*** (0.002 2)

续 表

回归方法 模型	环境绩效					碳绩效			
	SYS-GMM (1)	DIFF-GMM (2)	SYS-GMM (3)	DIFF-GMM (4)	SYS-GMM (5)	DIFF-GMM (6)	SYS-GMM (7)	DIFF-GMM (8)
Pe	0.004 7***	0.005 7***	0.006 5***	0.011 0***	0.009 8***	0.010 2***	0.015 9***	0.012 0***
	(0.001 0)	(0.001 2)	(0.001 5)	(0.002 8)	(0.001 7)	(0.001 4)	(0.001 9)	(0.002 4)
Open	−0.173 0***	−0.208 5***	−0.196 7***	−0.219 1***	0.000 7	−0.157 4***	0.004 5	−0.085 9***
	(0.018 9)	(0.018 3)	(0.025 9)	(0.032 2)	(0.018 4)	(0.020 1)	(0.022 2)	(0.012 8)
Lner	0.053 1***	0.067 3***	0.028 9***	0.076 8**	0.058 0***	0.079 6***	0.046 8***	0.063 8***
	(0.006 3)	(0.013 4)	(0.008 5)	(0.027 0)	(0.012 1)	(0.013 4)	(0.011 6)	(0.013 1)
Gov	−0.063 7	−0.054 7	−0.080 4	−0.079 3	−0.066 2	−0.051 6	0.029 2	0.045 9
	(0.046 3)	(0.059 3)	(0.074 7)	(0.068 4)	(0.068 1)	(0.066 2)	(0.070 4)	(0.046 8)
_cons	0.175 8***	0.146 5***	−0.351 2***	−0.301 7***	0.096 2**	0.144 7***	−0.590 8***	−0.394 2***
	(0.016 1)	(0.017 3)	(0.096 5)	(0.083 4)	(0.032 6)	(0.025 5)	(0.132 0)	(0.095 9)
AR(2)	1.636 9	1.588 7	1.453 4	1.486 0	1.353 3	1.192 5	1.068 4	1.012 8
P 值	0.101 7	0.112 1	0.146 1	0.137 3	0.176 0	0.233 1	0.285 3	0.311 2
Sargan	0.405 9	0.414 3	0.318 8	0.765 8	0.474 2	0.390 7	0.253 3	0.126 6
N	450	420	390	360	450	420	390	360

第5章 调节机制检验:基于软约束视角的交互与门槛效应

表5-14 基于人力资本水平调节效应的区域异质性

<table>
<tr><th rowspan="2">区域模型</th><th colspan="4">环境绩效</th><th colspan="4">碳绩效</th></tr>
<tr><th>资源依赖区 (1)</th><th>非资源依赖区 (2)</th><th>资源依赖区 (3)</th><th>非资源依赖区 (4)</th><th>资源依赖区 (5)</th><th>非资源依赖区 (6)</th><th>资源依赖区 (7)</th><th>非资源依赖区 (8)</th></tr>
<tr><td>L.esgtfp</td><td>0.740 6***
(0.129 5)</td><td>1.027 7***
(0.195 4)</td><td>1.006 8***
(0.219 8)</td><td>0.752 5***
(0.147 1)</td><td></td><td></td><td></td><td></td></tr>
<tr><td>L.ecgtfp</td><td></td><td></td><td></td><td></td><td>0.364 6
(0.336 4)</td><td>0.741 0***
(0.107 4)</td><td>0.571 9*
(0.324 7)</td><td>0.710 6***
(0.118 2)</td></tr>
<tr><td>Lnpublic * Lnhr</td><td>0.012 4
(0.014 7)</td><td>0.047 9*
(0.026 3)</td><td>0.048 8
(0.082 8)</td><td></td><td>0.022 0
(0.014 7)</td><td>0.070 7***
(0.019 1)</td><td></td><td></td></tr>
<tr><td>Lnappeal * Lnhr</td><td></td><td></td><td></td><td>0.042 1**
(0.017 9)</td><td></td><td></td><td>0.028 9
(0.024 9)</td><td>0.124 5***
(0.036 9)</td></tr>
<tr><td>Kl</td><td>−0.003 5
(0.002 7)</td><td>−0.008 6
(0.008 1)</td><td>−0.016 6**
(0.006 5)</td><td>−0.006 5**
(0.002 6)</td><td>−0.004 6
(0.003 3)</td><td>−0.003 7
(0.004 5)</td><td>−0.004 2
(0.003 1)</td><td>−0.003 7
(0.006 5)</td></tr>
<tr><td>Pe</td><td>0.004 7*
(0.002 7)</td><td>0.001 1
(0.005 3)</td><td>0.002 1
(0.006 9)</td><td>0.006 6**
(0.002 9)</td><td>0.010 7*
(0.005 0)</td><td>0.010 0**
(0.001 7)</td><td>0.008 1**
(0.002 9)</td><td>0.010 1*
(0.003 6)</td></tr>
<tr><td>Open</td><td>0.545 4
(0.536 7)</td><td>−0.274 1
(0.228 5)</td><td>−0.385 9
(0.378 5)</td><td>0.548 8
(0.617 4)</td><td>0.354 3
(0.884 9)</td><td>−0.058 6
(0.106 5)</td><td>0.299 8
(0.296 2)</td><td>0.242 0
(0.299 9)</td></tr>
</table>

续　表

区域模型	环境绩效					碳绩效			
	资源依赖区 (1)	非资源依赖区 (2)	资源依赖区 (3)	非资源依赖区 (4)	资源依赖区 (5)	非资源依赖区 (6)	资源依赖区 (7)	非资源依赖区 (8)
Lner	0.0966**	0.0068	0.0496	0.0927**	0.1430*	0.0317	0.0987	−0.0099
	(0.0442)	(0.0379)	(0.0606)	(0.0461)	(0.0770)	(0.0239)	(0.0982)	(0.0226)
Gov	0.1310	−1.0594	−0.5999	0.2199*	0.0113	−0.6370	0.6322**	−0.0405
	(0.1211)	(0.8206)	(0.4090)	(0.1237)	(0.1284)	(0.3941)	(0.2579)	(0.2570)
_cons	0.0676	0.3748*	0.1459	−0.2192	0.4354	0.2286**	0.0237	−0.5350**
	(0.1221)	(0.1944)	(0.5794)	(0.1642)	(0.3534)	(0.1045)	(0.2336)	(0.1780)
AR(2)	1.4802	1.3351	1.3287	1.5128	1.7394	1.3238	1.1019	1.1717
P值	0.1388	0.1818	0.1839	0.1303	0.0820	0.1856	0.2705	0.2413
Sargan	0.9962	0.9998	0.9985	0.9718	0.9995	0.9930	0.9921	0.9917
N	225	225	195	195	225	225	195	195

表 5-14 结果显示公众财富水平调节效应的区域异质性回归结果。其中,模型(1)—(4)为对环境绩效的影响,模型(5)—(8)为对碳绩效的影响;且奇数列为资源依赖区的回归结果,偶数列为非资源依赖区的回归结果,均采用系统 SYS-GMM 回归方法。结果显示:在资源依赖区,无论是公众环境参与和人力资本水平的交互项($Lnpublic * Lnhr$)以及公众环境关注与人力资本水平的交互项($Lnappeal * Lnhr$)均不显著,相反,在非资源依赖区却保持至少 10% 的显著性为正。结果表明,人力资本水平对公众诉求的环境效应产生增强型调节作用存在区域异质性,在非资源依赖区的效果较为明显,而在资源依赖区的效果并不明显。在资源依赖区,人力资本水平对公众环境诉求的环境绩效提升效应并不明显。可能的原因,在于资源产业依赖天然的"黑色"路径依赖特征,使得生产方式固化、产业结构单一,"资源诅咒"现象明显,而人力资本水平对提升工业绿色全要素生产率的作用取决于资源依赖的强度。当资源依赖程度低时,人力资本的环境效应正向耦合作用较强,而处于资源依赖程度较高时,人力资本的正向耦合作用并不明显,人力资本提升作用下,"资源诅咒"效应并未得到缓解。

5.3.3 基于人力资本水平的非线性门槛效应检验

在上文中,人力资本水平在公众环境诉求对工业绿色全要素生产率影响中发挥着耦合交互的作用,说明公众环境诉求对工业环境绩效的影响是受人力资本水平影响的,而交互项模型在识别和测度结构性影响时,仍然存在不足。由于交互项外生的给定形式,无法全面深入地反映变量之间存在的结构变化关系,且不能准确检验人力资本水平门槛值的准确性。此外,人力资本水平所产生的增强型调节作用存在区域异质性,且这种差异性会依赖不同地区的资源依赖程度。为此,进一步深入探究人力资本的耦合作用,本书借助门槛回归模型探究人力资本在公众环境诉求对工业绿色全要素生产率中的门槛效应。具体来说,构造如下模型:

$$esgtfp_{it} = \alpha_0 + \beta_1 lnpublic \cdot I(lnhr \leqslant \gamma) + \beta_2 lnpublic \cdot I(lnhr > \gamma) + \sum \phi_i X_{it} + \mu_i + \lambda_t + \varepsilon_{it} \qquad (5.24)$$

$$esgtfp_{it} = \alpha_0 + \beta_1 lnappeal \cdot I(lnhr \leqslant \gamma) + \beta_2 lnappeal \cdot$$

$$I(lnhr > \gamma) + \sum \phi_i X_{it} + \mu_i + \lambda_t + \varepsilon_{it} \tag{5.25}$$

$$ecgtfp_{it} = \alpha_0 + \beta_1 lnpublic \cdot I(lnhr \leqslant \gamma) + \beta_2 lnpublic \cdot$$
$$I(lnhr > \gamma) + \sum \phi_i X_{it} + \mu_i + \lambda_t + \varepsilon_{it} \tag{5.26}$$

$$ecgtfp_{it} = \alpha_0 + \beta_1 lnappeal \cdot I(lnhr \leqslant \gamma) + \beta_2 lnappeal \cdot$$
$$I(lnhr > \gamma) + \sum \phi_i X_{it} + \mu_i + \lambda_t + \varepsilon_{it} \tag{5.27}$$

本书采用自抽样检验 Bootstrap 的方法进行门槛效应检验,分别基于人力资本水平调节作用下公众环境诉求对工业环境绩效与工业碳绩效进行分类检验,确定是否存在门槛效应以及确定门槛值,回归结果见表 5-15 和表 5-16 所示。

结合表 5-15 和表 5-16,结果显示:以工业环境绩效为被解释变量,并以人力资本水平为门槛变量,公众环境参与(Lnpublic)的一门槛、双门槛以及三门槛的 P 值分别为 0.043 3、0.193 3 和 0.606 7,一门槛在 5% 的显著性水平下显著,双门槛以及三门槛并未通过显著性检验;公众环境关注(Lnappeal)的一门槛、双门槛以及三门槛的 P 值分别为 0.006 7、0.230 0 和 0.643 3,仅有一门槛在 1% 的显著性水平下显著;以工业碳绩效为被解释变量,并以人力资本水平为门槛变量,公众环境参与(Lnpublic)的一门槛、双门槛以及三门槛的 P 值分别为 0.073 3、0.403 3 和 0.630 0;同样通过一门槛。公众环境关注(Lnappeal)在一门槛下的 P 值为 0.000 0,通过一门槛检验,而其他门槛检验并未通过。综上,无论就公众环境参与(Lnpublic)还是公众环境关注(Lnappeal)对提升工业绿色全要素生产率均产生人力资本一门槛效应。

表 5-15 公众环境诉求对环境绩效维度工业 GTFP 影响人力资本水平的门槛效应检验

门槛类型	公众环境参与(lnpublic)			公众环境关注(lnappeal)		
	一门槛	双门槛	三门槛	一门槛	双门槛	三门槛
RSS	34.826 2	33.073 1	32.406 4	140.199 3	132.615 5	128.357 4
MSE	0.075 1	0.071 3	0.069 8	0.371 9	0.351 8	0.340 5
F 值	40.13	24.59	9.55	46.14	21.56	12.51
P 值	0.043 3	0.193 3	0.606 7	0.006 7	0.230 0	0.643 3
10%临界值	32.173 0	35.845 2	45.602 7	28.681 4	37.390 3	30.705 7

续 表

门槛类型	公众环境参与（lnpublic）			公众环境关注（lnappeal）		
	一门槛	双门槛	三门槛	一门槛	双门槛	三门槛
5%临界值	37.741 7	48.754 1	61.943 6	34.453 4	47.898 9	36.674 2
1%临界值	57.108 0	86.503 5	91.691 5	42.388 8	61.998 6	48.955 7

表5-16 公众环境诉求对碳绩效维度工业GTFP影响人力资本水平的门槛效应检验

门槛类型	公众环境参与（lnpublic）			公众环境关注（lnappeal）		
	一门槛	双门槛	三门槛	一门槛	双门槛	三门槛
RSS	27.537 3	26.737 5	26.193 3	58.759 6	55.256 7	52.135 7
MSE	0.059 3	0.057 6	0.056 5	0.155 9	0.146 6	0.138 3
F 值	34.23	13.88	9.64	53.65	23.90	22.57
P 值	0.073 3	0.403 3	0.630 0	0.000 0	0.316 7	0.263 3
10%临界值	31.342 1	30.667 7	43.000 1	37.416 0	51.625 2	38.621 6
5%临界值	36.886 1	43.633 1	62.121 6	41.937 9	60.996 4	44.357 0
1%临界值	56.768 8	92.329 7	106.192 9	50.224 1	82.082 5	60.760 2

在门槛效应检验的基础上，进一步需要估计出不同的门槛值，如表5-17所示，公众环境诉求对工业环境绩效和碳绩效维度工业GTFP的单一人力资本水平门槛值均为2.065 2。此外，根据门槛模型的回归原理，当似然比统计量（Likelihood Ratio）的值趋近0的时候，对应的γ值即为门槛估计值。图5-5为公众环境参与对工业环境绩效的人力资本水平门槛LR图，图5-6为公众环境关注对工业环境绩效的人力资本水平门槛LR图，图5-7为公众环境参与对工业碳绩效的人力资本水平门槛LR图，图5-8为公众环境关注对工业碳绩效的人力资本水平门槛LR图。可以发现，公众环境诉求对提升工业环境绩效与碳绩效的人力资本门槛值稳定在2.065 2左右，证明了门槛效应的稳定性。

表5-17 人力资本水平门估计值与置信区间

	分类	门槛变量	门槛类型	估计值	95%置信区间
公众参与	环境绩效	人力资本	一门槛	2.065 2	[2.035 3, 2.065 3]
公众关注		人力资本	一门槛	2.065 2	[2.052 7, 2.065 3]
公众参与	碳绩效	人力资本	单一门槛	2.065 2	[2.050 1, 2.065 3]
公众关注		人力资本	单一门槛	2.065 2	[2.052 7, 2.065 3]

进一步地,根据门槛值将人力资本水平分为 $lnhr \leqslant 2.0652$、$lnhr > 2.0652$ 两个区间,当 $lnhr \leqslant 2.0652$ 代表人力资本水平程度较弱,而当 $lnhr > 2.0652$ 代表人力资本水平程度较高,基于此,本书将上述计量模型进一步修改为如下方程进行进一步回归分析。

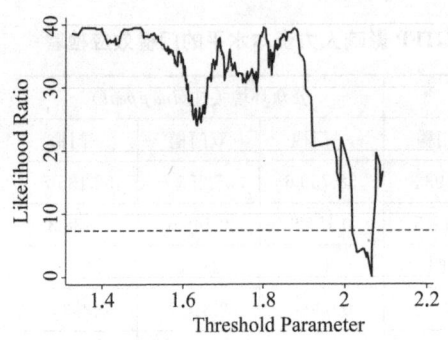

图 5-5 公众环境参与对工业环境绩效的人力资本水平门槛 LR 图

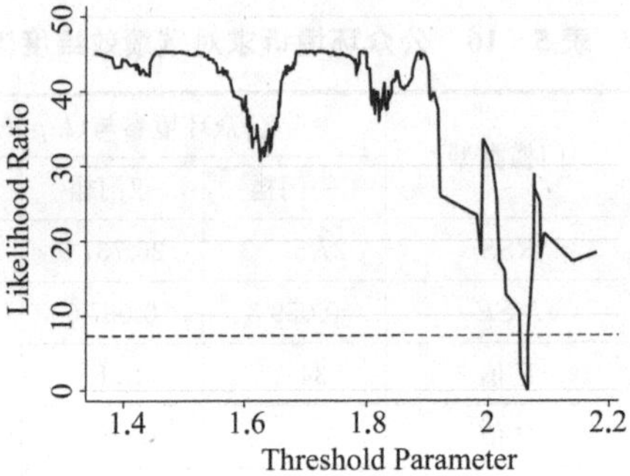

图 5-6 公众环境关注对工业环境绩效的人力资本水平门槛 LR 图

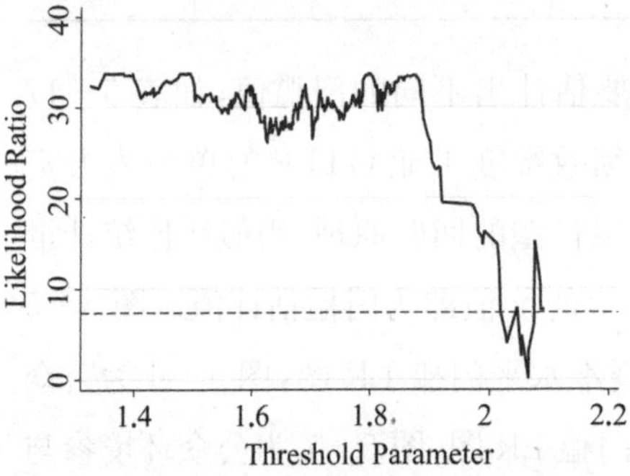

图 5-7 公众环境参与对工业碳绩效的人力资本水平门槛 LR 图

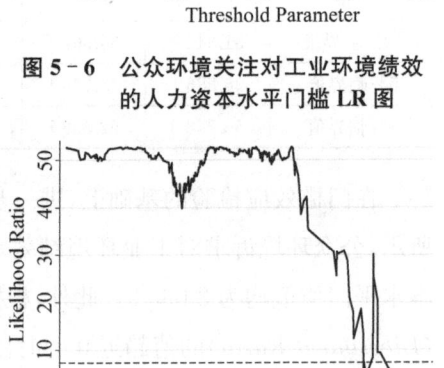

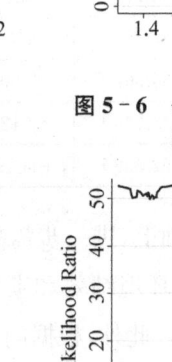

图 5-8 公众环境关注对工业碳绩效的人力资本水平门槛 LR 图

$$esgtfp_{it} = \alpha_0 + \beta_1 lnpublic \cdot I(lnhr \leqslant 2.0652) + \beta_2 lnpublic \cdot I(lnhr > 2.0652) + \sum \phi_i X_{it} + \varepsilon_{it} \tag{5.28}$$

$$esgtfp_{it} = \alpha_0 + \beta_1 lnappeal \cdot I(lnhr \leqslant 2.0652) + \beta_2 lnappeal \cdot I(lnhr > 2.0652) + \sum \phi_i X_{it} + \varepsilon_{it} \tag{5.29}$$

$$ecgtfp_{it} = \alpha_0 + \beta_1 lnpublic \cdot I(lnhr \leqslant 2.0652) + \beta_2 lnpublic \cdot I(lnhr > 2.0652) + \sum \phi_i X_{it} + \varepsilon_{it} \tag{5.30}$$

$$ecgtfp_{it} = \alpha_0 + \beta_1 lnappeal \cdot I(lnhr \leqslant 2.065\,2) + \beta_2 lnappeal \cdot$$
$$I(lnhr > 2.065\,2) + \sum \phi_i X_{it} + \varepsilon_{it} \tag{5.31}$$

表 5-18 模型(1)—(2)为公众环境诉求对工业环境绩效影响的人力资本水平的门槛效应参数估计结果。具体来说,当人力资本水平处于 $lnhr \leqslant 2.065\,2$ 区间时,公众环境参与 $lnpublic$ 的系数在1%的显著性水平上为0.143 6,而当人力资本水平处于 $lnhr > 2.065\,2$ 区间时,公众环境参与 $lnpublic$ 的系数在1%的显著性水平上为0.352 0。此外,当人力资本水平处于 $lnhr \leqslant 2.065\,2$ 区间时,公众环境关注 $lnappeal$ 的系数在1%的显著性水平上为0.331 5;当人力资本水平处于 $lnhr > 2.065\,2$ 区间时,公众环境关注 $lnappeal$ 的系数在1%的显著性水平上为0.691 5。结果表明,随着人力资本水平提升,公众环境诉求对提升工业环境效率的影响具有梯度性增强作用,且公众环境关注的影响作用更强。一方面,随着人力资本水平的提升,无论在行动上还是意识上,均会提升公众环境诉求的强度;另一方面,人力资本水平是提升地区创新能力的关键,对提升绿色全要素生产率起到助推作用。两方面合力作用下,公众环境诉求对提升工业绿色全要素生产率起到梯度增强的调节效应。

表 5-18 公众环境诉求对工业环境绩效影响的人力资本门槛效应参数估计

模型变量	工业环境绩效 公众环境参与 (1) 回归系数	工业环境绩效 公众环境关注 (2) 回归系数	工业碳绩效 公众环境参与 (3) 回归系数	工业碳绩效 公众环境关注 (4) 回归系数
Kl	−0.003 7**	−0.014 90***	−0.000 1	−0.007 6***
	−2.12	−3.12	−0.07	−2.48
Pe	0.027 0***	0.050 5***	0.025 8***	0.043 3***
	9.45	6.47	10.16	8.58
$Open$	−0.491 9***	−1.776***	−0.349 9***	−0.933 7***
	−4.39	−6.16	−3.51	−5.00
$Lner$	0.235 6***	0.541 2***	0.190 4***	0.387 1***
	12.25	8.81	11.14	9.73
Gov	0.165 3	0.006 1	0.165 3	0.495 9*

续 表

模型变量	工业环境绩效 公众环境参与(1) 回归系数	工业环境绩效 公众环境关注(2) 回归系数	工业碳绩效 公众环境参与(3) 回归系数	工业碳绩效 公众环境关注(4) 回归系数
	0.89	0.01	0.89	1.72
_cons	0.462 9***	−1.048**	0.265 6***	−0.600 3*
	6.78	−2.05	1.62	−1.82
$lnhr \leqslant 2.0652$	0.143 6***	0.331 5***	0.130 2***	0.210 4***
	5.36	2.81	5.46	2.75
$lnhr > 2.0652$	0.352 0***	0.691 5***	0.301 3***	0.461 7***
	7.81	5.36	7.81	5.53
F 值	22.72	15.02	22.72	21.55

模型(3)—(4)为公众环境诉求对工业碳绩效影响的人力资本水平的门槛效应参数估计结果,可以发现,当人力资本水平处于 $lnhr \leqslant 2.0652$ 区间时,公众环境参与 $lnpublic$ 的系数在1%的显著性水平上为0.130 2,而当人力资本水平处于 $lnhr > 2.0652$ 区间时,公众环境参与 $lnpublic$ 的系数在1%的显著性水平上为0.301 3。此外,当人力资本水平处于 $lnhr \leqslant 2.0652$ 区间时,公众环境关注 $lnappeal$ 的系数在1%的显著性水平上为0.210 4;当人力资本水平处于 $lnhr > 2.0652$ 区间时,公众环境关注 $lnappeal$ 的系数在1%的显著性水平上为0.461 7。结果表明,当人力资本处于更高区间时,公众环境诉求对提升工业碳绩效的影响效系数更大,与在环境绩效作用下的结果类似。

5.4 本章小结

本章结合交互项、面板门槛模型等研究方法,基于公众视角,从健康需求、财富水平以及人力资本三个维度探讨其在公众环境诉求对提升工业绿色全要素生产率中的耦合影响,并探讨不同耦合作用的区域异质性。主要研究结果如下:

第一,健康需求水平在公众环境诉求对提升工业 GTFP 产生增强型调节作用。环境污染会诱发疾病,损害劳动能力,降低劳动生产率,从而陷入贫困且进一步恶化,而环境污染的"亲贫性"使得这一过程循环恶化,这一过程被称为"环境健康贫困陷阱";而公众健康需求是激励公众环境诉求提升的重要动因,因此为了避免陷入"环境健康贫困陷阱"的风险增加,公众的环境诉求是从"自下而上"视角,推动工业环境效率提升、改善环境质量的重要源动力。在资源依赖区,健康需求对环境诉求的绿色全要素提升效应并不显著,而在非资源依赖区,公众健康需求与环境诉求的耦合作用明显,表明"环境健康贫困陷阱"效应在资源依赖区并不成立。此外,公众环境关注对工业 GTFP 影响存在健康需求水平的单门槛效应。只有当健康需求水平达到一定程度,公众环境诉求对工业 GTFP 的增强型作用才能得以体现,且健康需求水平的门槛调节作用在公众环境诉求对环境绩效的影响过程中更为明显。

第二,财富水平对公众诉求的环境效应产生增强型调节作用。财富水平决定公众的需求层次,随着财富的积累,公众的环境诉求逐渐提升,驱动工业绿色发展绩效改善,进而激励提升地区工业 GTFP,体现富者在提升环境绩效过程中承担更多的社会责任。而在资源依赖区,财富水平对环境诉求的绿色全要素提升效应并不显著,而在非资源依赖区,公众健康需求与环境需求的耦合作用明显。"资源诅咒"效应在中国情景下依然成立,在较高的资源产业依赖的地区,借助已有的资源优势逐渐形成粗放型的发展方式,最终形成高污染与高排放的发展特征,而公众的财富水平反而加剧这一趋势,形成"马太效应"。公众环境参与对工业 GTFP 提升产生财富水平双门槛效应。随着财富水平的递增,公众环境参与对提升工业绿色全要素生产率的影响越大,表明财富水平在公众环境诉求的影响中起到增强型调节作用,且这种增强型作用呈现梯度性。中国工业环境绩效的提升存在"奢侈品"属性,财富水平越高的地区,环境诉求的工业绿色全要素生产率提升效应存在自我加码动力。

第三,人力资本水平在公众环境诉求对提升工业 GTFP 影响中产生深度复合效应。人力资本水平是地区创新能力提升的关键,知识溢出效应加快技术效率改进,推动绿色全要素生产率提升。人力资本水平对公众诉求的环境效应产生增强型调节作用存在区域异质性,在非资源依赖区的效果较为明显,而在资源依赖区的效果并不明显,表明在人力资本提升作用下,"资源诅咒"效应并未得到缓解。公众环境诉求对提升工业 GTFP 产生人力资本单门槛效应,且随着人力资本水平提升,公众环境诉求对提升工业 GTFP 的影响具有梯度性增强作用,公众环境关注的影响作用更强。

第 6 章 传导机制检验:基于三方共治的中介效应模型

公众环境诉求对提升工业绿色全要素生产率产生激励作用,本章从政府、产业与企业三维视角并结合中介效应模型,分类检验政府协同治理效应、产业结构升级效应以及绿色技术创新效应在公众环境诉求提升中国工业绿色全要素生产率影响的传导机制,以期为公众—政府—企业三方共治的良性互动提供经验证据。

6.1 政府协同治理效应在公众环境诉求影响工业 GTFP 中的传导作用

6.1.1 模型设定与检验

在上文的理论模型中已经明确指出,在中国情境下,公众环境诉求会激励政府的环境治理,而不同的环境治理方式对于提升工业绿色全要素生产率的影响是不同的。在实证部分,本书首先分析公众环境诉求对政府治理强度的影响,其次分析对政府对环境治理方式的影响。其中,重点分析了绿色技术研发补贴与污染税两种政府治理手段,理论证实政府绿色技术研发补贴对工业绿色全要素生产率产生倒"U"型影响。当前绿色技术研发补贴未达到最优,研发补贴对提升工业绿色全要素生产率的影响处于倒"U"型效果的左侧,即二者正处于正向影响阶段。通过环境税的方式,对提升工业 GTFP 产生激励作用。为此,本书参考温忠麟(2004)的方法,结合中介效应模型,探究公众环境诉求对工业绿色 GTFP 影响的政府治理协同效应。

$$gtfp_{it} = \alpha_0 + \alpha_1 gtfp_{it-1} + \alpha_2 lnpublic_{it} + \sum \alpha_i X_{it} + \mu_i + \lambda_t + \varepsilon_{it} \quad (6.1)$$

$$gtfp_{it} = \beta_0 + \beta_1 gtfp_{it-1} + \beta_2 lnappeal_{it} + \sum \beta_i X_{it} + \mu_i + \lambda_t + \varepsilon_{it} \quad (6.2)$$

$$gz = \gamma_0 + \gamma_1 gz_{it-1} + \gamma_2 lnpublic_{it} + \sum \gamma_i X_{it} + \mu_i + \lambda_t + \varepsilon_{it} \quad (6.3)$$

$$gz = \phi_0 + \phi_1 gz_{it-1} + \phi_2 lnappeal_{it} + \sum \phi_i X_{it} + \mu_i + \lambda_t + \varepsilon_{it} \quad (6.4)$$

$$gtfp_{it} = \theta_0 + \theta_1 gtfp_{it-1} + \theta_2 lnpublic_{it} + \theta_3 gz_{it} + \sum \theta_i X_{it} + \mu_i + \lambda_t + \varepsilon_{it} \quad (6.5)$$

$$gtfp_{it} = \kappa_0 + \kappa_1 gtfp_{it-1} + \kappa_2 lnappeal_{it} + \kappa_3 gz_{it} + \sum \beta_i X_{it} + \mu_i + \lambda_t + \varepsilon_{it} \quad (6.6)$$

式(6.1)、(6.3)和(6.5)指的是用公众环境参与表征的公众环境诉求对提升工业绿色全要素生产率影响的政府协同治理效应；而式(6.2)、(6.4)和(6.6)指的是公众环境关注表征的公众环境诉求对提升工业绿色全要素生产率影响的政府协同治理效应。且式(6.1)和式(6.2)为公众环境诉求对工业绿色全要素生产率的基准影响，称为基准模型，式(6.3)和式(6.4)为公众环境诉求对政府治理的影响，即对中介变量的影响，称为中介模型，而式(6.5)和式(6.6)为公众环境诉求与政府治理对提升工业绿色全要素生产率的综合影响，称为综合模型。根据中介效应的原理，在 α_2、β_2 保持显著的前提下，对于中介模型和综合模型存在以下两种情况：① 如果 γ_2、ϕ_2、θ_3、κ_3 均不显著，代表不存在中介效应；② 如果 γ_2、θ_2、θ_3、ϕ_2、κ_2 以及 κ_3 均显著，表明存在部分中介效应。而对于衡量政府治理的方式：首先，本书采用政府环境治理投资占GDP的比重表征政府的环境治理强度(Gz)。其次，采用政府绿色技术研发补贴和环境税表征政府治理的方式。而政府绿色技术研发补贴强度($rsub$)，参考王林辉等(2020)以及顾元媛和沈坤荣(2012)的做法，地区研发经费中政府经费所占的比重在一定程度反映政府对绿色技术创新研发的支持力度。环境税($ereg$)指标，由于国内地方环境税的实施时间较晚，为此，本书环境税指标参考韩超等(2016)和王林辉等(2020)的做法，采用排污费收入占GDP的比重表征。

6.1.2 基于环境绩效维度工业 GTFP 的影响检验

表 6-1 为公众环境诉求对环境绩效维度的工业 GTFP 影响的政府协同治理效应的传导机制检验结果。其中,模型(1)—(3)为公众环境参与(Lnpublic)对环境绩效维度的工业 GTFP 影响的政府协同治理效应机制检验,模型(4)—(6)为公众环境关注(Lnappeal)对环境绩效维度的工业 GTFP 影响的政府协同治理效应机制检验,回归方法均是采用 SYS-GMM 回归方法。结果发现,在模型(1)和(4)中,公众环境参与(Lnpublic)和公众环境关注(Lnappeal)对环境绩效维度的工业 GTFP 在 1% 的显著性水平上为正,表明公众环境诉求对提升工业环境绩效的推动作用,这一点在本书第五章的实证中已经得到印证;而从模型(2)和(5)中可以发现,公众环境诉求对政府的环境治理强度的影响保持 5% 的显著性水平为正,表明公众环境参与对提升政府的环境治理力度具有显著的激励作用;而从模型(3)和模型(6)的综合模型中显示,政府治理(Gz)对提升环境绩效维度的工业 GTFP 的影响保持 1% 的显著性水平为正,而公众环境诉求对提升环境绩效维度的工业 GTFP 的影响依旧保持 1% 的显著性为正。以上结果表明,在中国的社会环境与制度体制下,公众环境参与可以有效倒逼地方政府的环境治理强度,从而提升工业环境竞争力(张宏翔和王铭槿,2020)。不难理解,在"以人为本"的发展理念下,政府需要充分考虑到民生诉求,尤其是与公众的切身利益相关性较高的环境问题。此外,公众的环境诉求有助于提升政府环境信息掌握的全面性、透明性,提升政府环境治理的科学性。

**表 6-1 公众环境诉求对环境绩效维度的工业 GTFP 影响的传导机制检验:
政府治理投资视角**

模型 被解释变量	(1) Esgtfp	(2) Gz	(3) Esgtfp	(4) Esgtfp	(5) Gz	(6) Esgtfp
L.Esgtfp	0.841 1***		0.899 1***	0.840 6***		0.837 0***
	(0.027 1)		(0.042 5)	(0.021 4)		(0.021 3)
L.Gz		0.484 9***			0.746 5***	
		(0.073 8)			(0.033 7)	
Gz			0.117 7***			2.264 2***

续 表

模型 被解释变量	(1) Esgtfp	(2) Gz	(3) Esgtfp	(4) Esgtfp	(5) Gz	(6) Esgtfp
			(0.030 0)			(0.454 5)
$Lnpublic$	0.038 7***	0.101 7**	0.042 7***			
	(0.007 8)	(0.043 6)	(0.007 8)			
$Lnappeal$				0.142 0***	0.003 0**	0.085 7***
				(0.023 5)	(0.001 4)	(0.020 7)
Kl	−0.005 5***	0.012 7***	−0.007 4***	−0.005 0***	0.000 8***	−0.008 4***
	(0.000 8)	(0.002 7)	(0.001 4)	(0.000 9)	(0.000 1)	(0.001 2)
Pe	0.005 5***	0.000 1	0.003 0**	0.007 3***	0.000 9***	0.002 7*
	(0.000 8)	(0.001 7)	(0.001 2)	(0.001 8)	(0.000 1)	(0.001 6)
$Open$	−0.158 9***	−0.150 4	−0.137 0*	−0.176 0***	0.000 3	−0.108 0***
	(0.012 0)	(0.123 5)	(0.074 8)	(0.021 7)	(0.001 2)	(0.028 9)
$Lner$	0.057 0***	−0.084 9**	0.042 2***	0.033 9***	−0.003 1**	0.042 2***
	(0.007 7)	(0.026 5)	(0.011 8)	(0.009 8)	(0.001 2)	(0.007 2)
Gov	−0.070 6	−0.598 7***	−0.092 3	−0.010 0	−0.016 0**	0.019 9
	(0.060 4)	(0.095 2)	(0.063 7)	(0.059 5)	(0.005 1)	(0.039 8)
$\_Cons$	0.202 2***	0.713 1***	0.074 0*	−0.332 7***	−0.023 6***	−0.058 2
	(0.013 7)	(0.085 0)	(0.039 5)	(0.097 6)	(0.004 6)	(0.101 2)
$AR(2)$	1.638 9	−0.871 8	1.606 1	1.456 6	−0.170 7	1.521 2
P 值	0.101 2	0.383 3	0.108 3	0.145 2	0.864 4	0.128 2
$Sargan$	0.997 6	0.998	0.997	0.816 3	0.998	0.995 0
N	450	450	450	390	390	390

进一步地,本书从绿色技术研发补贴和环境税两种不同的政府治理方式进行实证检验,由于前文已经列出中介效应的基准模型,本书仅对中介模型和综合模型进行检验,首先从绿色技术研发补贴维度进行传导机制检验,回归结果见表6-2。其中,模型(1)和模型(3)为中介模型的回归结果,表明公众环境诉求有利于提升政府部分的绿色技术研发补贴。进一步地,模型(2)和(4)为综合模型的回归结果,表明公众环境诉求和研发补贴均可以有效提升工业绿色全要素生产率。模型(5)和模型(6)引入研发补贴的二次项对工业绿色全要素生产率的影响,结果显示研发补贴的二次项显著为负,证实研发补贴与环境维度工业GTFP之间存在显著倒"U"型关系,且通过计算拐点值发现大部分

省份均未达到拐点。此外,由于公众环境诉求对提升环境维度工业 GTFP 产生正向影响,公众环境诉求显著助推研发补贴提升,进而得到研发补贴与环境维度工业 GTFP 的倒"U"型关系并未超越拐点。上述结果表明,公众环境诉求有利于推动政府的绿色技术研发补贴,进而加速提升绿色全要素生产率,而当前正处于研发补贴与工业绿色全要素生产率倒"U"型关系的左侧,仍未达到最优的绿色技术研发补贴程度。

表 6-2 基于研发补贴视角的公众环境诉求对环境绩效维度工业 GTFP 影响的传导机制检验

模型 被解释变量	(1) Rsub	(2) Esgtfp	(3) Rsub	(4) Esgtfp	(5) Esgtfp	(6) Esgtfp
$L.esgtfp$		0.897 8***		0.915 9***	0.909 5***	0.926 0***
		(0.021 3)		(0.027 3)	(0.024 9)	(0.026 0)
$L.rsub$	0.726 7***		0.700 3***			
	(0.012 8)		(0.012 5)			
$Lnpublic$	0.004 8***	0.041 3***			0.043 4***	
	(0.001 2)	(0.009 0)			(0.009 3)	
$Lnappeal$			0.021 3***	0.126 8***		0.124 7***
			(0.002 0)	(0.027 3)		(0.026 4)
$Rsub$		0.631 2***		0.774 2***	1.745 1***	1.824 3***
		(0.106 1)		(0.100 5)	(0.527 1)	(0.379 2)
$Rsub2$					−1.613 7**	−1.562 3**
					(0.754 1)	(0.537 0)
Kl	−0.000 2**	−0.008 2***	−0.000 1	−0.007 8***	−0.008 5***	−0.008 3***
	(0.000 1)	(0.001 5)	(0.000 1)	(0.001 2)	(0.001 5)	(0.001 3)
Pe	−0.000 6***	0.004 4***	−0.000 5**	0.006 1***	0.004 8***	0.006 7***
	(0.000 1)	(0.001 0)	(0.000 2)	(0.001 7)	(0.001 0)	(0.001 5)
$Open$	0.049 3***	−0.163 4***	0.051 1***	−0.199 5***	−0.167 5***	−0.214 6***
	(0.006 7)	(0.018 4)	(0.013 4)	(0.021 7)	(0.019 5)	(0.023 7)
$Lner$	0.007 2***	0.068 3***	0.003 7**	0.034 7***	0.070 6***	0.036 8**
	(0.001 3)	(0.011 6)	(0.001 8)	(0.013 2)	(0.012 2)	(0.012 0)
Gov	−0.006 0	−0.122 9*	−0.003 3	−0.053 9	−0.137 2**	−0.070 5
	(0.013 5)	(0.067 2)	(0.018 3)	(0.057 5)	(0.066 9)	(0.063 2)
$\_cons$	0.037 8***	0.002 3	−0.032 7***	−0.484 6***	−0.176 3*	−0.639 1***

续 表

模型 被解释变量	(1) Rsub	(2) Esgtfp	(3) Rsub	(4) Esgtfp	(5) Esgtfp	(6) Esgtfp
	(0.006 4)	(0.044 9)	(0.008 8)	(0.132 0)	(0.101 5)	(0.148 0)
AR(2)	−0.982 2	1.685 2	−0.915 2	1.431 4	1.613 4	1.355 3
P 值	0.326 0	0.091 9	0.360 0	0.152 3	0.106 7	0.175 3
Sargan	0.636 1	0.429 7	0.547 2	0.389 1	0.465 2	0.416 2
N	450	450	390	390	450	390

再次,本书从环境税视角,探究环境税在公众环境诉求对工业绿色全要生产率中的作用(结果见表6-3)。其中,模型(1)和模型(3)为公众环境诉求对排污费占比的影响,结果显示,公众环境诉求有利于激励地方政府提高污染税率,即公众环境诉求激励地方政府提升污染管制的强度。而在综合模型(2)和(4)中可以发现,环境税对提升工业绿色全要素生产率的影响为负,且并不显著。可能的原因是随着环境税的提升,加重了企业的生产成本,挤出了研发投入,进而不利于提升绿色全要素生产率。在理论模型中,环境税对提升工业绿色全要素生产率的影响为正,为此进一步地,本书在模型(5)和模型(6)中加入环境税的平方项,结果显示环境税对提升工业GTFP存在"U"型特征,即提升环境税对工业GTFP首先产生抑制作用,而当环境税提高到一定阈值,则有利于提升工业GTFP,不难理解,随着环境税超越拐点,"创新补偿效应"的作用超越"遵循成本效应",进而提升工业GTFP。由于当前公众环境诉求对工业维度绿色全要素生产率产生驱动作用,且对比样本拐点与分省环境税均值,表明从平均值看,当前环境税已经跨越拐点,从系数显著性来看,环境税的一次项和二次项系数均保持1%的显著性为正,表明"U"型关系陡峭,环境税的作用效果对于提升环境维度工业GTFP的效果强于绿色技术补贴。

表 6-3 基于环境税视角的公众环境诉求对环境绩效维度工业 GTFP 影响的传导机制检验

回归方法 模型 被解释变量	SYS-GMM (1) Entax	SYS-GMM (2) Esgtfp	SYS-GMM (3) Entax	SYS-GMM (4) Esgtfp	SYS-GMM (5) Esgtfp	SYS-GMM (6) Esgtfp
L.esgtfp		0.900 0***		0.892 4***	0.888 4***	0.886 6***
		(0.017 2)		(0.017 5)	(0.017 4)	(0.025 3)
L.entax	0.898 8***		0.879 7***			

续　表

回归方法 模型 被解释变量	SYS-GMM (1) Entax	SYS-GMM (2) Esgtfp	SYS-GMM (3) Entax	SYS-GMM (4) Esgtfp	SYS-GMM (5) Esgtfp	SYS-GMM (6) Esgtfp
	(0.002 9)		(0.005 1)			
Entax		−0.000 8		−0.000 6	−0.010 4***	−0.010 6**
		(0.001 8)		(0.002 3)	(0.002 8)	(0.003 3)
Entax2					0.000 3***	0.000 2***
					(0.000 0)	(0.000 1)
Lnpublic	0.250 9***	0.040 4***			0.036 8***	
	(0.073 4)	(0.009 3)			(0.010 1)	
Lnappeal			0.785 7***	0.156 3***		0.130 5***
			(0.139 5)	(0.019 2)		(0.024 8)
Kl	−0.006 1***	−0.005 0***	−0.008 1***	−0.005 1***	−0.004 7***	−0.005 1***
	(0.001 8)	(0.001 1)	(0.001 4)	(0.001 1)	(0.001 1)	(0.001 1)
Pe	−0.127 1***	0.003 4***	−0.134 3***	0.006 1***	0.003 5***	0.005 2***
	(0.005 7)	(0.000 9)	(0.004 1)	(0.001 4)	(0.001 0)	(0.001 6)
Open	0.894 9***	−0.049 6	0.543 9**	−0.210 5***	−0.037 4	−0.214 6***
	(0.169 0)	(0.106 0)	(0.177 5)	(0.023 7)	(0.107 9)	(0.024 6)
Lner	0.092 6***	0.043 3***	−0.065 4*	0.020 0**	0.042 2***	0.017 6*
	(0.026 4)	(0.007 3)	(0.037 6)	(0.007 8)	(0.007 6)	(0.010 4)
Gov	1.214 5***	−0.091 3*	0.374 7**	−0.046 1	−0.107 7**	−0.076 9
	(0.354 3)	(0.046 7)	(0.171 8)	(0.051 1)	(0.046 1)	(0.069 1)
_cons	2.145 1***	0.146 8***	0.510 0	−0.330 5***	0.208 4***	−0.195 9
	(0.121 7)	(0.029 1)	(0.601 6)	(0.089 5)	(0.029 2)	(0.119 5)
AR(2)	−1.345 0	1.679 3	−1.284 4	1.445 0	1.710 9	1.462 0
P 值	0.178 6	0.093 1	0.199 0	0.148 5	0.087 1	0.143 8
Sargan	0.635 2	0.462 4	0.480 2	0.278 1	0.489 8	0.298 2
N	450	450	390	390	450	390

最后，本书对上述传导机制进行稳健性检验，采用 DIFF-GMM 回归方法以及将被解释变量更换为 SBM 方法测算结果进行再检验。这里只对中介模型和综合模型进行稳健性检验，回归结果见表 6-4。模型(1)和模型(2)为公众环境诉求对政府环境治理投入强度的中介效应检验，结果显示，公众环境诉求有力地提升政府环境治理强度，进而促进工业绿色全要素生产率提升，公众环境诉求可以有效地倒逼地方政府的环境治理投资，进而提升工业环境 GTFP，

第6章 传导机制检验:基于三方共治的中介效应模型

表6-4 公众环境诉求对环境绩效维度工业GTFP影响的政府协同治理效应稳健性检验

回归方法 模型 被解释变量	DIFF-GMM (1) Gz	DIFF-GMM (2) Ssgtfp	DIFF-GMM (3) Rsub	DIFF-GMM (4) Ssgtfp	DIFF-GMM (5) Ssgtfp	DIFF-GMM (6) Entax	DIFF-GMM (7) Ssgtfp	DIFF-GMM (8) Ssgtfp
L.Ssgtfp		0.950 6***		0.502 2***	0.836 7***		1.237 8***	0.503 2***
		(0.078 5)		(0.043 5)	(0.095 9)		(0.063 3)	(0.046 0)
L.Rsub			0.255 9***					
			(0.016 4)					
L.Entax						0.688 6***		
						(0.014 2)		
L.Gz	0.287 9***							
	(0.042 0)							
Gz		0.178 8***						
		(0.041 3)						
Rsub				0.809 3***	4.468 1*			
				(0.224 1)	(2.325 5)			
Rsub2					−5.014 9*			
					(2.827 2)			
Entax							−0.019 9***	−0.029 1***
							(0.003 3)	(0.003 8)
Entax2								0.000 6***
								(0.000 1)

续表

回归方法 模型 被解释变量	DIFF-GMM (1) Gz	DIFF-GMM (2) Ssgtfp	DIFF-GMM (3) Rsub	DIFF-GMM (4) Ssgtfp	DIFF-GMM (5) Ssgtfp	DIFF-GMM (6) Entax	DIFF-GMM (7) Ssgtfp	DIFF-GMM (8) Ssgtfp
Lnpublic	0.101 1*** (0.021 0)	0.054 3** (0.018 4)	0.004 0*** (0.000 6)	0.111 8*** (0.019 9)	0.131 1*** (0.024 5)	0.291 0*** (0.110 5)	0.032 5** (0.010 0)	0.109 1*** (0.022 1)
Kl	0.004 4* (0.002 4)	−0.016 3*** (0.002 5)	0.000 3* (0.000 1)	−0.004 6** (0.002 4)	−0.015 9*** (0.003 4)	−0.105 4*** (0.005 7)	−0.024 7*** (0.002 6)	−0.004 8** (0.002 4)
Pe	0.006 0*** (0.001 1)	0.009 0** (0.003 0)	−0.002 2*** (0.000 3)	0.021 1*** (0.002 9)	0.010 5*** (0.002 2)	−0.061 8*** (0.006 0)	0.001 4 (0.002 6)	0.020 9*** (0.003 0)
Open	−0.236 9** (0.113 3)	−0.356 7*** (0.104 7)	0.048 8*** (0.007 1)	−0.591 2*** (0.097 0)	−0.209 8*** (0.082 0)	0.943 4*** (0.294 8)	0.030 9 (0.182 0)	−0.622 5*** (0.087 5)
Lner	−0.027 5 (0.021 1)	0.125 5*** (0.024 5)	0.008 0*** (0.001 5)	0.287 9*** (0.025 6)	0.104 7*** (0.019 3)	0.447 1*** (0.058 6)	0.037 5** (0.019 1)	0.264 9*** (0.023 6)
Gov	−0.545 5*** (0.086 1)	−0.244 2*** (0.080 6)	−0.008 9 (0.013 3)	−0.159 8** (0.071 2)	−0.104 5 (0.249 2)	1.273 8*** (0.565 1)	−0.324 4** (0.130 6)	−0.249 3* (0.139 7)
_cons	0.808 1*** (0.051 6)	−0.113 1*** (0.042 1)	0.168 9*** (0.014 5)	−0.222 1** (0.107 6)	−0.670 9 (0.447 2)	2.801 4*** (0.270 0)	0.171 6*** (0.047 6)	0.206 3*** (0.058 5)
AR(2)	−1.224 3	1.343 1	−1.335 7	1.393 7	1.543 6	−1.335 5	1.336 4	1.436 1
P值	0.220 8	0.179 2	0.181 6	0.163 4	0.122 7	0.181 7	0.181 4	0.151 0
Sargan	0.987 2	0.377 8	0.449 1	0.862 7	0.999 0	0.998 0	0.414 8	0.894 4
N	420	420	420	420	420	420	420	420

地方政府并没有仅仅在"口号上"回应公众的环境诉求,而是在"行动上"响应公众环境关切。其次,对政府的治理方式进行稳健性检验,回归结果见模型(3)—(5),结果显示,公众环境诉求有利于提升政府绿色技术研发补贴,进而提升绿色全要素生产率,而加入研发补贴二次项可以发现,二次项系数显著为负,通过计算倒"U"型拐点,可以发现大部分省份的补贴均值并未达到拐点,实证表明当前研发补贴与绿色全要素生产率的关系处于倒"U"型关系的左侧,仍未达到最优的研发补贴强度,公众环境诉求可以通过适当提高政府的研发补贴强度进而提升绿色全要素生产率。而模型(6)—(8)表明:公众环境诉求有利于提升政府的环境税,进而驱动绿色全要素生产率提升。值得注意的是,当引入环境税的一次项时,对工业 GTFP 的影响并不显著;当引入其二次项时,发现二次项系数显著在 1% 的显著性水平上为正,表明环境税与环境绩效维度工业 GTFP 之间存在显著"U"型关系。由于公众环境诉求对环境绩效维度工业 GTFP 产生正向影响,可以提升环境税的强度,当前环境税已经跨越拐点,且由于环境税的一次项和二次项系数保持 1% 的显著性水平,表明"U"型关系在跨越拐点后更为明显,即环境税来实现绿色技术创新的效果更优。

6.1.3 基于碳绩效维度工业 GTFP 的影响检验

在协同减少污染物与温室气体排放的过程中,从工业绿色全要素生产率的视角来看公众环境诉求起到了激励作用。而上文已经检验了公众环境诉求可以通过政府协同治理效应,提升工业环境绩效。那么,本书进一步地从政府协同治理效应视角,检验公众环境诉求对碳绩效维度的工业绿色全要素生产率的影响。首先从治理强度上来看,回归结果见表 6-5,其中模型(1)—(3)为公众环境参与对工业碳绩效中介效应的影响检验,而模型(4)—(6)为公众环境关注对工业碳绩效中介效应的检验,回归方法均是采用系统(SYS-GMM)方法。结果显示:模型(1)和(3)为基准的检验模型,结果显示公众环境诉求对提升碳绩效维度的工业 GTFP 具有显著的促进作用;而模型(2)和(4)传导模型结果显示,公众环境诉求对政府的环境治理强度具有正向影响,表明公众环境诉求对政府治理产生显著的倒逼作用;最后,模型(3)和(6)的综合模型显示,公众环境诉求与政府治理强度均显著促进碳绩效维度下的工业 GTFP。通过上述中介模型可以发现,公众环境诉求通过倒逼政府环境治理,进而提升工业碳绩效,公众参与和政府治理之间存在协同治理效应。结果表明,公众环境诉求在提升碳绩效维度的工业 GTFP 的影响中,政府治理均发挥着传导机制的作用。此外,中国在 2015 年明确提出,到 2030 年之前争取提前碳达峰,在外部这种硬性约束下,公众诉求的作用发挥着"催化剂"的作用,加快政府的环境治理投入。综上所述,政府在环境污染达标与碳排放达峰的"双达"进程中,在资金支持、顶层政策设计及其配套机制建设等方面发挥着关键制约作用,而公众与政府之间形成互补关系,产生协同治理作用。

表6-5　公众环境诉求对碳绩效维度的工业 GTFP 影响的传导机制检验:政府治理协同效应

回归方法 模型 被解释变量	SYS-GMM (1) Ecgtfp	SYS-GMM (2) GZ	SYS-GMM (3) Ecgtfp	SYS-GMM (4) Ecgtfp	SYS-GMM (5) GZ	SYS-GMM (6) Ecgtfp
$L.Ecgtfp$	0.785 4***		0.818 4***	0.783 6***		0.765 8***
	(0.020 2)		(0.022 3)	(0.023 8)		(0.021 5)
$L.Gz$		0.635 8***			0.746 5***	
		(0.026 4)			(0.033 7)	
Gz			0.053 8***			3.778 7***
			(0.015 5)			(0.595 0)
$Lnpublic$	0.080 4***	0.032 4*	0.062 5***			
	(0.009 4)	(0.017 9)	(0.009 1)			
$Lnappeal$				0.165 7***	0.003 0**	0.077 7***
				(0.020 8)	(0.001 4)	(0.021 8)
Kl	−0.007 8***	0.017 1***	−0.009 5***	−0.009 6***	0.000 8***	−0.011 6***
	(0.001 5)	(0.001 5)	(0.001 4)	(0.001 4)	(0.000 1)	(0.001 7)
Pe	0.009 6***	0.003 1***	0.009 9***	0.015 8***	0.000 9***	0.007 5***
	(0.001 6)	(0.000 9)	(0.001 1)	(0.001 4)	(0.000 1)	(0.001 8)
$Open$	0.041 0**	−0.117 0**	0.023 2	0.039 2	0.000 3	−0.056 4**
	(0.019 6)	(0.059 3)	(0.023 6)	(0.024 3)	(0.001 2)	(0.019 1)
$Lner$	0.055 4***	−0.132 1***	0.058 7***	0.042 4***	−0.003 1***	0.026 5**
	(0.009 6)	(0.015 8)	(0.008 8)	(0.009 6)	(0.001 2)	(0.009 3)
Gov	−0.053 4	−0.368 3***	−0.008 2	0.116 0*	−0.016 0**	0.025 2

续　表

回归方法 模型 被解释变量	SYS-GMM (1) Ecgtfp	SYS-GMM (2) GZ	SYS-GMM (3) Ecgtfp	SYS-GMM (4) Ecgtfp	SYS-GMM (5) GZ	SYS-GMM (6) Ecgtfp
	(0.078 1)	(0.073 8)	(0.092 6)	(0.067 2)	(0.005 1)	(0.065 5)
_Cons	0.098 3***	0.538 8***	0.015 1	−0.566 7***	−0.023 6***	0.026 4
	(0.027 2)	(0.050 4)	(0.045 3)	(0.092 4)	(0.004 6)	(0.102 3)
AR(2)	1.457 6	−0.714 5	1.427 0	1.192 3	−0.170 7	1.151 0
P 值	0.145 0	0.474 9	0.153 6	0.233 1	0.864 4	0.249 7
Sargan	0.931 8	0.508 0	0.353 7	0.815 4	0.999 0	0.997 9
N	450	450	450	390	390	390

此外，本书从绿色技术研发补贴和征收环境税方面，对政府的环境治理方式进一步检验，首先基于研发补贴视角进行传导效应检验，回归结果见表 6-6。其中，模型（1）和（3）为基准模型的回归结果，结果表明，公众环境诉求有利于提升政府部门的绿色技术研发补贴，而在综合模型（2）和（4）中，研发补贴可以显著激励工业绿色全要素生产率的提升，表明研发补贴是公众环境诉求影响工业 GTFP 的重要机制，而加入研发补贴的二次项时，模型（5）和（6）可以发现，二次项系数为在 5% 的显著性水平上为负，表明研发补贴与工业绿色全要素生产率之间的倒"U"型关系显著成立，通过计算倒"U"型的拐点与对比各省市的研发补贴均值，可以发现，当前大部分省份还处于倒"U"型拐点的左侧，仍未达到最优的研发补贴率。

表 6-6　基于研发补贴视角的公众环境诉求对碳绩效维度工业 GTFP 影响的传导机制检验

回归方法 模型 被解释变量	SYS-GMM (1) Rsub	SYS-GMM (2) Ecgtfp	SYS-GMM (3) Rsub	SYS-GMM (4) Ecgtfp	SYS-GMM (5) Ecgtfp	SYS-GMM (6) Ecgtfp
$L.ecgtfp$		0.825 2***		0.901 4***	0.788 7***	0.919 0***
		(0.032 1)		(0.034 3)	(0.073 9)	(0.074 2)
$L.Rsub$	0.726 7***		0.700 3***			
	(0.012 8)		(0.012 5)			
$Rsub$		0.278 5**		0.725 1***	1.978 9***	2.962 9**
		(0.089 4)		(0.171 3)	(0.821 1)	(1.104 2)

续 表

回归方法 模型 被解释变量	SYS-GMM (1) Rsub	SYS-GMM (2) Ecgtfp	SYS-GMM (3) Rsub	SYS-GMM (4) Ecgtfp	SYS-GMM (5) Ecgtfp	SYS-GMM (6) Ecgtfp
$Rsub2$					−2.564 0**	−3.420 6**
					(1.241 8)	(1.512 8)
$Lnpublic$	0.004 8***	0.073 4***			0.129 6***	
	(0.001 2)	(0.010 2)			(0.026 0)	
$Lnappeal$			0.021 3***	0.170 6***		0.167 2***
			(0.002 0)	(0.025 5)		(0.023 9)
Kl	−0.000 2**	−0.009 4***	−0.000 1	−0.007 3***	−0.008 3***	−0.009 1**
	(0.000 1)	(0.001 8)	(0.000 1)	(0.002 0)	(0.002 2)	(0.002 9)
Pe	−0.000 6***	0.009 2***	−0.000 5**	0.010 9***	0.010 9***	0.011 7***
	(0.000 1)	(0.001 5)	(0.000 2)	(0.001 2)	(0.002 1)	(0.001 4)
$Open$	0.049 3***	0.035 7*	0.051 1***	−0.060 2	−0.105 6	−0.013 1
	(0.006 7)	(0.018 3)	(0.013 4)	(0.092 7)	(0.081 3)	(0.102 6)
$Lner$	0.007 2***	0.058 6***	0.003 7**	−0.002 5	0.045 7**	0.013 2
	(0.001 3)	(0.010 5)	(0.001 8)	(0.010 7)	(0.015 0)	(0.010 9)
Gov	−0.006 0	−0.052 6	−0.003 3	0.074 9	−0.192 4**	0.095 9
	(0.013 5)	(0.069 3)	(0.018 3)	(0.079 5)	(0.084 6)	(0.086 9)
$\_Cons$	0.037 8***	0.013 3	−0.032 7***	−0.703 0***	−0.188 0	−1.055 3***
	(0.006 4)	(0.050 9)	(0.008 8)	(0.118 9)	(0.134 3)	(0.242 1)
$AR(2)$	−0.982 1	1.461 8	−0.915 2	0.949 3	1.234 8	0.734 8
P 值	0.326 0	0.143 8	0.360 0	0.342 4	0.216 8	0.462 4
$Sargan$	0.636 1	0.446 6	0.547 2	0.980 1	0.998 7	0.999 1
N	450	450	390	390	450	390

再次，本书基于环境税视角对公众环境诉求影响绿色全要素生产率的传导效应进行检验，回归结果见表6-7。其中，模型(1)和模型(3)结果显示，公众环境诉求对提升环境税具有促进作用，这一点上文已经证实。进一步地，模型(2)和(4)结果显示环境税对绿色全要素生产率产生抑制作用，但在模型(2)中并不显著。而在模型(5)和(6)中，进一步引入环境税的平方项，结果显示环

境税平方项在1%的显著性水平上为正,表明环境税对碳绩效下的工业GTFP的影响存在"U"型关系。由于公众环境诉求对工业GTFP产生正向影响,且公众环境诉求有利于提升政府环境税,暗示当前环境税已经跨越了"U"型的拐点,且环境税的一次项和二次项均保持1%的显著性水平,表明"U"型关系显著。通过与研发补贴的显著性比较,可以发现通过环境税实现碳绩效维度工业GTFP的效果更优。

表6-7 基于环境税视角的公众环境诉求对碳绩效维度工业GTFP影响的传导机制检验

回归方法 模型 被解释变量	SYS-GMM (1) Entax	SYS-GMM (2) Ecgtfp	SYS-GMM (3) Entax	SYS-GMM (4) Ecgtfp	SYS-GMM (5) Ecgtfp	SYS-GMM (6) Ecgtfp
$L.ecgtfp$		0.809 3***		0.788 9***	0.768 9***	0.740 0***
		(0.024 8)		(0.034 0)	(0.027 4)	(0.037 8)
$L.Entax$	0.898 8***		0.879 7***			
	(0.002 9)		(0.005 1)			
$Entax$		−0.002 5		−0.004 9*	−0.013 4***	−0.019 3***
		(0.001 7)		(0.002 9)	(0.002 4)	(0.003 3)
$Entax2$					0.000 3***	0.000 4***
					(0.000 0)	(0.000 1)
$Lnpublic$	0.250 9***	0.070 8***			0.065 2***	
	(0.073 4)	(0.010 8)			(0.010 7)	
$Lnappeal$			0.785 7***	0.147 9***		0.137 0***
			(0.139 5)	(0.022 9)		(0.026 4)
KL	−0.006 1***	−0.008 4***	−0.008 1***	−0.008 4***	−0.009 2***	−0.008 5***
	(0.001 8)	(0.001 7)	(0.001 4)	(0.001 6)	(0.001 7)	(0.001 9)
Pe	−0.127 1***	0.009 5***	−0.134 3***	0.013 4***	0.010 1***	0.013 2***
	(0.005 7)	(0.001 4)	(0.004 1)	(0.001 7)	(0.001 3)	(0.001 9)
$Open$	0.894 9***	0.029 6	0.543 9**	0.037 5*	0.015 5	0.016 3
	(0.169 0)	(0.020 4)	(0.177 5)	(0.020 5)	(0.024 3)	(0.021 5)
$Lner$	0.092 6***	0.053 6***	−0.065 4*	0.037 1***	0.057 7***	0.031 0**
	(0.026 4)	(0.009 6)	(0.037 6)	(0.009 1)	(0.011 1)	(0.009 9)
Gov	1.214 5***	−0.065 8	0.374 7**	0.080 3	−0.052 2	0.030 4

续 表

回归方法 模型 被解释变量	SYS-GMM (1) Entax	SYS-GMM (2) Ecgtfp	SYS-GMM (3) Entax	SYS-GMM (4) Ecgtfp	SYS-GMM (5) Ecgtfp	SYS-GMM (6) Ecgtfp
	(0.354 3)	(0.065 9)	(0.171 8)	(0.061 6)	(0.081 3)	(0.086 1)
_cons	2.145 1***	0.117 8***	0.510 0	−0.427 1***	0.182 9***	−0.245 9*
	(0.121 7)	(0.023 0)	(0.601 6)	(0.114 3)	(0.027 0)	(0.141 3)
AR(2)	−1.345 0	1.409 7	−1.284 4	1.138 6	1.478 5	1.202 7
P 值	0.178 6	0.158 6	0.199 0	0.255 6	0.139 3	0.229 1
Sargan	0.635 2	0.425 8	0.480 2	0.272 5	0.376 7	0.327 8
N	450	450	390	390	450	390

最后，本书对上述传导机制进行稳健性检验，采用 DIFF-GMM 回归方法以及将被解释变量更换为 SBM 方法测算结果进行再检验。这里只对中介模型和综合模型进行稳健性检验，回归结果见表 6-8。模型(1)和模型(2)为公众环境诉求对政府环境治理投入强度的中介效应检验，结果显示，公众环境诉求有力提升政府环境治理强度，进而促进工业绿色全要素生产率提升，公众环境诉求可以有效地倒逼地方政府的环境治理投资进而提升工业碳绩效维度GTFP。其次，对政府的治理方式进行稳健性检验，回归结果见模型(3)—(5)，结果显示，公众环境诉求有利于提升政府绿色技术研发补贴，进而提升绿色全要素生产率，加入研发补贴二次项可以发现，二次项系数为在 1% 的显著性为负，表明当前研发补贴与绿色全要素生产率的关系处于倒"U"型关系的左侧，仍未达到最优的研发补贴强度，公众环境诉求可以通过适当提高政府的研发补贴强度进而提升绿色全要素生产率。而模型(6)—(8)表明：公众环境诉求有利于提升政府的环境税，进而驱动绿色全要素生产率提升，值得注意的是，当引入环境税的一次项时，对工业 GTFP 的影响并不显著；而当引入其二次项时发现其在 1% 的显著性水平为正，表明环境税与绿色全要素生产率之间存在"U"型关系，而公众环境诉求可以提升环境税的强度。由于公众环境诉求对提升碳绩效维度的工业 GTFP 产生直接的正向影响，且当前环境税已经跨越"U"型的拐点，且环境税的效果更优。

第6章 传导机制检验:基于三方共治的中介效应模型

表6-8 公众环境诉求对碳绩效维度工业GTFP影响的政府协同治理效应稳健性检验

回归方法 模型 被解释变量	DIFF-GMM (1) Gz	DIFF-GMM (2) Scgtfp	DIFF-GMM (3) Rsub	DIFF-GMM (4) Scgtfp	DIFF-GMM (5) Scgtfp	DIFF-GMM (6) Entax	DIFF-GMM (7) Scgtfp	DIFF-GMM (8) Scgtfp
L.gz	0.287 9*** (0.042 0)							
gz		0.201 2*** (0.041 1)						
L.scgtfp		0.934 3*** (0.037 3)		0.804 3*** (0.046 8)	0.984 4*** (0.041 2)		0.961 0*** (0.053 0)	0.778 1*** (0.042 0)
L.rsub			0.255 9*** (0.016 4)					
Rsub				0.606 5*** (0.161 8)	4.287 5*** (0.611 6)			
rsub2					−4.829 5*** (0.774 3)			
L.Entax						0.688 6*** (0.014 2)		
Entax							−0.018 4*** (0.002 6)	−0.025 0*** (0.002 7)
Entax2								0.000 5*** (0.000 0)

续 表

回归方法模型 被解释变量	DIFF-GMM (1) Gz	DIFF-GMM (2) Sgtfp	DIFF-GMM (3) Rsub	DIFF-GMM (4) Sgtfp	DIFF-GMM (5) Sgtfp	DIFF-GMM (6) Entax	DIFF-GMM (7) Sgtfp	DIFF-GMM (8) Sgtfp
Lnpublic	0.101 1*** (0.021 0)	0.031 7*** (0.007 1)	0.004 0*** (0.000 6)	0.067 5*** (0.014 9)	0.056 0*** (0.011 1)	0.291 0** (0.110 5)	0.039 6*** (0.011 2)	0.074 0*** (0.010 8)
Kl	0.004 4* (0.002 4)	−0.015 0*** (0.003 0)	0.000 3** (0.000 1)	−0.016 0*** (0.002 3)	−0.021 4*** (0.002 0)	−0.105 4*** (0.005 7)	−0.019 9*** (0.002 1)	−0.013 9*** (0.002 7)
Pe	0.006 0*** (0.001 1)	0.012 8*** (0.002 3)	−0.002 2*** (0.000 3)	0.018 2*** (0.002 7)	0.018 2*** (0.002 1)	−0.061 8*** (0.006 0)	0.014 5*** (0.001 8)	0.018 8*** (0.002 5)
Open	−0.236 9*** (0.113 3)	0.213 4 (0.161 3)	0.048 8*** (0.007 1)	−0.153 6*** (0.024 5)	0.028 1 (0.036 6)	0.943 4*** (0.294 8)	0.103 7 (0.117 9)	−0.068 2 (0.076 2)
Lner	−0.027 5 (0.021 1)	0.055 0** (0.017 2)	0.008 0*** (0.001 5)	0.118 0*** (0.018 6)	0.082 4*** (0.017 9)	0.447 1*** (0.058 6)	0.067 1*** (0.021 1)	0.101 0*** (0.014 9)
Gov	−0.545 5*** (0.086 1)	0.355 2** (0.109 9)	−0.008 9 (0.013 3)	0.080 9 (0.104 0)	0.200 9** (0.062 0)	1.273 8*** (0.565 1)	0.207 2*** (0.081 2)	0.126 0 (0.100 9)
_cons	0.808 1*** (0.051 6)	−0.302 9*** (0.074 4)	0.168 9*** (0.014 5)	−0.150 0* (0.077 5)	−0.853 8*** (0.104 6)	2.801 8*** (0.270 0)	0.075 8** (0.031 3)	0.126 5** (0.040 2)
AR(2)	−1.224 3	0.763 2	−1.335 7	0.644 8	0.469 7	−1.335 5	0.590 1	0.709 2
P值	0.220 8	0.445 4	0.181 6	0.519 0	0.638 6	0.181 7	0.555 1	0.478 2
Sargan	0.987 2	0.469 2	0.449 1	0.896 2	0.326 0	0.998 0	0.358 4	0.993 0
N	420	420	420	420	420	420	420	420

6.2 产业结构升级效应在公众环境诉求影响工业 GTFP 中的传导作用

6.2.1 模型设定与检验

上文从政府的视角,检验了政府环境协同治理效应在公众环境诉求对提升工业绿色全要素生产率中的传导作用。政府环境治理对提升工业绿色全要素生产率的影响会产生时滞性,从回应公众关切到政策实施存在时间差,并不能完全满足公众持续增长的环境诉求。而事实上,与其通过政府环境治理投资的方式提升工业绿色发展绩效,公众更为迫切地渴求对地区的产业结构进行调整,进而从根本上提升工业绿色发展效率。从产业层面来看,已有文献探究了产业结构优化对环境效率提升所产生的正外部性。韩永辉等(2016)基于空间面板模型,考察产业结构升级的生态效应,结果表明产业结构合理化对提升本地生态绩效产生驱动作用,而产业结构高级化会产生"本地-邻地"生态效率提升的全局效应。李虹和邹庆(2018)认为产业转型是城市转型进而实现可持续发展的关键。史丹等(2020b)同样指出产业结构的变动对提升绿色GTFP 产生促进的影响,对经济高质量增长产生"结构性红利",与此同时,产业结构升级也可能诱发区域经济增长分化。为此,本书将从产业结构升级的视角,构建中介效应模型探究公众环境诉求对工业 GTFP 增长的产业结构升级效应。具体中介效应模型如下:

$$gtfp_{it} = \alpha_0 + \alpha_1 gtfp_{it-1} + \alpha_2 ln public_{it} + \sum \alpha_i X_{it} + \mu_i + \lambda_t + \varepsilon_{it} \quad (6.7)$$

$$gtfp_{it} = \beta_0 + \beta_1 gtfp_{it-1} + \beta_2 ln appeal_{it} + \sum \beta_i X_{it} + \mu_i + \lambda_t + \varepsilon_{it} \quad (6.8)$$

$$jg_{it} = \gamma_0 + \gamma_1 jg_{it-1} + \gamma_2 ln public_{it} + \sum \gamma_i X_{it} + \mu_i + \lambda_t + \varepsilon_{it} \quad (6.9)$$

$$jg_{it} = \phi_0 + \phi_1 jg_{it-1} + \phi_2 ln appeal_{it} + \sum \phi_i X_{it} + \mu_i + \lambda_t + \varepsilon_{it} \quad (6.10)$$

$$gtfp_{it} = \theta_0 + \theta_1 gtfp_{it-1} + \theta_2 ln public_{it} + \theta_3 jg_{it} + \sum \theta_i X_{it} + \mu_i + \lambda_t + \varepsilon_{it}$$
$$(6.11)$$

$$gtfp_{it} = \kappa_0 + \kappa_1 gtfp_{it-1} + \kappa_2 lnappeal_{it} + \kappa_3 jg_{it} + \sum \beta_i X_{it} + \mu_i + \lambda_t + \varepsilon_{it}$$
(6.12)

式(6.7)、(6.9)和(6.11)指的是公众环境参与表征的公众环境诉求对提升工业绿色全要素影响的产业结构升级效应；而式(6.8)、(6.10)和(6.12)指的是公众环境关注表征的公众环境诉求对提升工业绿色全要素影响的产业结构升级效应。式(6.7)和式(6.10)为公众环境诉求对工业绿色全要素生产率的基准影响，称为基准模型；式(6.9)和式(6.10)为公众环境诉求对政府治理的影响，即对中介变量的影响，称为中介模型；而式(6.11)和式(6.12)为公众环境诉求与政府治理对提升工业绿色全要素生产率的综合影响，称为综合模型。根据中介效应的原理，在 α_2、β_2 保持显著的前提下，对于中介模型和综合模型存在以下两种情况：① 如果 γ_2、ϕ_2、θ_3、κ_3 均不显著，代表不存在中介效应；② 如果 γ_2、θ_2、θ_3、ϕ_2、κ_2 以及 κ_3 均显著，表明存在产业结构升级的中介效应。而对产业结构升级的衡量指标采用产业结构合理化和高级化表征，具体来说，产业结构高级化采用付凌晖(2010)和曾刚等(2021)的夹角余弦法定义，基于三产增加值占 GDP 的比重构成空间三维向量 $X_0(x_{1,0}, x_{2,0}, x_{3,0})$，其次分别计算其与不同产业层次向量 $X_1=(1,0,0); X_2=(0,1,0); X_3=(0,0,1)$ 的不同夹角，分别记为 $\theta_1, \theta_2, \theta_3$，据此基于计算公式为：

$$\theta_j = \arccos\left(\frac{\sum_{i=1}^{3}(x_{i,j} \cdot x_{i,0})}{(\sum_{i=1}^{3}(x_{i,j}^2)^{1/2} \cdot \sum_{i=1}^{3}(x_{i,0}^2)^{1/2})}\right), j=1,2,3$$

其中，θ_j 代表不同向量的弧度值，而产业结构高级化指标为：$ois = \sum_{k=1}^{3}\sum_{j=1}^{k}\theta_j$，而该值表征产业发展由低级到高级的动态度，指标值越大，产业结构高级化程度越高。此外，产业结构合理化指标参考干春晖等(2011)、李虹和邹庆(2018)的方法，采用泰尔指数的方法设定为 $ris = \sum_{i=1}^{3}\left(\frac{Y_i}{Y}\ln\left(\frac{\frac{Y_i}{L_i}}{\frac{Y}{L}}\right)\right)$，其中 i 代表产业，而 Y 和 L 代表总产值与就业人数，且 Y_i 表示 i 产业增加值，L_i 表示

i 产业就业人数,即采用产出结构和就业结构反映产业结构合理化,反映地区资源在产业中的配置合理性,而基于泰尔指数测算的产业结构合理化指标,为逆向指标,该值越大表征产业之间的配置越不合理,产业间的协调性越差。

6.2.2 基于环境绩效维度工业 GTFP 的影响检验

表6-9为基于产业结构高级化视角下,公众环境诉求对环境绩效维度工业 GTFP 影响的产业结构升级传导机制检验结果。其中,模型(1)—(3)和模型(7)—(9)为分别采用 SYS-GMM 和 DIFF-GMM 回归方法,公众环境参与($Lnpublic$)对环境绩效维度工业 GTFP 影响的产业结构升级机制检验结果;模型(4)—(6)和模型(10)—(12)为分别采用 SYS-GMM 和 DIFF-GMM 回归方法,公众环境关注($Lnappeal$)对环境绩效维度工业 GTFP 影响的产业结构升级机制的检验结果。从基准模型(1)、(4)、(7)和(10)来看,公众环境诉求对提升环境绩效维度的工业 GTFP 影响均为正,表明公众环境诉求在提升工业绿色发展绩效中发挥重要作用;而在中介模型(2)、(5)、(8)和(11)结果显示,公众环境诉求对产业结构高级化水平的影响至少在5%的显著性水平上为正,结果表明公众环境诉求显著提升地区产业结构高级化水平。不难理解,随着地区公众环境诉求的提升,会驱动产业结构调整升级,例如在工业化发展初期,依托着资源优势助力工业发展驱动经济的快速发展,而随着公众环境意识的增强,公众对环境质量需求超越了对经济增长的发展需要。为此,在工业化发展后期,城市发展会逐渐呈现都市轻工业的发展模式。最后再结合综合模型(3)、(6)、(9)和(12)结果显示,公众环境诉求与产业结构高级化对提升环境绩效维度工业 GTFP 的影响均保持1%的显著性水平为正,结果显示公众环境诉求可以倒逼产业转型,促进产业结构由低级向高级转化,传统劳动与资本密集型过渡到以知识密集型为主的产业结构,而创新驱动型企业发展使得能源强度得以下降,提高产业生态效率,驱动地区工业绿色全要素生产率提升。

进一步地,本书从产业结构合理化视角,对公众环境诉求对环境绩效维度的工业 GTFP 提升的传导机制进一步检验,回归结果见表6-10。其中,模型(1)—(3)和模型(7)—(9)为分别采用 SYS-GMM 和 DIFF-GMM 回归方法,公众环境参与($Lnpublic$)对环境绩效维度工业 GTFP 影响的产业结构升级机制检验结果;模型(4)—(6)和模型(10)—(12)为分别采用 SYS-GMM 和 DIFF-GMM

表6-9 公众环境诉求对环境绩效维度工业GTFP影响的传导机制检验：产业升级效应——产业高级化视角

回归方法 被解释变量 模型	SYS-GMM ESGTFP (1)	SYS-GMM LNGJ (2)	SYS-GMM ESGTFP (3)	SYS-GMM ESGTFP (4)	SYS-GMM LNGJ (5)	SYS-GMM ESGTFP (6)	DIFF-GMM ESGTFP (7)	DIFF-GMM LNGJ (8)	DIFF-GMM ESGTFP (9)	DIFF-GMM ESGTFP (10)	DIFF-GMM LNGJ (11)	DIFF-GMM ESGTFP (12)
$L.esgtfp$	0.841 1***		0.863 1***	0.840 6***		0.803 4***	0.837 8***		0.636 0***	1.142 4***		0.823 4***
	(0.027 1)		(0.026 0)	(0.021 4)		(0.023 8)	(0.041 0)		(0.069 0)	(0.030 3)		(0.070 1)
$L.lngj$		0.500 6***			0.480 5***			0.321 8***			0.381 4***	
		(0.039 7)			(0.027 1)			(0.021 5)			(0.024 3)	
$lngj$			1.076 1**			1.157 2**			5.323 4***			1.292 3**
			(0.467 2)			(0.553 7)			(1.060 4)			(0.585 9)
$lnpublic$	0.038 7***	0.002 6***	0.038 6***				0.038 8***	0.001 2***	0.042 2***			
	(0.007 8)	(0.000 6)	(0.009 7)				(0.009 3)	(0.000 6)	(0.008 3)			
$lnappeal$				0.142 0***	0.007 6***	0.126 5***				0.111 8***	0.005 1***	0.111 8***
				(0.023 5)	(0.000 8)	(0.025 6)				(0.022 7)	(0.000 5)	(0.018 8)
控制变量	YES	YES	YES	YES	YES	YES	YES	YES	YES	YES	YES	YES
$\_cons$	0.202 2***	0.909 0***	−1.728 8**	−0.332 7***	0.913 9***	−2.294 8***	0.192 2***	1.240 9***	−9.468 4***	−0.385 5***	1.111 6***	−2.569 7**
	(0.013 7)	(0.071 8)	(0.843 5)	(0.097 6)	(0.051 1)	(1.005 2)	(0.015 4)	(0.039 9)	(1.929 6)	(0.093 3)	(0.044 9)	(1.083 8)
$AR(2)$	1.638 9	−0.139 1	1.597 6	1.456 6	0.336 5	1.427 0	1.605 4	−0.073 8	1.600 2	1.473 3	0.368 5	1.458 8
P值	0.101 2	0.889 4	0.110 1	0.145 2	0.736 5	0.153 6	0.108 4	0.941 2	0.109 6	0.140 7	0.712 5	0.144 6
$Sargan$	0.997 6	0.358 7	0.429 5	0.816 3	0.215 3	0.828 1	0.874 3	0.293 1	0.995 7	0.145 5	0.747 8	0.200 2
N	450	450	450	390	390	390	420	420	420	360	360	360

第6章 传导机制检验:基于三方共治的中介效应模型

表6-10 公众环境诉求对环境绩效维度工业GTFP影响的传导机制检验:产业升级效应——产业合理化视角

回归方法 被解释变量 模型	SYS-GMM ESGTFP (1)	SYS-GMM LNGJ (2)	SYS-GMM ESGTFP (3)	SYS-GMM ESGTFP (4)	SYS-GMM LNGJ (5)	SYS-GMM ESGTFP (6)	DIFF-GMM ESGTFP (7)	DIFF-GMM LNGJ (8)	DIFF-GMM ESGTFP (9)	DIFF-GMM ESGTFP (10)	DIFF-GMM LNGJ (11)	DIFF-GMM ESGTFP (12)
L.esgtfp	0.841 1***		0.791 0***	0.840 6***		0.814 9***	0.837 8***		0.833 1***	1.142 4***		0.903 0***
	(0.027 1)		(0.030 4)	(0.021 4)		(0.031 0)	(0.041 0)		(0.061 0)	(0.030 3)		(0.069 8)
L.lnhl		0.931 8***			0.977 9***			0.494 8***			0.436 6***	
		(0.041 9)			(0.010 8)			(0.048 6)			(0.051 7)	
lnhl			−0.082 5***			−0.054 6***			−0.094 5***			−0.051 3**
			(0.016 7)			(0.017 3)			(0.022 5)			(0.025 2)
lnpublic	0.038 7***	−0.013 1**	0.037 6***		−0.026 3***		0.038 8***	−0.012 5***	0.036 5***		−0.036 6**	0.081 4**
	(0.007 8)	(0.005 2)	(0.008 5)		(0.008 6)		(0.009 3)	(0.003 3)	(0.009 0)		(0.012 9)	(0.033 9)
lnappeal				0.142 0***	0.119 8***	0.126 6***				0.111 8***		
				(0.023 5)	(0.030 8)	(0.026 8)				(0.022 7)		
_cons	0.202 2***	−0.022 5	0.158 9***	−0.332 7***	−0.531 1	−0.260 4**	0.192 2***	−0.571 4***	0.105 5***	−0.385 5***	−0.513 2***	−0.244 9**
	(0.013 7)	(0.058 0)	(0.047 2)	(0.097 6)	(0.030 8)	(0.098 0)	(0.015 4)	(0.059 3)	(0.028 5)	(0.093 3)	(0.067 0)	(0.095 2)
AR(2)	1.638 9	−0.494 5	1.586 3	1.456 6	0.595 3	1.429 0	1.605 4	−0.367 2	1.578 8	1.473 3	−0.519 1	1.498 5
P值	0.101 2	0.620 9	0.112 7	0.145 2	0.368 8	0.153 0	0.108 4	0.713 5	0.114 4	0.140 7	0.603 7	0.134 0
Sargan	0.997 6	0.999 4	0.997 6	0.816 3	0.368 8	0.845 7	0.874 3	0.905 3	0.900 4	0.145 5	0.841 3	0.252 4
控制变量	YES	YES	YES	YES	YES	YES	YES	YES	YES	YES	YES	YES
N	450	450	450	390	390	390	420	420	420	360	360	360

回归方法,公众环境关注($Lnappeal$)对环境绩效维度工业 GTFP 影响的产业结构升级机制的检验结果。从基准模型(1)、(4)、(7)和(10)来看,公众环境诉求对提升工业环境绩效产生激励效应;从中介模型(2)、(5)、(8)和(11)结果显示,公众环境诉求对产业结构合理化的影响至少在 5% 的显著性水平上为负,由于产业结构合理化水平为逆向指标,表明公众环境诉求对提升产业结构合理化水平具有激励作用。通常而言,产业间协调程度以及产业内资源利用程度是产业结构合理化的重要内容,公众对环境的诉求会增强地区产业间的耦合与产业内的资源利用程度,提升产业结构合理性。最后结合综合模型(3)、(6)、(9)和(12)结果显示,公众环境诉求对提升环境绩效维度工业 GTFP 的影响仍然为正,而产业结构合理化对环境绩效维度工业 GTFP 的影响为负,表明产业结构合理化在公众环境诉求对提升环境绩效维度的工业 GTFP 均存在中介作用,通过产业经济系统的合理化配置重塑区域的产业格局,进而提升地区的环境绩效。

6.2.3 基于碳绩效维度工业 GTFP 的影响检验

进一步地,本书从产业结构高级化视角,检验公众环境诉求对碳绩效维度工业 GTFP 影响的产业结构升级传导机制检验结果,回归结果见表 6-11。其中,模型(1)—(3)和模型(7)—(9)为分别采用 SYS-GMM 和 DIFF-GMM 回归方法,公众环境参与($Lnpublic$)对碳绩效维度工业 GTFP 影响的产业结构升级机制检验结果;模型(4)—(6)和模型(10)—(12)为分别采用系统 SYS-GMM 和差分 DIFF-GMM 回归方法,公众环境关注($Lnappeal$)对碳绩效维度工业 GTFP 影响的产业结构升级机制的检验结果。从基准模型(1)、(4)、(7)和(10)来看,公众环境诉求对提升碳绩效维度工业 GTFP 影响均为正,进一步表明公众环境诉求在提升工业碳绩效中发挥重要作用。而在中介模型(2)、(5)、(8)和(11)结果显示,公众环境诉求对产业结构高级化水平的影响至少在 5% 的显著性水平上为正,表明公众环境诉求有利于提升地区产业结构高级化水平。最后结合综合模型(3)、(6)、(9)和(12)结果显示,公众环境诉求与产业结构高级化对提升碳绩效维度工业 GTFP 的影响均保持 1% 的显著性水平为正,结果表明公众环境诉求可以通过提升地区的产业结构高级化水平,进而影响碳绩效维度的工业 GTFP。

此外,从产业结构合理化视角分析公众环境诉求对碳绩效维度工业 GTFP 影响的产业结构升级传导机制检验结果,回归结果见表 6-12,结果显示,

第6章 传导机制检验:基于三方共治的中介效应模型

表6-11 公众环境诉求对碳绩效维度工业GTFP影响的传导机制检验:产业升级效应——产业结构高级化视角

回归方法 解释变量 模型	SYS-GMM ECGTFP (1)	SYS-GMM LNGJ (2)	SYS-GMM ECGTFP (3)	SYS-GMM ECGTFP (4)	SYS-GMM LNGJ (5)	SYS-GMM ECGTFP (6)	DIFF-GMM ECGTFP (7)	DIFF-GMM LNGJ (8)	DIFF-GMM ECGTFP (9)	DIFF-GMM ECGTFP (10)	DIFF-GMM LNGJ (11)	DIFF-GMM ECGTFP (12)
L.ecgtfp	0.785 4***		0.760 2***	0.783 6***		0.759 7***	0.784 0***		0.630 4***	0.797 2***		0.590 9***
	(0.020 2)		(0.023 3)	(0.023 8)		(0.033 6)	(0.055 1)		(0.059 5)	(0.057 5)		(0.051 8)
L.lngj		0.500 6***			0.480 5***			0.321 8***			0.381 4***	
		(0.039 7)			(0.027 1)			(0.021 5)			(0.024 3)	
lngj			2.375 6***			2.296 2***			2.538 4***			2.771 3***
			(0.561 0)			(0.609 2)			(0.755 1)			(0.708 5)
lnpublic	0.080 4***	0.002 6***	0.059 5***		0.007 6***	0.120 2***	0.048 6***	0.001 2**	0.058 6***		0.005 1***	
	(0.009 4)	(0.000 6)	(0.011 4)		(0.000 8)	(0.028 1)	(0.007 5)	(0.000 6)	(0.007 7)		(0.000 5)	
lnappeal				0.165 7***						0.113 4***		0.103 9***
				(0.020 8)						(0.022 9)		(0.025 9)
控制变量	YES	YES	YES	YES	YES	YES	YES	YES	YES	YES	YES	YES
_cons	0.098 3***	0.909 0***	−4.187 3***	−0.566 7***	0.913 9***	−4.476 8***	0.142 9***	1.240 9***	−4.407 9***	−0.337 1***	1.111 6***	−5.217 1***
	(0.027 2)	(0.071 8)	(1.017 0)	(0.092 4)	(0.051 1)	(1.086 1)	(0.024 5)	(0.039 9)	(1.361 7)	(0.097 9)	(0.044 9)	(1.270 1)
AR(2)	1.457 6	−0.139 1	1.322 3	1.192 3	0.336 5	1.042 7	1.293 3	−0.073 8	1.334 1	1.334 1	1.078 3	0.991 9
P值	0.145 0	0.889 4	0.186 1	0.233 1	0.736 5	0.297 1	0.195 9	0.941 2	0.182 2	0.182 2	0.280 9	0.321 2
Sargan	0.931 8	0.358 7	0.400 0	0.815 4	0.215 3	0.874 4	0.304 3	0.293 1	1.000 0	0.995 7	0.246 6	0.701 7
N	450	450	450	390	390	390	420	420	420	360	360	360

表 6-12 公众环境诉求对碳绩效维度工业 GTFP 影响的传导机制检验:产业升级效应——产业结构合理化视角

回归方法 被解释变量 模型	SYS-GMM ECGTFP (1)	SYS-GMM LNHL (2)	SYS-GMM ECGTFP (3)	SYS-GMM ECGTFP (4)	SYS-GMM LNHL (5)	SYS-GMM ECGTFP (6)	DIFF-GMM ECGTFP (7)	DIFF-GMM LNHL (8)	DIFF-GMM ECGTFP (9)	DIFF-GMM ECGTFP (10)	DIFF-GMM LNHL (11)	DIFF-GMM ECGTFP (12)
L.ecgtfp	0.785 4***		0.710 6***	0.783 6***		0.729 8***	0.784 0***		0.810 8***	0.797 2***		0.702 3***
	(0.020 2)		(0.032 4)	(0.023 8)		(0.035 1)	(0.055 1)		(0.038 7)	(0.057 5)		(0.044 7)
L.lnhl		0.931 8***			0.977 9***			0.494 8***			0.436 6***	
		(0.041 9)			(0.010 8)			(0.048 6)			(0.051 7)	
lnpublic	0.080 4***	−0.013 1**	0.063 1***				0.048 6***	−0.012 5***	0.046 8***			
	(0.009 4)	(0.005 2)	(0.010 0)				(0.007 5)	(0.003 3)	(0.010 4)			
lnhl			−0.180 0***			−0.177 7***			−0.226 5***			−0.211 5**
			(0.039 8)			(0.045 9)			(0.050 2)			(0.073 4)
lnappeal				0.165 7***	−0.026 3**	0.126 5***				0.113 4***	−0.036 6**	0.056 0**
				(0.020 8)	(0.008 6)	(0.027 5)				(0.022 9)	(0.012 9)	(0.018 1)
控制变量	YES	YES	YES	YES	YES	YES	YES	YES	YES	YES	YES	YES
_cons	0.179 0***	−0.041 6	0.012 2	−0.304 0***	0.146 6**	−0.253 0***	0.195 5***	−0.412 0***	0.120 7***	−0.451 5***	−0.241 1***	−0.377 4***
	(0.046 9)	(0.061 0)	(0.039 4)	(0.062 5)	(0.071 1)	(0.058 2)	(0.029 6)	(0.072 7)	(0.031 6)	(0.091 0)	(0.058 0)	(0.094 4)
AR(2)	1.457 6	−0.494 5	1.201 6	1.192 3	−0.531 1	0.916 4	1.293 3	−0.367 2	1.068 8	1.078 3	−0.519 1	0.954 4
P 值	0.145 0	0.620 9	0.229 5	0.233 1	0.595 3	0.359 5	0.195 9	0.713 5	0.285 2	0.280 9	0.603 7	0.339 8
Sargan	0.931 8	0.999 4	0.409 7	0.815 4	0.368 8	0.260 0	0.304 3	0.905 3	0.400 7	0.246 6	0.841 3	0.754 7
N	450	450	450	390	390	390	420	420	420	360	360	360

· 194 ·

在不同回归方法下,中介模型(2)、(5)、(8)和(11)以及综合模型(3)、(6)、(9)和(12)中,公众环境诉求对产业结构合理化的影响至少在5%的显著性水平上为负,公众环境诉求会显著提升产业结构合理化水平,且在综合模型中,公众环境诉求依旧保持1%的显著性水平为正,而产业结构合理化仍然保持至少5%的显著性水平为负,表明产业结构合理化的中介效应的成立。为此,从产业层面来看,产业结构合理化与高级化水平提升同样是公众环境诉求影响工业碳绩效维度的重要传导路径。

6.3 绿色技术创新效应在公众环境诉求影响工业GTFP中的传导作用

6.3.1 模型设定与检验

从企业层面而言,"自下而上"的公众环境诉求激励企业进行绿色技术创新,进而减少能源消耗,提升工业绿色全要素生产率。不可否认,公众对于环境污染的投诉、举报会倒逼地方政府对污染企业的监管,监管部门会责令污染企业增强技术升级,而绿色技术创新已然是当前提升工业绿色全要素生产率,改善环境质量的重要手段(Acemoglu等,2012;董直庆和王辉,2019)。"波特假说"指出,恰当的环境规制有利于激励企业技术创新,反而可以平抑环境规制所带来的成本效应,最终提升企业绩效(Porter,1991)。Perino和Requate(2012)基于绿色技术扩散假说指出,在环境规制作用下,鉴于骤增的环境污染成本,企业有动机在市场上购买绿色技术或者进行自主绿色技术创新,从而激励区域整体绿色技术创新的产生或扩散,改善区域环境质量。王晓祺等(2020)利用上市公司的数据,指出新《环保法》的实施有利于提升重型污染企业的绿色技术创新能力,表明"波特假说"的有效性,其中一个重要的传导机制在于新《环保法》中引入了公众的监督机制,可以有效提升企业对于环境污染信息披露的透明度,减少信息不对称风险,倒逼企业加强绿色技术创新研发,且绿色技术创新效应在国有企业以及利润较低的市场、中西部地区更为显著。此外,Liao和Shi(2018)在研究中国的环境问题强调公众的环境诉求可以有效提升绿色投资,为绿色技术创新提供充足的资本保障,降低环境污染。为此,构建中介效应模型,探究公众环境诉求对工业绿色 GTFP 影响的企业绿色技术创新效应。

$$gtfp_{it} = \alpha_0 + \alpha_1 gtfp_{it-1} + \alpha_2 lnpublic_{it} + \sum \alpha_i X_{it} + \mu_i + \lambda_t + \varepsilon_{it} \tag{6.13}$$

$$gtfp_{it} = \beta_0 + \beta_1 gtfp_{it-1} + \beta_2 lnappeal_{it} + \sum \beta_i X_{it} + \mu_i + \lambda_t + \varepsilon_{it} \tag{6.14}$$

$$inno_{it} = \gamma_0 + \gamma_1 jg_{it-1} + \gamma_2 lnpublic_{it} + \sum \gamma_i X_{it} + \mu_i + \lambda_t + \varepsilon_{it} \tag{6.15}$$

$$inno_{it} = \phi_0 + \phi_1 jg_{it-1} + \phi_2 lnappeal_{it} + \sum \phi_i X_{it} + \mu_i + \lambda_t + \varepsilon_{it} \tag{6.16}$$

$$gtfp_{it} = \theta_0 + \theta_1 gtfp_{it-1} + \theta_2 lnpublic_{it} + \theta_3 inno_{it} + \sum \theta_i X_{it} + \mu_i + \lambda_t + \varepsilon_{it} \tag{6.17}$$

$$gtfp_{it} = \kappa_0 + \kappa_1 gtfp_{it-1} + \kappa_2 lnappeal_{it} + \kappa_3 inno_{it} + \sum \beta_i X_{it} + \mu_i + \lambda_t + \varepsilon_{it} \tag{6.18}$$

式(6.13)、(6.15)和(6.17)指的是公众环境参与表征的公众环境诉求对提升工业绿色全要素影响的企业绿色技术创新效应;式(6.14)、(6.16)和(6.18)指的是公众环境关注表征的公众环境诉求对提升工业绿色全要素影响的企业绿色技术创新效应。式(6.13)和式(6.14)为公众环境诉求对工业绿色全要素生产率的基准影响,称为基准模型;式(6.15)和式(6.16)为公众环境诉求对企业绿色技术创新影响,即对中介变量的影响,称为中介模型;式(6.17)和式(6.18)为公众环境诉求与企业绿色技术创新对提升工业绿色全要素生产率的综合影响,称为综合模型。根据中介效应的原理,在 α_2、β_2 保持显著的前提下,对于中介模型和综合模型存在以下两种情况:① 如果 γ_2、ϕ_2、θ_3、κ_3 均不显著,代表不存在中介效应;② 如果 γ_2、θ_2、θ_3、ϕ_2、κ_2 以及 κ_3 均显著,表明存在企业绿色技术创新的中介效应。其中,企业绿色技术创新 $inno_{it}$ 的指标参考齐绍洲等(2018)的做法,采用绿色发明专利授权量表征,原因在于绿色发明专利授权量更能反映地区的实际绿色创新能力(齐绍洲等,2017),数据来源于国家知识产权局专利数据库,并匹配世界知识产权组织(WIPO)推出的国际专利绿色清单(IPC Green Inventory),由地级市数据汇总至省级层面。

6.3.2 基于环境绩效维度工业 GTFP 的影响检验

表 6-13 为从企业视角下,考察公众环境诉求对环境绩效维度工业GTFP 影响的企业绿色技术创新传导机制检验结果。其中,模型(1)—(3)和模型(7)—(9)为分别基于 SYS-GMM 和 DIFF-GMM 的回归方法,公众环境参与($Lnpublic$)对环境绩效维度工业 GTFP 影响的绿色技术创新机制检验结果;模型(4)—(6)和模型(10)—(12)为分别基于 SYS-GMM 和 DIFF-GMM 回归方法下,公众环境关注($Lnappeal$)对环境绩效维度工业 GTFP 影响的绿色技术创新机制检验结果。从基准模型(1)、(4)、(7)和(10)来看,公众环境诉求对提升环境绩效维度的工业 GTFP 影响均为正,表明公众环境诉求在提升工业绿色发展绩效中发挥重要作用;而在中介模型(2)、(5)、(8)和(11)结果显示,公众环境诉求对企业绿色技术创新均保持 1% 的显著性水平为正,结果表明公众环境诉求显著提升地区的绿色技术创新水平。可能的原因在于,一方面,公众不仅通过互联网的载体表达了对于环境问题的关注,而且身体力行地在行动上加快清洁能源的消费需求,促使能源消费结构向清洁能源转变,企业为了利润最大化的目标,满足消费者的清洁绿色消费需求,因此,增强绿色技术的研发与使用,激励企业的绿色技术创新。另一方面,公众通过投诉等方式参与到环境治理中,上级政府抑或环保机构针对公众的环境投诉会加大环境整治力度,进而倒逼企业进行转型升级,而事实上,通过"关停并转"等虽然可以在短期内可以降低污染的排放,改善环境质量,但是从长期来看,提升绿色技术创新能力才是企业实现可持续发展的重要方式。

最后再结合综合模型(3)、(6)、(9)和(12)的结果显示,公众环境诉求与绿色技术创新对提升环境绩效维度工业 GTFP 的影响均保持 1% 的显著性水平为正,结果显示绿色技术创新是公众环境诉求影响环境绩效维度工业GTFP 的重要传导机制。主要原因在于,公众对绿色消费产品的需求会激励企业的绿色创新动机,而提升绿色创新能力也是当下工业企业转型升级的关键一环。此外,绿色技术创新会显著提升环境绩效维度的工业绿色全要素生产率,不难理解,绿色技术创新可以有效降低能源强度、全面提升能源利用效率,从而加快环境绩效维度工业 GTFP 提升,改善环境质量,证实了企业绿色技术创新效应在公众环境诉求对提升环境绩效维度工业 GTFP 的传导作用。

6.3.3 基于碳绩效维度工业 GTFP 的影响检验

从碳绩效维度检验公众环境诉求对工业 GTFP 影响的企业绿色技术创新效应,回归结果见表 6-14。其中,模型(1)—(3)和模型(7)—(9)为分别采用 SYS-GMM 和 DIFF-GMM 回归方法,公众环境参与($Lnpublic$)对碳绩效维度工业 GTFP 影响的绿色技术创新机制检验结果;模型(4)—(6)和模型(10)—(12)为分别采用 SYS-GMM 和 DIFF-GMM 回归方法,公众环境关注($Lnappeal$)对碳绩效维度工业 GTFP 影响的绿色技术创新机制检验结果。而在中介模型(2)、(5)、(8)和(11)结果显示,公众环境诉求对企业绿色技术创新均保持1%的显著性水平为正,表明公众环境诉求驱动企业绿色技术创新,这在前文中已经得到证实。从综合模型(3)、(6)、(9)和(12)结果显示,公众环境诉求与绿色技术创新对提升碳绩效维度工业 GTFP 的影响均保持1%的显著性水平为正,结果表明,公众环境诉求激励企业增强绿色技术创新,促进技术进步呈现环境友好偏向特征,全面提高生态效率,是降低碳排放的重要方式;另一方面,碳排放在空间上往往存在空间集聚特征,通过加大绿色技术的研发投入,全面提升企业的绿色技术创新水平,尤其是针对高污染排放的企业,实现碳减排的规模效应,全面提升碳绩效维度的工业 GTFP。因此,公众环境诉求通过影响绿色技术创新进而提升碳绩效维度工业 GTFP。综上而言,无论是环境绩效维度还是碳绩效维度,绿色技术创新效应是公众环境诉求影响工业绿色全要素生产率的重要传导机制,企业的绿色技术创新效应在三方治理体系中起到关键作用。

第6章 传导机制检验：基于三方共治的中介效应模型

表6-13 公众环境诉求对环境绩效维度工业GTFP影响的传导机制检验：绿色技术创新效应

回归方法 被解释变量 模型	SYS-GMM esgtfp (1)	SYS-GMM inno (2)	SYS-GMM esgtfp (3)	SYS-GMM esgtfp (4)	SYS-GMM inno (5)	SYS-GMM esgtfp (6)	DIFF-GMM esgtfp (7)	DIFF-GMM inno (8)	DIFF-GMM esgtfp (9)	DIFF-GMM esgtfp (10)	DIFF-GMM inno (11)	DIFF-GMM esgtfp (12)
L.esgtfp	0.841 1*** (0.027 1)		0.854 4*** (0.015 8)	0.840 6*** (0.021 4)		0.849 5*** (0.026 3)	0.932 9*** (0.048 1)		0.897 1*** (0.071 0)	0.917 1*** (0.052 0)		0.940 4*** (0.028 2)
L.inno		0.480 9*** (0.032 6)			0.575 1*** (0.032 8)			0.188 4*** (0.033 6)			0.362 1*** (0.058 1)	
inno			0.044 1*** (0.009 3)		0.050 9*** (0.012 3)				0.067 8*** (0.013 1)			0.080 0*** (0.012 4)
lnpublic	0.038 7*** (0.007 8)	0.398 9*** (0.070 4)	0.028 3** (0.009 7)				0.033 2*** (0.005 8)	0.466 4*** (0.053 4)	0.021 3*** (0.008 4)			
lnappeal				0.142 0*** (0.023 5)	0.212 5*** (0.039 7)	0.128 4*** (0.017 6)				0.126 3*** (0.019 9)	0.102 9*** (0.027 2)	0.127 6*** (0.022 1)
控制变量	YES	YES	YES	YES	YES	YES	YES	YES	YES	YES	YES	YES
_cons	0.202 2*** (0.013 7)	0.159 8 (0.169 7)	0.168 6*** (0.013 7)	−0.332 7*** (0.097 6)	−0.173 3 (0.203 6)	−0.264 0*** (0.074 6)	0.151 0*** (0.019 0)	0.504 9*** (0.128 8)	0.108 8*** (0.021 6)	−0.367 9*** (0.087 9)	0.704 5** (0.257 2)	−0.445 5*** (0.086 7)
AR(2)	1.638 9	0.295 9	1.497 2	1.456 6	0.564 7	1.349 4	1.588 7	−0.493 8	1.409 9	1.488 1	0.486 3	1.352 7
P值	0.101 2	0.767 3	0.134 3	0.145 2	0.572 5	0.177 2	0.112 1	0.621 4	0.158 6	0.136 7	0.626 8	0.176 1
Sargan	0.997 6	0.999 3	0.433 6	0.816 3	0.228 9	0.354 9	0.307 9	0.318 0	0.437 8	0.250 7	0.750 6	0.155 6
N	450	450	450	390	390	390	420	420	420	360	360	360

· 199 ·

表 6-14 公众环境诉求对碳绩效维度工业 GTFP 影响的传导机制检验：绿色技术创新效应

回归方法 被解释变量 模型	SYS-GMM ecgtfp (1)	SYS-GMM inno (2)	SYS-GMM ecgtfp (3)	SYS-GMM ecgtfp (4)	SYS-GMM inno (5)	SYS-GMM ecgtfp (6)	DIFF-GMM ecgtfp (7)	DIFF-GMM inno (8)	DIFF-GMM ecgtfp (9)	DIFF-GMM ecgtfp (10)	DIFF-GMM inno (11)	DIFF-GMM ecgtfp (12)
L.ecgtfp	0.785 4*** (0.020 2)		0.732 9*** (0.022 2)	0.783 6*** (0.023 8)		0.710 6*** (0.023 5)	0.784 0*** (0.055 1)		0.719 3*** (0.060 2)	0.797 2*** (0.057 5)		0.738 1*** (0.035 3)
lnpublic	0.080 4*** (0.009 4)	0.398 9*** (0.070 4)	0.051 8*** (0.008 5)				0.048 6*** (0.007 5)	0.466 4*** (0.053 4)	0.035 5*** (0.009 6)			
L.lngf		0.480 9*** (0.032 6)			0.575 1*** (0.032 8)			0.188 4*** (0.033 6)			0.362 1*** (0.058 1)	
inno			0.093 5*** (0.007 4)			0.114 1*** (0.012 6)			0.076 4*** (0.009 0)			0.087 7*** (0.011 5)
lnappeal				0.165 7*** (0.020 8)	0.212 5*** (0.039 7)	0.120 5*** (0.028 9)				0.113 4*** (0.022 9)	0.102 9*** (0.027 2)	0.227 7*** (0.017 9)
控制变量	YES	YES	YES	YES	YES	YES	YES	YES	YES	YES	YES	YES
_cons	0.098 3*** (0.027 2)	0.159 8 (0.169 7)	0.050 2* (0.030 1)	−0.566 7*** (0.092 4)	−0.173 3 (0.203 6)	−0.413 0*** (0.145 4)	0.142 9*** (0.024 5)	0.504 9*** (0.128 8)	0.119 4*** (0.018 6)	−0.337 1*** (0.097 9)	0.704 5** (0.257 2)	−0.857 2*** (0.095 7)
AR(2)	1.457 6	0.295 9	0.924 7	1.192 3	0.564 1	0.651 8	1.293 3	−0.493 9	0.869 1	1.078 3	0.486 3	0.730 0
P 值	0.145 0	0.767 3	0.355 1	0.233 1	0.572 3	0.514 5	0.195 9	0.621 4	0.384 9	0.280 9	0.626 8	0.465 4
Sargan	0.931 8	0.999 3	0.469 8	0.815 4	0.228 9	0.321 8	0.304 3	0.318 0	0.423 8	0.246 6	0.750 6	0.147 0
N	450	450	450	390	390	390	420	420	420	360	360	360

6.4 本章小结

本章从政府、产业与企业三维视角并结合中介效应模型,对公众环境诉求影响工业 GTFP 的传导机制进行实证检验,探讨政府治理倒逼效应、产业结构升级效应以及企业绿色技术创新效应在公众环境诉求环境效应中的作用,以期为形成公众—政府—企业三方共治的良性互动提供经验证据。研究结果表明:

第一,从政府层面来看,首先采用环境治理投资总额占 GDP 的比重作为中介变量表征政府治理的强度,其次分别以绿色技术研发补贴与环境税作为中介表征政府治理的方式,从政府治理强度和方式对公众环境诉求影响工业绿色 GTFP 进行检验,结果表明,在政府治理强度上,公众环境诉求显著加大了政府环境治理投入,驱动环境治理改善。在政府治理方向上,研发补贴对绿色 GTFP 产生倒"U"型影响,研发补贴仍未达到最优,政府部门可以适度提升研发补贴提升环境效率。而相反,环境税对绿色 GTFP 产生"U"型影响,且环境税已经跨越拐点,从系数显著性上来看,相比于研发补贴,环境税的治理效果更优。

第二,从产业层面来看,分别构建产业结构合理化与高级化指标作为产业结构升级的中介变量,以环境绩效和碳绩效维度的工业 GTFP 作为被解释变量,研究表明公众环境诉求可以倒逼产业转型升级,促进产业结构由低级向高级转化,同时增强地区产业间的耦合与产业内的资源利用程度,提升产业结构合理性,进而实现绿色 GTFP 提升。

第三,从企业层面来看,采用绿色发明专利授权量作为中介变量,分别以环境绩效和碳绩效维度工业 GTFP 作为被解释变量,研究表明公众不仅通过互联网的载体表达了对于环境问题的关注,而且身体力行地在行动上加快绿色消费需求,企业为了提升行业竞争力,迎合了消费者的消费需求。因此,增强绿色技术的研发与使用,激励企业的绿色技术创新,进而加快企业的转型升级。

第7章 研究结论与政策建议

7.1 基本结论

二十大报告指出,"要推进美丽中国建设,坚持山水林田湖草沙一体化保护和系统治理,统筹产业结构调整、污染治理、生态保护、应对气候变化,协同推进降碳、减污、扩绿、增长,推进生态优先、节约集约、绿色低碳发展。"当前,经济发展过程中面临严峻的环境恶化和生态破坏问题,尤其在经济增速放缓、步入新常态的关键时期,能否破解资源环境约束下的经济发展困境是实现美好中国的关键,而通过提升考虑了生态环境要素的绿色全要素生产率已然成为推动经济增长和生态文明建设共生发展的核心。然而,以往文献大多从正式环境规制视角下探究绿色全要素生产率的提升效应,缺乏非正式视角的作用。为此,本书从公众这一"自下而上"的视角,从理论和实证两个维度,考察公众环境诉求对工业绿色全要素生产率的影响及其作用机制,以期为构建三方共治的健全治理体系和有效利用自然资源、改善环境质量并推动经济高质量发展提供理论参考。主要结论为:

第一,本书在 Acemoglu 等(2012)的环境技术进步方向模型的基础上,构建由生产部门、公众部门和政府部门组成的三部门基本框架,将环境诉求引入公众部门效用函数进行拓展,通过求解模型均衡,理论考察公众环境诉求的绿色全要素生产率增长效应及其作用机制。结果表明,公众环境诉求对提升工业绿色全要素生产率产生激励作用,"波特假说"在非正式环境规制下成立。公众健康需求、财富水平以及人力资本水平显著提升公众环境诉求对工业绿色全要素生产率的影响。从传导机制来看,主要存在政府协同治理效应、产业结构升级效应以及绿色技术创新效应。其中,在政府协同治理方面,本书不但论述政府的环境治理力度同时数理推导不同环境治理方式。具体来说,通过绿色技术研发补贴和工业绿色全要素生产率之间存在倒"U"型关系,过度的绿色技术研发补贴率反而会阻碍绿色全要素生产率提升,而环境税对提升绿色全要素生产率产生驱动作用。

第二,在指标测算上,在加速碳排放达峰与环境质量达标的双重背景下,本书以工业污染排放和工业碳排放为非期望产出,结合融合径向和非径向优势的混合 EBM(Epsilon-Based Measure)模型对工业 GTFP 进行测算,并结合 H-P 滤波、MS-AR 模型进行特征事实分析,最后对工业 GTFP 进行指标分解。结果表明:进入 21 世纪以来,中国工业绿色全要素生产率增长呈现波动下降趋势。H-P 滤波结果显示:从趋势成分看,环境(碳)绩效维度工业 GTFP 从 2001—2002 年保持 10.317%(9.99%)的增速,下降到 2015—2016 年 1.621%(3.393%)的增速,但是从趋势均值上看,在样本期内 2002—2016 年仍然保持 6.079%(5.641%)的增速;从波动成分看,环境绩效维度与碳绩效维度工业 GTFP 整体波动较为明显,不确定性较强。在 2008 年波动成分达到"谷值",而 2011 年和 2013 年达到明显的"峰值"。非线性 MSM(3)-AR(3)模型结果显示:环境绩效维度工业 GTFP 与碳绩效维度工业 GTFP 存在"缓慢—中速—快速增长"的"三区制特征"。区制属性特征结果显示:工业 GTFP 增长在不同区制下呈现非对称性。环境绩效维度工业 GTFP 增速处于"缓慢增长区制"内的持续性较高,表现出明显的"惰性"特征。而碳绩效维度工业 GTFP 增速处于"快速增长区制"内的稳定性较强,表现出较强的"惯性"特征。分解结果显示:环境(碳)绩效维度 2001—2016 年中国区域工业绿色全要素生产率年均增长率为 6%(5.6%),其中技术效率年均增长率为 -0.4%(-0.5%),而技术进步年均增长率为 6.4%(6.1%)。

第三,在经验考察上,为了探究公众环境诉求对工业绿色全要素生产率的影响,本书采用动态面板数据,同时结合系统 GMM(SYS-GMM)与差分 GMM(DIFF-GMM)方法,分类实证检验环境绩效维度与碳绩效维度公众环境诉求这一非正式环境规制对工业绿色竞争力的影响。得到的结论如下:在不同回归方法下,无论是以环境绩效维度的工业 GTFP,还是从碳绩效维度的工业 GTFP 为被解释变量,综合采用公众环境参与和公众环境关注作为公众环境诉求的代理变量,实证检验结果均证实公众环境诉求有利于提升工业绿色全要素生产率，"波特假说"在非正式环境规制约束下依旧成立，新时代下"波特假说"的适用边界被进一步延展至非正式环境规制维度。此外，公众环境诉求对提升碳绩效的作用强于对环境绩效的影响。而对工业 GTFP 的不同分解项而言：环境绩效维度，公众环境诉求主要提升纯技术进步与规模效率；碳绩效维度，公众环境诉求主要激励规模技术进步与纯技术进步。在异质性分析方面，通过分位数回归探讨公众环境诉求对提升工业 GTFP 在不同分位点的影响，结果显示随着工业 GTFP 由低分位点向高分位点变化，公众环境参与的影响系数在逐渐增大，而公众环境关注的影响大小呈现先下降后上升再下降的倒"N"型特征。在区域异质性方面，公众环境诉求对提升东部地区工业绿色竞争力的影响最大，而对中西部地区的影响递减。从异质性公众环境诉求对象视角探究其对工业 GTFP 的影响，结果显示，公众空气诉求对提升工业绿色竞争力的影响最大，对水污染和固体废弃物污染关注对提升绿色发展绩效的影响依次递减。

第四，在调节机制上，本书基于公众视角，从健康需求、财富水平以及人力资本三个维度，探讨其在公众环境诉求对提升工业绿色全要素生产率中的调节作用，并探讨不同调节作用的区域异质性。结果表明：健康需求水平、财富水平以及人力资本水平在公众环境诉求对提升工业 GTFP 产生增强型调节作用，且不同调节作用存在门槛特征，即随着健康需求、财富水平以及人力资本提升，环境诉求对工业绿色全要素生产率的影响会增强，呈现"梯度性增强"特征。结果表明，公众健康需求是激励公众环境诉求提升的重要动因，为了避免陷入"环境健康贫困陷阱"的风险增加，公众环境诉求是从"自下而上"视角，有利于推动工业环境效率提升。财富水平决定公众的需求层次，随着财富的积累，公众的环境诉求逐渐提升，驱动工业绿色发展绩效改善，进而激励提升地区工业 GTFP，体现富者在提升环境绩效过程中承担更多社会责任；人力资本水平是地区创新能力提升的关键，知识溢出效应加快技术效率改进，推动绿色全要素生产率提升。在资源依赖区，不同因素的调节作用并不显著，表明资源依赖区高污染、高排放的特征使其形成粗放式的发展路径，形成污染锁定特征，进而印证"资源诅咒说"。

第五，在传导机制上，本章从政府、产业与企业三维视角并结合中介效应模型，对公众环境诉求影响工业 GTFP 的传导机制进行实证检验。结果表明：

首先，政府协同治理效应。在政府治理强度上，公众环境诉求显著刺激政府环境治理投入力度，驱动环境治理效率提升。在政府治理方向上，研发补贴的影响对绿色 GTFP 产生倒"U"型影响，研发补贴仍未达到最优，政府部门可以适度提升研发补贴提升环境效率。相反，环境税对绿色 GTFP 产生"U"型影响，且环境税已经跨越拐点，从系数显著性上来看，相比于研发补贴，环境税的治理方式更优。从产业层面来看，分别构建产业结构合理化与高级化指标作为产业结构升级的中介变量，研究表明公众环境诉求可以倒逼产业转型升级，促进产业结构由低级向高级转化，同时增强地区产业间的耦合与产业内的资源利用程度，提升产业结构合理性进而实现绿色 GTFP 提升。从企业层面来看，采用绿色发明专利授权量作为中介变量，研究表明公众不仅通过互联网的载体表达了对于环境问题的关注，而且身体力行地在行动上加快绿色消费需求，企业为了提升行业竞争力，迎合消费者的消费需求，因此，增强绿色技术的研发与使用，激励企业绿色技术创新。

7.2 政策建议

本书旨在检验非正式环境规制下的绿色全要素生产率提升效应，试图从公众环境诉求的视角为构建"三方共治"的健全环境治理体系提供理论参考，为实现经济转型与可持续发展提供政策参考。

1. 公众需增强环保意识、提升健康需求、积累人力资本，推动自下而上的环境监管模式，从而更为有效地参与环境治理。

（1）加强环保宣教力度，优化环保宣传方式，提升公众环境素养。公众诉求是推动环保事业发展的重要引擎，进而驱动绿色全要素生产率提升。环保部门一方面可以通过创新传统的环保宣教方式，充分利用微博、微信公众号等现代互联网媒体平台的作用，定期推送环境问题和生态破坏的相关文章或视频，提供容易参与且经常忽视的日常环保小贴士；另一方面以"世界环境日""世界地球日"等纪念日为契机，以工作单位、居民小区、学校等为基本团体适时组织绿色环保活动，充分调动群众的积极性，在潜移默化中不断促使公众树立环保理念。

（2）倡导公众绿色消费方式，满足公众健康需求。健康需求在公众环境诉求影响工业环境绩效中产生增强型调节作用,而绿色消费方式是满足公众健康需求的重要渠道。众所周知,环境污染会诱发各类疾病的发生率,进而损害劳动力的健康水平,引发公众部门对环境质量的关注。为了规避环境污染引发的健康损害,公众需要积极采取绿色、可持续的消费方式,以减少公众自身对环境的破坏。公众应做到积极消费绿色无污染的产品,严格做好节水、节电等工作,控制无节制、不合理和过量的消费。

(3) 持续提升并积累人力资本,提高公众环境诉求的效率。人力资本积累有助于增强公众诉求对绿色发展绩效的推动作用。为此,公众应注重提升自身人力资本水平,培养环境素养,才能更加有效地引发社会对自身环境诉求的关注。此外,相关部门不仅可以向公众普及相关的法律常识,让公众了解到日常生活中何种环境行为是违法且触犯到自身利益的,还应经常性学习相关的环境保护知识,充分掌握向法律机构进行诉求的重要手段,以提高公众环境诉求的效率。

2. 政府部门应积极疏通公众诉求通道、适度采用政策干预手段,以扮演好环境治理中自上而下的监管者角色。

(1) 搭建高效的环境诉求平台,消除公众诉求的通道障碍。公众诉求对提升环境绩效的影响,会经由政府的协同治理效应产生作用,形成公众与政府之间的良性互动、协同治理效应。为此,政府部门需要构建良好有效的公众诉求平台,一方面在线下设立必要的环保信访部门,尤其重视对农村、偏远地区公众环保诉求的关注;另一方面在线上以县、乡、镇为单位建设环保网站,通过多种媒体手段进行宣传,鼓励公众积极通过线上或线下方式举报环境违法现象。

(2) 适度运用政策干预手段,从而更加有效地开展环境治理工作。本书研究表明,公众环境诉求会通过促进政府部门加大环境治理力度的方式推动绿色全要素生产率增长,但政府治理投入方式存在差异。政府部门应不断健全排污许可证交易、环境税等市场激励型环境规制工具,适度调整绿色研发补贴、污染治理补贴,采取谨慎适时适度的渐进式实施方式,监控环境规制工具的实施效果,合理权衡经济增长与环境改善的相对社会效益,既要避免政府部门对经济活动的过度干预,也要规避政策干预力度的不足。

(3) 健全环境保护法律法规体系,构筑绿色发展机制。环保法律法规制度的健全是充分发挥公众诉求对绿色绩效促进作用的重要保障。为此,政府部门需要将环境质量的各项指标纳入对相关政府部门政策绩效的考核标准,设立并优化环境保护制度,充分发挥政府部门监管者的角色,创建良好健康的市场环境,以期发挥上下协同的治理优势。

3. 企业部门积极开展绿色技术研发活动,大力发展绿色产业,以谋求企业的长远、可持续发展。

(1) 增强绿色技术研发的投入力度,助力绿色技术的创新突破。本书得到绿色技术创新在公众部门促进绿色全要素生产率增长中扮演着重要角色的结论。尽管绿色技术的研发成本相对高昂,但是从长远角度来看,绿色技术相对非绿色技术的生产更具比较优势,且更有利于促进企业的可持续发展。对于大规模企业而言,可以积极投入研发人员和研发资金实现绿色技术的自主研发创新,通过取得绿色技术专利以获取更高的市场利润。对于小规模企业而言,可以适当引入绿色技术进行生产,并且可以根据引入的绿色技术进行模仿创新,以不断缩小与大规模企业之间的差距。

(2) 需要大力推动绿色产业发展,引导产业结构向绿色方向转型升级。本书研究发现公众环境诉求可以推动产业结构升级促进绿色绩效提升。为此,企业部门需要重视绿色产业的发展前景,关注绿色产品的制造和推广。企业发展绿色产业不仅可以得到国家政府层面的政策支持,而且可以通过引入机器人、智能设备等前沿技术降低生产成本和污染排放,以促进企业的可持续发展。此外,企业还应加强对环保绿色产品的工作,通过广告、促销活动等方式拉动社会公众对绿色产品的消费需求,从而推动产业结构的绿色优化升级。

7.3 不足与展望

本书从公众环境诉求的视角分析其对提升工业绿色竞争力的影响,以期拓展非正式环境规制领域的相关研究。囿于数据的可得性,本书的研究仍然聚焦于地区宏观层面,随着更微观的人口统计学的数据公布,可以将微观数据与宏观数据匹配,进一步挖掘公众的诸如年龄、性别、种族、政治意识形态、宗教信仰等不同公众特征对于提升工业环境绩效的差异。本书仅通过数理演绎与宏观层面判定公众环境诉求对提升工业环境绩效的解释力,以期抛砖引玉。

此外，在模型分析部分，由于很难将所有的机制纳入数理分析框架，后续可以进一步深化并拓展非正式领域的数理模型挖掘。随着大数据、人工智能技术等新一代技术革命的爆发，公众对于环境问题的关注与参与形式也会逐渐发生转变，为此对于公众环境诉求的衡量方式，尚需建立更为完善与科学的指标体系，可以通过更为前沿的包括数据挖掘、文本分析等技术建立多维度、多角度的指标维度，从而开展更为微观的研究。

参考文献

[1] Acemoglu, D., Aghion, P., Bursztyn, L., Hemous, D. The environment and directed technical change[J]. American Economic Review, 2012, 102(1): 131-166.

[2] Acemoglu D. Directed technical change[J]. Review of Economic Studies, 2002, 69(4): 781-809.

[3] Andreoni J, Levinson A. The simple analytics of the environmental kuznets curve [J]. Journal of Public Economics, 2001, 80(2): 269-286.

[4] Antweiler, W., Copeland, B., Taylor, M. Is free trade good for the environment [J]. American Economic Review, 2001, 91(4): 877-908.

[5] Aghion, P., Howitt, P. A model of growth through creative destruction[J]. Econometrica, 1992, 60(2): 323-351.

[6] Aloi, M., Tournemaine, F. Inequality, growth, and environmental quality trade-offs in a model with human capital accumulation[J]. Canadian Journal of Economics, 2013, 46(3): 1123-1155.

[7] Askitas, N., Zimmermann, K. Google econometrics and unemployment forecasting[J]. Applied Economics Quarterly, 2009, 55(2): 107-120.

[8] Afsah, S., Laplante, B., Wheeler, D. Controlling industrial pollution: a new paradigm. Social Science Electronic Publishing, 1996.

[9] Albrizio, S., Kozluk, T., Zipperer, V. Environmental policies and productivity growth: Evidence across industries and firms[J]. Journal of Environmental Economics and Management, 2017, 81: 209-226.

[10] Brunnermeier, S., Cohen, M. Determinants of environmental innovation in US manufacturing industries[J]. Journal of Environmental Economics and Management, 2003, 45(2): 278-293.

[11] Barrio-Castro, T., López-Bazo, E., Serrano-Domingo, G. New evidence on international R&D spillovers, human capital and productivity in the OECD[J]. Economics

Letters, 2002, 77(1): 41-45.

[12] Badeeb, R., Lean, H., Smyth, R. Oil curse and finance-growth nexus in Malaysia: The role of investment[J]. Energy Economics, 2016, 57: 154-165.

[13] Barro, R., Sala-i-Martin, X. Technological diffusion, convergence and growth [J]. Journal of Economic Growth, 1997, 2(1): 1-26.

[14] Berman, E., Bui, L. Environmental regulation and productivity: Evidence from oil refineries[J]. The Review of Economics and Statistics, 2001, 83(3): 498-510.

[15] Bird, J. Game Changers for irrigated agriculture —do the right incentives exist? [J] Irrigation and Drainage, 2014, 63(2): 146-153.

[16] Barbera, A., Mcconnell, V. The impact of environmental regulations on industry productivity: Direct and indirect effects[J]. Journal of Environmental Economics and Management, 1990, 18(1): 50-65.

[17] Burns, A., Mitchell, W. Measuring business cycles. New York: National Bureau of Economoc Reasearch, 1946.

[18] Bai, C., Du, K., Yu, Y., Feng, C. Understanding the trend of total factor carbon productivity in the world: Insights from convergence analysis[J]. Energy Economics, 2019, 81: 698-708.

[19] Cheng, Z., Li, L., Liu, J. The emissions reduction effect and technical progress effect of environmental regulation policy tools[J]. Journal of Cleaner Production, 2017, 149: 191-205.

[20] Cavallo, A. Online and official price indexes: Measuring Argentina's inflation[J]. Journal of Monetary Economics, 2013, 60(2): 152-165.

[21] Candau, F., Dienesch, E. Pollution haven and corruption paradise[J]. Journal of Environmental Economics and Management, 2017, 85(9):171-192.

[22] Cole, M., Elliott, R. Determining the trade-environment composition effect: the role of capital, labor and environmental regulations[J]. Journal of Environmental Economics and Management, 2003, 46(3): 363-383.

[23] Cole, M., Elliott, R., Shimamoto, K. Why the grass is not always greener: the competing effects of environmental regulations and factor intensities on US specialization [J]. Ecological Economics, 2005, 54(1): 95-109.

[24] Cheng, G., Qian, Z. An epsilon-based measure of efficiency in DEA - An alternative method for the affinity index. MPRA Paper, 2011.

[25] Cheng, J., Liu, Y. The effects of public attention on the environmental performance of high-polluting firms: Based on big data from web search in China[J]. Journal of Cleaner Production, 2018, 186: 335 - 341.

[26] Copeland, B., Taylor, M. Trade, Growth, and the environment[J]. Journal of Economic Literature, 2004, 42(1): 7 - 71.

[27] Cornillie, J., Fankhauser, S. The energy intensity of transition countries[J]. Energy Economics, 2004, 26(3): 283 - 295.

[28] Chen, S., Golley, J. "Green" productivity growth in China's industrial economy [J]. Energy Economics, 2014, 44(7): 89 - 98.

[29] Cole, M., Elliott, R., Shimamoto, K. Industrial characteristics, environmental regulations and air pollution: an analysis of the UK manufacturing sector[J]. Journal of Environmental Economics and Management, 2005, 50(1), 121 - 143.

[30] Dunlap, R., Mertig, A. Global concern for the environment: Is affluence a prerequisite? [J]. Journal of Social Issues, 1995, 51(4): 121 - 137.

[31] Dietz, T., Rosa, E. Effects of population and affluence on CO_2 emissions[J]. Proceedings of the National Academy of Sciences of the United States of America, 1997, 94(1): 175 - 179.

[32] Dietz T, Rosa E. Rethinking the environmental impacts of population, affluence and technology[J]. Human Ecology Review, 1994, 10(1): 277 - 300

[33] Du, Y., Li, Z., Du, J., Li, N., Yan, B. Public environmental appeals and innovation of heavy-polluting enterprises[J]. Journal of Cleaner Production, 2019, 222: 1009 - 1022.

[34] Dunlap, R., York, R. The globalization of environmental concern and limits of the postmaterialist values explanation: Evidence from four multinational surveys: Evidence from Four Multinational Surveys[J]. Sociological Quarterly, 2008, 49(3): 529 - 563.

[35] Du, K., Lu, H., Yu, K. Sources of the potential CO_2 emission reduction in China: A nonparametric metafrontier approach[J]. Applied Energy, 2014, 115(2): 491 - 501.

[36] Dong, Z., He, Y., Wang, H., Wang, L. Is there a ripple effect in environmental regulation in China? - Evidence from the local-neighborhood green technology innovation perspective[J]. Ecological Indicators, 2020, 118, 106773.

[37] Du, Y., Li, Z., Du, J., Li, N., Yan, B. Public environmental appeal and

innovation of heavy-polluting enterprises[J]. Journal of Cleaner Production, 2019, 222: 1009 - 1022.

[38] Dasgupta, S., Huq, M., Wheeler, D. Bending the rules: discretionary pollution control in China[J]. Social Science Electronic Publishing, 1997, 19(4): 473 - 484.

[39] Dong, Y., Shao, S., Zhang, Y. Does FDI have energy-saving spillover effect in China? A perspective of energy-biased technical change[J]. Journal of Cleaner Production, 2019, 234: 436 - 450.

[40] Dyck, A., Volchkova, N., Zingales, L. The corporate governance role of the media: Evidence from Russia[J]. Journal of Finance, 2008, 63(3): 1093 - 1135.

[41] Desmond, M. Evicted: Poverty and profit in the American City. New York, Crown Publishers, 2016.

[42] Emrouznejad, A., Yang, G. A framework for measuring global Malmquist-Luenberger productivity index with CO_2 emissions on Chinese manufacturing industries[J]. Energy, 2016(10), 115: 840 - 856.

[43] Farzin, Y., Bond, C. Democracy and environmental quality[J]. Journal of Development Economics, 2006, 81(1): 213 - 235.

[44] Fedorenko, I., Sun, Y. Microblogging-Based civic participation on environment in China: A case study of the PM 2.5 campaign[J]. Voluntas, 2016, 27(5): 2077 - 2105.

[45] Franzen, A., Meyer, R. Environmental Attitudes in Cross-National Perspective: A Multilevel Analysis of the ISSP 1993 and 2000[J]. European Sociological Review, 2010, 26(2): 219 - 234.

[46] Fare, R., Grosskopf, S., Norris, M., Zhang, Z. Productivity growth, technical progress, and efficiency change in industrialized countries[J]. American Economic Review, 1994, 84(1): 66 - 83.

[47] Feng, C., Wang, M., Zhang, Y., Liu, G. Decomposition of energy efficiency and energy-saving potential in China: A three-hierarchy meta-frontier approach[J]. Journal of Cleaner Production, 2018, 176: 1054 - 1064.

[48] Färe, R., Grosskopf, S., Pasurka, C. Environmental production functions and environmental directional distance functions[J]. Energy, 2007, 32(7): 1055 - 1066.

[49] Fukuyama, H., Weber, W. A directional slacks-based measure of technical inefficiency[J]. Socio-Economic Planning Sciences, 2009, 43(4): 274 - 287.

[50] Fan, M., Shao, S., Yang, L. Combining global Malmquist-Luenberger index and

generalized method of moments to investigate industrial total factor CO_2 emission performance: A case of Shanghai (China) [J]. Energy Policy, 2015, 79: 189-201.

[51] Friedrichs, J., Inderwildi, O. The carbon curse: Are fuel rich countries doomed to high CO_2 intensities? [J]. Energy Policy, 2013, 62(8):1356-1365.

[52] Fisher-Vanden, K., Jefferson, G., Liu, H., Tao, Q. What is driving China's decline in energy intensity? [J]. Resource and Energy Economics, 2004, 26(1): 77-97.

[53] Gollop, F., Roberts, M. Environmental regulations and productivity growth: The case of fossil-fueled electric power generation[J]. Journal of Political Economy, 1983, 91(4): 654-674.

[54] Grimaud, A., Rougé, L. Non-renewable resources and growth with vertical innovations: optimum, equilibrium and economic policies[J]. Journal of Environmental Economics and Management, 2003, 45(2): 433-453.

[55] Gray, W., Shadbegian, R. Plant vintage, technology, and environmental regulation[J]. Journal of Environmental Economics and Management, 2003, 46(3): 384-402.

[56] Gentzkow, M., Shapiro, J. What drives media slant? Evidence from U.S. daily newspapers[J]. Econometrica, 2010, 78(1): 35-71.

[57] Greenstone, M., Hanna, R. Environmental regulations, air and water pollution, and infant mortality in India[J]. American Economic Review, 2014, 104(10): 3038-3072.

[58] Ghanem, D., Zhang, J. "Effortless Perfection:" Do Chinese cities manipulate air pollution data? [J]. Journal of Environmental Economics and Management, 2014, 68(2): 203-225.

[59] Grossman, G., Krueger, A. Economic growth and the environment[J]. Quarterly Journal of Economics, 1995, 110(2): 353-377.

[60] Garcia, R., Perron, P. An analysis of the real interest rate under regime shifts [J]. The Review of Economics and Statistics, 1996, 78(1): 111-125.

[61] Grifell-Tatjé, E., Lovell, C. A generalized Malmquist productivity index[J]. Top, 1999, 7(1): 81-101.

[62] Hamamoto, M. Environmental regulation and the productivity of Japanese manufacturing industries[J]. Resource and Energy Economics, 2006, 28(4): 299-312.

[63] Hancevic, P. Environmental regulation and productivity: The case of electricity generation under the CAAA-1990 * [J]. Energy Economics, 2016, 60: 131-143.

[64] Halkos, G., Matsiori, S. Determinants of willingness to pay for coastal zone quality improvement[J]. Journal of Socio-Economics, 2012, 41(4): 391-399.

[65] Hamilton, J. A new approach to the economic analysis of Nonstationary time series and the business cycle[J]. Econometrica, 1989, 57(2): 357-384.

[66] Hamilton, J. Analysis of time series subject to changes in regime[J]. Journal of Econometrics, 1990, 45(1): 39-70.

[67] Hansen, B. Threshold effects in non-dynamic panels: Estimation, testing, and inference[J]. Journal of Econometrics, 1999, 93(2): 345-368.

[68] Hayes, B. Gender, scientific knowledge, and attitudes toward the environment: A Cross-National analysis[J]. Political Research Quarterly, 2001, 54(3): 657-671.

[69] Herold, D., Marolt, P. Online society in China: Creating, celebrating, and instrumentalising the online carnival, New York, 2011.

[70] Helpman, E., Itskhoki, O., Muendler, M.-A., Redding, S. J. Trade and inequality: From theory to estimation[J]. The Review of Economic Studies, 2017, 84(1): 357-405.

[71] Jia, K., Chen, S. Could campaign-style enforcement improve environmental performance? Evidence from China's central environmental protection inspection[J]. Journal of Environmental Management, 2019, 245: 282-290.

[72] Jones, C. R&D-based models of economic growth[J]. Journal of Political Economy, 1995, 103(4): 759-784.

[73] Jacobsen, M. Atmospheric Pollution: History, Science, and Regulation, New York: Cambridge University Press, 2002.

[74] Krueger, A., Lindahl, M. Education for growth: Why and for Whom?[J]. Journal of Economic Literature, 2001, 39(4): 1101-1136.

[75] Kathuria, V. Informal regulation of pollution in a developing country: Evidence from India[J]. Ecological Economics, 2007, 63(2): 403-417.

[76] Koenker, R. Quantile regression for longitudinal data[J]. Journal of Multivariate Analysis, 2004, 91(1): 74-89.

[77] Kahn, M., Kotchen, M. Business cycle effects on concern about climate change: the chilling effect of recession[J]. Climate Change Economics, 2011, 2(3): 257-273.

[78] Kaneko, S., Managi, S. Environmental productivity in China[J]. Economics Bulletin, 2004, 17(1): 1-10.

[79] Krolzig, H. Markov switching vector autoregressions: Modeling, statistical inference and application to business cycles analysis, Berlin: Springer, 1997.

[80] List, J., Sturm, D. How Elections Matter: Theory and Evidence from environmental policy[J]. Quarterly Journal of Economics, 2006, 121(4): 1249-1281.

[81] Li, R., Ramanathan, R. Exploring the relationships between different types of environmental regulations and environmental performance: Evidence from China[J]. Journal of Cleaner Production, 2018, 196: 1329-1340.

[82] Li, Q., Liu, G., Cai, B., Leamon, G., Liu, L., Chen, Z., Li, X. Public awareness of the environmental impact and management of carbon dioxide capture, utilization and storage technology: the views of educated people in China [J]. Clean Technologies and Environmental Policy, 2017, 19(8): 2041-2056.

[83] Li, K., Lin, B. The nonlinear impacts of industrial structure on China's energy intensity[J]. Energy, 2014, 69: 258-265.

[84] Liang, S., Zhao, J., He, S., Xu, Q., Ma, X. Spatial econometric analysis of carbon emission intensity in Chinese provinces from the perspective of innovation-driven[J]. Environmental Science and Pollution Research, 2019, 26(14): 13878-13895.

[85] Li, X., Wu, X., Zhang, F. A method for analyzing pollution control policies: Application to SO_2 emissions in China[J]. Energy Economics, 2015, 49: 451-459.

[86] Li, Z., Folmer, H., Xue, J. To what extent does air pollution affect happiness? The case of the Jinchuan mining area, China[J]. Ecological Economics, 2014, 99(99): 88-99.

[87] Li, W., Liu, J., Li, D. Getting their voices heard: three cases of public participation in environmental protection in China [J]. Journal of Environmental Management, 2012, 98(1): 65-72.

[88] Li, J., Lin, B. Green economy performance and green productivity growth in China's cities: Measures and policy implication[J]. Sustainability, 2016, 8(9): 947-958.

[89] Liao, Z. Environmental policy instruments, environmental innovation and the reputation of enterprises[J]. Journal of Cleaner Production, 2018, 171: 1111-1117.

[90] Liao, X., Shi, X. Public appeal, environmental regulation and green investment: Evidence from China[J]. Energy Policy, 2018, 119: 554-562.

[91] Lin, B., Du, K. Modeling the dynamics of carbon emission performance in China: A parametric Malmquist index approach[J]. Energy Economics, 2015, 49: 550-

557.

[92] Lan, J., Munro, A. Environmental compliance and human capital: Evidence from Chinese industrial firms[J]. Resource and Energy Economics, 2013, 35(4): 534-557.

[93] Levinson, A. Environmental regulations and manufacturers' location choices: Evidence from the Census of Manufactures[J]. Journal of Public Economics, 1996, 62(1): 5-29.

[94] Liang, S., Zhao, J., He, S., Xu, Q., Ma, X. Spatial econometric analysis of carbon emission intensity in Chinese provinces from the perspective of innovation-driven[J]. Environmental Science and Pollution Research, 2019, 26(14), 13878-13895.

[95] Madumere, N. Public enlightenment and participation - A major contribution in mitigating climate change[J]. International Journal of Sustainable Built Environment, 2017, 6(1): 9-15.

[96] Managi, S., Kaneko, S. Economic growth and the environment in China: An empirical analysis of productivity[J]. International Journal of Global Environmental Issues, 2006, 6(1): 89-133.

[97] Mani, M., Wheeler, D. In search of pollution havens? Dirty industry in the world economy, 1960 to1995[J]. The Journal of Environment & Development, 1998, 7(3): 215-247.

[98] McNeill, D., Birkbeck, C., Fukuda-Parr, S., Grover, A., Schrecker, T., Stuckler, D. Political origins of health inequities: trade and investment agreements[J]. The Lancet, 2017, 389(10070): 760-762.

[99] Neidell, M. Air pollution, health, and socio-economic status: the effect of outdoor air quality on childhood asthma[J]. Journal of Health Economics, 2004, 23(6): 1209-1236.

[100] Oh, D. A global Malmquist-Luenberger productivity index[J]. Journal of Productivity Analysis, 2010, 34(3): 183-197.

[101] Oh, D., Heshmati, A. A sequential Malmquist-Luenberger productivity index: Environmentally sensitive productivity growth considering the progressive nature of technology[J]. Energy Economics, 2010, 32(6): 1345-1355.

[102] Psacharopoulos, G., Patrinos, H. Returns to investment in education: a further update[J]. Education Economics, 2002, 12(2), 112-136.

[103] Pastor, J., Lovell, C. A global Malmquist productivity index[J]. Economics

Letters, 2005, 88(2): 266-271.

[104] Perino, G., Requate, T. Does more stringent environmental regulation induce or reduce technology adoption? When the rate of technology adoption is inverted U-shaped[J]. Journal of Environmental Economics and Management, 2012, 64(3): 456-467.

[105] Porter, M. America's green strategy[J]. Scientific American, 1991, 264(4): 193-246.

[106] Pan, X., Ai, B., Li, C., Yan, Y. Dynamic relationship among environmental regulation, technological innovation and energy efficiency based on large scale provincial panel data in China[J]. Technological Forecasting and Social Change, 2017, 144: 428-435.

[107] Peng, J., Xie, R., Ma, C., Fu, Y. Market-based environmental regulation and total factor productivity: Evidence from Chinese enterprises[J]. Economic Modelling, 2021, 95, 394-407.

[108] Petts, J. Public participation and environmental impact assessment. London: Black well Science, 2003.

[109] Porter, M., Linde, C. Toward a new conception of the environment-competitiveness relationship[J]. Journal of Economic Perspectives, 1995, 9(4): 97-118.

[110] Rawcliffe P. World without end: Economics, environment and sustainable development: David Pearce and Jeremy Warford Oxford[J]. Futures, 1993, 25(10): 1109-1110.

[111] Romero-Ávila, D. Convergence in carbon dioxide emissions among industrialised countries revisited[J]. Energy Economics, 2008, 30(5): 2265-2282.

[112] Rosa, E. A., York, R., Dietz, T. Tracking the anthropogenic drivers of ecological impacts[J]. AMBIO: A Journal of the Human Environment, 2004, 33(8): 509-512.

[113] Romer, P. M. Endogenous technological change. Journal of Political Economy, 1990, 98(5):71-102.

[114] Ray, S., Desli. E., Productivity Growth, Technical Progress, and Efficiency Change in Industrialized Countries: Comment[J]. American Economic Review, 1997, 87(5):1033-1039.

[115] Sterner, T., Robinson, E. Selection and design of environmental policy instruments[J]. Handbook of Environmental Economics, 2018, (4): 231-284.

[116] Shen, D., Xia, M., Zhang, Q., Elahi, E., Zhou, Y., Zhang, H. The impact of

public appeals on the performance of environmental governance in China: A perspective of provincial panel data[J]. Journal of Cleaner Production, 2019, 231: 290-296.

[117] Sun, C., Zhu, X. Evaluating the public perceptions of nuclear power in China: Evidence from a contingent valuation survey[J]. Energy Policy, 2014, 69, 397-405.

[118] Shao, S., Tian, Z., Fan, M. Do the rich have stronger willingness to pay for environmental protection? New evidence from a survey in China. World Development, 2018, 105, 83-94.

[119] Tang, C., Tan, E. Electricity consumption and economic growth in Portugal: Evidence from a Multivariate framework analysis[J]. The Energy Journal, 2012: 33(4): 23-48.

[120] Tone K. A slacks-based measure of efficiency in data envelopment analysis[J]. European Journal of Operational Research, 2001, 130(3):498-509.

[121] Tone, K., Tsutsui, M. Network DEA: A slacks-based measure approach[J]. European Journal of Operational Research, 2009, 197(1): 243-252.

[122] Tang, K., Hailu, A., Kragt, M., Ma, C. Marginal abatement costs of greenhouse gas emissions: broadacre farming in the great southern region of western Australia[J]. Australian Journal of Agricultural and Resource Economics, 2016, 60(3): 459-475.

[123] Tang, K., Hailu, A., Kragt, M., Ma, C. The response of broadacre mixed crop-livestock farmers to agricultural greenhouse gas abatement incentives[J]. Agricultural Systems, 2018, 160: 11-20.

[124] Tang, K., Qiu, Y., Zhou, D. Does command-and-control regulation promote green innovation performance? Evidence from China's industrial enterprises[J]. Science of The Total Environment, 2020, 712, 136362.

[125] Telle, K., Larsson, J. Do environmental regulations hamper productivity growth? How accounting for improvements of plants' environmental performance can change the conclusion[J]. Ecological Economics, 2007, 61(2): 438-445.

[126] Tietenberg, T. Disclosure strategies for pollution control[J]. Environmental and Resource Economics, 1998, 11(3): 587-602.

[127] Tiebout, C. A pure theory of local expenditures[J]. Journal of Political Economy, 1956, 64(5): 416-424.

[128] Tian, X., Guo, Q., Han, C., Ahmad, N. Different extent of environmental

information disclosure across Chinese cities: Contributing factors and correlation with local pollution[J]. Global Environmental Change-Human and Policy Dimensions, 2016, 39: 244 - 257.

[129] Varian, H. Big Data: New Tricks for Econometrics[J]. Journal of Economic Perspectives, 2014, 28(2): 3 - 28.

[130] Wheeler, D., Pargal, S. Informal regulation of industrial pollution in developing countries: Evidence from Indonesia[J]. Journal of Political Economy, 1996, 104(6): 50 - 65.

[131] Wagner, S., Vogt, S., Kabst, R. The future of public participation: Empirical analysis from the viewpoint of policy-makers[J]. Technological Forecasting and Social Change, 2016, 106: 65 - 73.

[132] Wang, H., Di, W. The determinants of government environmental performance: an empirical analysis of Chinese townships[J]. Policy Research Working Paper Series, 2002: 704 - 708.

[133] Wang, H., Wheeler, D. Financial incentives and endogenous enforcement in China's pollution levy system[J]. Journal of Environmental Economics and Management, 2005, 49(1): 174 - 196.

[134] Wang, K., Pang, S., Ding, L., Miao, Z. Combining the biennial Malmquist-Luenberger index and panel quantile regression to analyze the green total factor productivity of the industrial sector in China[J]. Science of The Total Environment, 2020, 739, 140280.

[135] Wing, I. Explaining the declining energy intensity of the U.S. economy[J]. Resource and Energy Economics, 2008, 30(1): 21 - 49.

[136] Watanabe, M., Tanaka, K. Efficiency analysis of Chinese industry: A directional distance function approach[J]. Energy Policy, 2007, 35(12), 6323 - 6331.

[137] Wu, L., Chen, Y., Feylizadeh, M., Liu, W. Estimation of China's macro-carbon rebound effect: Method of integrating data envelopment analysis production model and sequential Malmquist-Luenberger index[J]. Journal of Cleaner Production, 2018, 198: 1431 - 1442.

[138] Wigley, S. The resource curse and child mortality, 1961 - 2011[J]. Social Science & Medicine, 2017, 176: 142 - 148.

[139] Xu X, Song L. Regional cooperation and the environment: Do "dirty" industries migrate? Review of World Economics[J]. 2000, 136(1):137 - 157.

[140] Xie, R., Yuan, Y., Huang, J. Different types of environmental regulations and heterogeneous influence on "Green" productivity: Evidence from China[J]. Ecological Economics, 2017, 132, 104-112.

[141] Yang, Z., Fan, M., Shao, S., Yang, L. Does carbon intensity constraint policy improve industrial green production performance in China? A quasi-DID analysis[J]. Energy Economics, 2017, 68: 271-282.

[142] Zhang, G., Deng, N., Mou, H., Zhang, Z., Chen, X. The impact of the policy and behavior of public participation on environmental governance performance: Empirical analysis based on provincial panel data in China[J]. Energy Policy, 2019, 129: 1347-1354.

[143] Zhang, T., Chen, C. The effect of public participation on environmental governance in China-Based on the analysis of pollutants emissions employing a provincial quantification[J]. Sustainability, 2018, 10(7), 2302.

[144] Zhang, N., Choi, Y. Comparative study of dynamic changes in CO_2 emission performance of fossil fuel power plants in China and Korea[J]. Energy Policy, 2013, 62: 324-332.

[145] Zhang, N., Jiang, X. The effect of environmental policy on Chinese firm's green productivity and shadow price: A metafrontier input distance function approach[J]. Technological Forecasting and Social Change, 2019, 144: 129-136.

[146] Zheng, S., Kahn, M. Land and residential property markets in a booming economy: New evidence from Beijing[J]. Journal of Urban Economics, 2008, 63(2): 743-757.

[147] Zheng, S., Kahn, M., Sun, W., Luo, D. Incentives for China's urban mayors to mitigate pollution externalities: The role of the central government and public environmentalism[J]. Regional Science and Urban Economics, 2014, 47, 61-71.

[148] Zheng, S., Wu, J., Kahn, M. E., Deng, Y. The nascent market for "Green" real estate in Beijing. European Economic Review, 2012, 56(5), 974-984.

[149] Zhou, P., Ang, B. W., Han, J. Y. Total factor carbon emission performance: A Malmquist index analysis[J]. Energy Economics, 2010, 32(1): 194-201.

[150] Zofio, J. Malmquist productivity index decompositions: a unifying framework [J]. Applied Economics, 2007, 39(18): 2371-2387.

[151] Zeng, J., and Hu. J. Factors contributing to environmental public participation in China: An empirical analysis of provincial panel date (2003—2012) [J]. China

Population, Resources and Environment, 2015, 25(12): 62-69.

[152] 陈诗一. 能源消耗、二氧化碳排放与中国工业的可持续发展[J]. 经济研究, 2009, 44(04): 41-55.

[153] 陈诗一. 中国的绿色工业革命: 基于环境全要素生产率视角的解释(1980—2008)[J]. 经济研究, 2010, 45(11): 21-34.

[154] 陈诗一. 中国工业分行业统计数据估算: 1980—2008[J]. 经济学(季刊), 2011, 10(03): 735-776.

[155] 陈诗一. 中国各地区低碳经济转型进程评估[J]. 经济研究, 2012, 47(08): 32-44.

[156] 陈菡, 陈文颖, 何建坤. 实现碳排放达峰和空气质量达标的协同治理路径[J]. 中国人口·资源与环境, 2020, 30(10): 12-18.

[157] 陈素梅, 何凌云. 相对贫困减缓、环境保护与健康保障的协同推进研究[J]. 中国工业经济, 2020(10): 62-80.

[158] 蔡乌赶, 周小亮. 中国环境规制对绿色全要素生产率的双重效应[J]. 经济学家, 2017(09): 27-35.

[159] 程广帅, 胡锦锈. 人力资本积累对环境质量的影响[J]. 城市问题, 2019(10): 46-52.

[160] 陈宇峰, 朱荣军. 能源价格高涨会诱致技术创新吗？[J]. 经济社会体制比较, 2018(02): 140-150.

[161] 陈丽娴, 沈鸿, 魏作磊. 服务业开放提高了经济增加值率吗——基于产业集聚视角的门槛回归分析[J]. 国际贸易问题, 2016(10): 85-95.

[162] 陈超凡. 中国工业绿色全要素生产率及其影响因素——基于ML生产率指数及动态面板模型的实证研究[J]. 统计研究, 2016, 33(03): 53-62.

[163] 董直庆, 赵景. 不同技术来源、技术进步偏向性与能源强度[J]. 东南大学学报(哲学社会科学版), 2017, 19(05): 102-111.

[164] 董直庆, 王辉. 环境规制的"本地—邻地"绿色技术进步效应[J]. 中国工业经济, 2019(01): 100-118.

[165] 董直庆, 刘备, 蔡玉程. 财富水平与能源偏向型技术进步——来自地区面板数据的经验证据[J]. 东南大学学报(哲学社会科学版), 2020, 22(02): 41-53.

[166] 董翔宇, 赵守国. 中国经济增长与杠杆率的非线性关系研究——基于制造业面板数据门限回归分析[J]. 系统工程理论与实践, 2020, 40(02): 343-354.

[167] 董敏杰, 李钢, 梁泳梅. 中国工业环境全要素生产率的来源分解——基于要素投入与污染治理的分析[J]. 数量经济技术经济研究, 2012, 29(02): 3-20.

[168] 杜龙政,赵云辉,陶克涛,林伟芬.环境规制、治理转型对绿色竞争力提升的复合效应——基于中国工业的经验证据[J].经济研究,2019,54(10):106-120.

[169] 邓彦龙,王旻.公众诉求对地区环境治理的门槛效应研究[J].生态经济,2017,33(12):169-173.

[170] 傅勇,张晏.中国式分权与财政支出结构偏向:为增长而竞争的代价[J].管理世界,2007(03):4-12.

[171] 范子英,赵仁杰.法治强化能够促进污染治理吗?——来自环保法庭设立的证据[J].经济研究,2019,54(03):21-37.

[172] 傅京燕,程芳芳.二氧化硫排污权交易对经济增长"量"和"质"的影响研究[J].暨南学报(哲学社会科学版),2020,42(06):94-107.

[173] 付凌晖.我国产业结构高级化与经济增长关系的实证研究[J].统计研究,2010,27(08):79-81.

[174] 樊鹏飞,冯淑怡,苏敏,许明军.基于非期望产出的不同职能城市土地利用效率分异及驱动因素探究[J].资源科学,2018,40(05):946-957.

[175] 龚勤林,李源,张锴.公众环境诉求是否促进了生态环境质量改善?[J].华中师范大学学报(自然科学版),2020,54(04):546-554.

[176] 郭进,徐盈之.公众参与环境治理的逻辑、路径与效应[J].资源科学,2020,42(07):1372-1383.

[177] 顾元媛,沈坤荣.地方政府行为与企业研发投入——基于中国省际面板数据的实证分析[J].中国工业经济,2012(10):77-88.

[178] 干春晖,郑若谷,余典范.中国产业结构变迁对经济增长和波动的影响[J].经济研究,2011,46(05):4-16.

[179] 黄赛男,刘雁蔚,曾松林.贸易开放度会影响极端国际资本流动吗?——基于54个经济体跨国面板数据的分析[J].国际金融研究,2020(03):45-54.

[180] 胡博伟,周亮,王中辉,车磊,张梦瑶.干旱区资源型城市绿色经济效率时空分异特征[J].资源科学,2020,42(02):383-393.

[181] 韩洁平,程序,闫晶,杨晓龙.基于网络超效率EBM模型的城市工业生态绿色发展测度研究——以三区十群47个重点城市为例[J].科技管理研究,2019,39(05):228-236.

[182] 韩英,马立平.京津冀产业结构变迁中的全要素生产率研究[J].数量经济技术经济研究,2019,36(06):62-7.

[183] 韩晶,刘远,张新闻.市场化、环境规制与中国经济绿色增长[J].经济社会体制比

较,2017(05):105-115.

[184] 胡珺,黄楠,沈洪涛.市场激励型环境规制可以推动企业技术创新吗?——基于中国碳排放权交易机制的自然实验[J].金融研究,2020(01):171-189.

[185] 侯燕飞,陈仲常.中国人口发展对资源消耗与环境污染影响的门槛效应研究[J].经济科学,2018(03):75-88.

[186] 李依,高达,卫平.中央环保督察能否诱发企业绿色创新?[J].科学学研究,2021,43(01):1-16.

[187] 李永友,沈坤荣.我国污染控制政策的减排效果——基于省际工业污染数据的实证分析[J].管理世界,2008(07):7-17.

[188] 李谷成.中国农业的绿色生产率革命:1978—2008年[J].经济学(季刊),2014,13(02):537-558.

[189] 李欣,杨朝远,曹建华.网络舆论有助于缓解雾霾污染吗?——兼论雾霾污染的空间溢出效应[J].经济学动态,2017(06):45-57.

[190] 李琳,刘琛.互联网、禀赋结构与长江经济带工业绿色全要素生产率——基于三大城市群108个城市的实证分析[J].华东经济管理,2018,32(07):5-11.

[191] 卢娟,李斌,彭洋.国际贸易对健康的影响研究进展[J].经济学动态,2019(09):127-141.

[192] 梁平汉,高楠.实际权力结构与地方政府行为:理论模型与实证研究[J].经济研究,2017,52(04):135-150.

[193] 刘金全,隋建利,闫超.金融危机下我国经济周期波动态势与经济政策取向[J].中国工业经济,2009(08):37-46.

[194] 刘备,董直庆.技术进步的能源偏向诱发"碳锁定效应"了吗[J].产经评论,2020,11(04):133-148.

[195] 刘红玫,陶全.大中型工业企业能源密度下降的动因探析[J].统计研究,2002(09):30-34.

[196] 刘瑞翔,安同良.资源环境约束下中国经济增长绩效变化趋势与因素分析——基于一种新型生产率指数构建与分解方法的研究[J].经济研究,2012,47(11):34-47.

[197] 陆旸.从开放宏观的视角看环境污染问题:一个综述[J].经济研究,2012,47(02):146-158.

[198] 陆旸.环境规制影响了污染密集型商品的贸易比较优势吗?[J].经济研究,2009,44(04):28-40.

[199] 李子豪,毛军.地方政府税收竞争、产业结构调整与中国区域绿色发展[J].财贸

经济,2018,39(12):142-157.

[200] 李胜兰,申晨,林沛娜.环境规制与地区经济增长效应分析——基于中国省际面板数据的实证检验[J].财经论丛,2014(06):88-96.

[201] 李江龙,徐斌."诅咒"还是"福音":资源丰裕程度如何影响中国绿色经济增长?[J].经济研究,2018,53(09):151-167.

[202] 李华杰,史丹,马丽梅.基于大数据方法的经济研究:前沿进展与研究综述[J].经济学家,2018(06):96-104.

[203] 李虹,邹庆.环境规制、资源禀赋与城市产业转型研究——基于资源型城市与非资源型城市的对比分析[J].经济研究,2018,53(11):182-198.

[204] 李光龙,范贤贤.财政支出、科技创新与经济高质量发展——基于长江经济带108个城市的实证检验[J].上海经济研究,2019(10):46-60.

[205] 李德山,张郑秋.环境规制对城市绿色全要素生产率的影响[J].北京理工大学学报(社会科学版),2020,22(04):39-48.

[206] 李瑞前,张劲松.不同类型环境规制对地方环境治理的异质性影响[J].商业研究,2020(07):36-45.

[207] 李青原,肖泽华.异质性环境规制工具与企业绿色创新激励——来自上市企业绿色专利的证据[J].经济研究,2020,55(09):192-208.

[208] 李光勤,洪梦.中国的OFDI与"一带一路"沿线国家绿色发展[J].重庆工商大学学报(社会科学版)2020,22(06):1-10.

[209] 林伯强,刘泓汛.对外贸易是否有利于提高能源环境效率——以中国工业行业为例[J].经济研究,2015,50(09):127-141.

[210] 林伯强,刘畅.中国能源补贴改革与有效能源补贴[J].中国社会科学,2016(10):52-71.

[211] 马本,张莉,郑新业.收入水平、污染密度与公众环境质量需求[J].世界经济,2017,40(09):147-171.

[212] 马勇,童昀,任洁,刘军.公众参与型环境规制的时空格局及驱动因子研究——以长江经济带为例[J].地理科学,2018,38(11):1799-1808.

[213] 宁金辉.公众环境诉求促进了企业创新吗[J].现代经济探讨,2020(04):75-83.

[214] 彭水军,包群.环境污染、内生增长与经济可持续发展[J].数量经济技术经济研究,2006(09):114-126.

[215] 彭水军,张文城,曹毅.贸易开放的结构效应是否加剧了中国的环境污染——基于地级城市动态面板数据的经验证据[J].国际贸易问题,2013(08):119-132.

[216] 彭国华.中国地区收入差距、全要素生产率及其收敛分析[J].经济研究,2005(09):19-29.

[217] 任胜钢,郑晶晶,刘东华,陈晓红.排污权交易机制是否提高了企业全要素生产率——来自中国上市公司的证据[J].中国工业经济,2019(05):5-23.

[218] 陶长琪,齐亚伟.中国省际全要素生产率的空间差异与变动趋势[J].科研管理,2012,33(11):32-39.

[219] 齐绍洲,林屾,崔静波.环境权益交易市场能否诱发绿色创新？——基于我国上市公司绿色专利数据的证据[J].经济研究,2018,53(12):129-143.

[220] 齐绍洲,张倩,王班班.新能源企业创新的市场化激励——基于风险投资和企业专利数据的研究[J].中国工业经济,2017(12):95-112.

[221] 屈文波,李淑玲.中国环境污染治理中的公众参与问题——基于动态空间面板模型的实证研究[J].北京理工大学学报(社会科学版),2020,22(06):1-10.

[222] 祁毓,卢洪友."环境贫困陷阱"发生机理与中国环境拐点[J].中国人口·资源与环境,2015,25(10):71-78.

[223] 祁毓,卢洪友.污染、健康与不平等——跨越"环境健康贫困"陷阱[J].管理世界,2015(09):32-51.

[224] 伍格致,游达明.环境规制对技术创新与绿色全要素生产率的影响机制:基于财政分权的调节作用[J].管理工程学报,2019,33(01):37-50.

[225] 吴磊,贾晓燕,吴超,彭甲超.异质型环境规制对中国绿色全要素生产率的影响[J].中国人口·资源与环境,2020,30(10):82-92.

[226] 王宇哲,赵静."用钱投票":公众环境关注度对不同产业资产价格的影响[J].管理世界,2018,34(09):46-57.

[227] 王班班,齐绍洲.市场型和命令型政策工具的节能减排技术创新效应——基于中国工业行业专利数据的实证[J].中国工业经济,2016(06):91-108.

[228] 王丹枫.产业升级、资本深化下的异质性要素分配[J].中国工业经济,2011(08):68-78.

[229] 王兵,王丽.环境约束下中国区域工业技术效率与生产率及其影响因素实证研究[J].南方经济,2010(11):3-19.

[230] 王兵,刘光天.节能减排约束下经济增长动力探究——基于BDDFM的实证研究[J].经济问题,2015(10):7-13.

[231] 王兵,吴延瑞,颜鹏飞.中国区域环境效率与环境全要素生产率增长[J].经济研究,2010,45(05):95-109.

[232] 王兵,吴延瑞,颜鹏飞.环境管制与全要素生产率增长:APEC 的实证研究[J].经济研究,2008(05):19-32.

[233] 王云,李延喜,马壮,宋金波.媒体关注、环境规制与企业环保投资[J].南开管理评论,2017,20(06):83-94.

[234] 王淑红,杨志海.农业劳动力老龄化对粮食绿色全要素生产率变动的影响研究[J].农业现代化研究,2020,41(03):396-406.

[235] 王林辉,杨博,董懿萱.技术进步偏向性的跨国传递效应——来自中美制造业的经验证据[J].东南大学学报(哲学社会科学版),2017,19(04):63-75.

[236] 王林辉,王辉,董直庆.经济增长和环境质量相容性政策条件——环境技术进步方向视角下的政策偏向效应检验[J].管理世界,2020,36(03):39-60.

[237] 王林辉,江雪萍,杨博.异质性 FDI 技术溢出和技术进步偏向性跨国传递:来自中美的经验证据[J].华东师范大学学报(哲学社会科学版),2019,51(02):136-151.

[238] 王金南,於方,曹东.中国绿色国民经济核算研究报告 2004[J].中国人口·资源与环境,2006(06):11-17.

[239] 王美,刘殿国.中国省域农业环境效率测算及收敛性分析——基于非期望产出的超效率 EBM 模型[J].数学的实践与认识,2020,50(09):20-27.

[240] 王晓祺,郝双光,张俊民.新《环保法》与企业绿色创新:"倒逼"抑或"挤出"?[J].中国人口·资源与环境,2020,30(07):107-117.

[241] 金乐琴,吴慧颖.中国碳排放的区域异质性及减排对策[J].经济与管理,2013,27(11):83-87.

[242] 隋建利,刘碧莹.中国旅游发展与宏观经济增长的非线性时变因果关系——基于非线性马尔科夫区制转移因果模型[J].经济管理,2017,39(08):24-41.

[243] 隋建利,蔡琪瑶.中国农业经济周期的路径演化识别——改革开放以来的实践与经验[J].中国农村经济,2016(09):30-43.

[244] 隋建利,刘碧莹,刘金全.中国工业经济增长与工业污染的内在关联机制测度[J].资源科学,2018,40(04):862-873.

[245] 隋建利,尚铎.中国金融市场风险状况甄别——结构转变点判断与阶段性变迁测度[J].国际金融研究,2018(09):76-86.

[246] 隋建利,张亿萍.农业经济周期与机械化进程的时变协同路径甄别[J].社会科学战线,2019(07):54-69.

[247] 史亚东,阮世珂.公众环境诉求影响因素及其作用机制——基于北京市网络问政平台数据[J].调研世界,2019(05):11-17.

[248] 史亚东.公众诉求与我国地方环境法规的实施效果[J].大连理工大学学报(社会科学版),2018,39(02):111-120.

[249] 申晨,贾妮莎,李炫榆.环境规制与工业绿色全要素生产率——基于命令—控制型与市场激励型规制工具的实证分析[J].研究与发展管理,2017,29(02):144-154.

[250] 师博,任保平.产业集聚会改进能源效率么?[J].中国经济问题,2019(01):27-39.

[251] 师博,沈坤荣.政府干预、经济集聚与能源效率[J].管理世界,2013(10):6-18.

[252] 邵帅,张可,豆建民.经济集聚的节能减排效应:理论与中国经验[J].管理世界,2019,35(01):36-60.

[253] 邵帅,杨莉莉.自然资源丰裕、资源产业依赖与中国区域经济增长[J].管理世界,2010(09):26-44.

[254] 邵帅,范美婷,杨莉莉.资源产业依赖如何影响经济发展效率?——有条件资源诅咒假说的检验及解释[J].管理世界,2013(02):32-63.

[255] 沈能.环境规制对区域技术创新影响的门槛效应[J].中国人口·资源与环境,2012,22(06):12-16.

[256] 史丹,汪崇金,姚学辉.环境问责与投诉对环境治理满意度的影响机制研究[J].中国人口·资源与环境,2020a,30(09):21-30.

[257] 史丹,李鹏,许明.产业结构转型升级与经济高质量发展[J].福建论坛(人文社会科学版),2020b(09):108-118.

[258] 史丹,陈素梅.公众关注度与政府治理污染投入:基于大数据的分析方法[J].当代财经,2019(03):3-13.

[259] 谌杨.论中国环境多元共治体系中的制衡逻辑[J].中国人口·资源与环境,2020,30(06):116-125.

[260] 盛丹,张国峰.两控区环境管制与企业全要素生产率增长[J].管理世界,2019,35(02):24-42.

[261] 侯燕飞,陈仲常.中国人口发展对资源消耗与环境污染影响的门槛效应研究[J].经济科学,2018(03):75-88.

[262] 胡鞍钢,郑京海,高宇宁,张宁,许海萍.考虑环境因素的省级技术效率排名(1999—2005)[J].经济学(季刊),2008(03):933-960.

[263] 韩超,张伟广,单双.规制治理、公众诉求与环境污染——基于地区间环境治理策略互动的经验分析[J].财贸经济,2016(09):144-161.

[264] 韩永辉,黄亮雄,王贤彬.产业结构优化升级改进生态效率了吗?[J].数量经济

技术经济研究,2016,33(04):40-59.

[265] 韩超,刘鑫颖,王海.规制官员激励与行为偏好——独立性缺失下环境规制失效新解[J].管理世界,2016(02):82-94.

[266] 魏下海.人力资本、空间溢出与省际全要素生产率增长——基于三种空间权重测度的实证检验[J].财经研究,2010,36(12):94-104.

[267] 涂正革.环境、资源与工业增长的协调性[J].经济研究,2008(02):93-105.

[268] 涂正革,邓辉,甘天琦.公众参与中国环境治理的逻辑:理论、实践和模式[J].华中师范大学学报(人文社会科学版),2018,57(03):49-61.

[269] 涂正革.公众参与环境治理的理论逻辑与实践模式[J].国家治理,2018(48):34-48.

[270] 涂正革,刘磊珂.考虑能源、环境因素的中国工业效率评价——基于SBM模型的省级数据分析[J].经济评论,2011(02):55-65.

[271] 温忠麟,张雷,侯杰泰,刘红云.中介效应检验程序及其应用[J].心理学报,2004(05):614-620.

[272] 徐刚,王维国,潘祺志.中国工业化进程中各产业能源需求的实证研究[J].科研管理,2009,30(06):107-112.

[273] 徐圆.源于社会压力的非正式性环境规制是否约束了中国的工业污染?[J].财贸研究,2014,25(02):7-15.

[274] 谢贤君,王晓芳,陈龙.政府财政权力下放与农村减贫效应再检验——基于生产性支出结构和效率二重视角[J].现代财经(天津财经大学学报),2020,40(05):99-113.

[275] 解瑶姝,刘金全.中国通货膨胀动态特征及其政策启示[J].南开经济研究,2017(05):3-19.

[276] 岳立,杨玉春."一带一路"沿线国家绿色全要素能源效率的时空分异研究——基于超效率DEA模型和GML指数法[J].经济问题探索,2019(06):111-119.

[277] 余泳泽,杨晓章,张少辉.中国经济由高速增长向高质量发展的时空转换特征研究[J].数量经济技术经济研究,2019,36(06):3-21.

[278] 叶琴,曾刚,戴劭勍,王丰龙.不同环境规制工具对中国节能减排技术创新的影响——基于285个地级市面板数据[J].中国人口·资源与环境,2018,28(02):115-122.

[279] 易信,刘凤良.金融发展、技术创新与产业结构转型——多部门内生增长理论分析框架[J].管理世界,2015(10):24-39.

[280] 杨福霞,徐江川,杨冕,史岩.能源价格波动、诱导性技术进步与中国环境全要素生产率[J].中国管理科学,2018,26(11):31-41.

[281] 杨晓辉,游达明.考虑消费者环保意识与政府补贴的企业绿色技术创新决策研究[J].中国管理科学,2021,43(01):1-12.

[282] 杨思涵,佟孟华,张晓艳.环境污染、公众健康需求与经济发展——基于调节效应和门槛效应的分析[J].浙江社会科学,2020(12):4-15.

[283] 杨丹辉,李红莉.基于损害和成本的环境污染损失核算——以山东省为例[J].中国工业经济,2010(07):125-135.

[284] 杨健燕.公众诉求提升政府环境治理绩效的制度改进[J].中州学刊,2015(10):83-87.

[285] 杨振兵,邵帅,杨莉莉.中国绿色工业变革的最优路径选择——基于技术进步要素偏向视角的经验考察[J].经济学动态,2016(01):76-89.

[286] 杨志江,朱桂龙.技术创新、环境规制与能源效率——基于中国省际面板数据的实证检验[J].研究与发展管理,2017,29(04):23-32.

[287] 游达明,杨金辉.公众参与下政府环境规制与企业生态技术创新行为的演化博弈分析[J].科技管理研究,2017,37(12):1-8.

[288] 于文超,高楠,龚强.公众诉求、官员激励与地区环境治理[J].浙江社会科学,2014(05):23-35.

[289] 曾刚,陆琳忆,何金廖.生态创新对资源型城市产业结构与工业绿色效率的影响[J].资源科学,2021,43(01):94-103.

[290] 张宏翔,王铭槿.公众环保诉求的溢出效应——基于省际环境规制互动的视角[J].统计研究,2020,37(10):29-38.

[291] 张文彬,张理芃,张可云.中国环境规制强度省际竞争形态及其演变——基于两区制空间Durbin固定效应模型的分析[J].管理世界,2010(12):34-44.

[292] 朱金凤,薛惠锋.公司特征与自愿性环境信息披露关系的实证研究——来自沪市A股制造业上市公司的经验数据[J].预测,2008(05):58-63.

[293] 张翼,卢现祥.公众参与治理与中国二氧化碳减排行动——基于省级面板数据的经验分析[J].中国人口科学,2011(03):64-72.

[294] 郑思齐,万广华,孙伟增,罗党论.公众诉求与城市环境治理[J].管理世界,2013(06):72-84.

[295] 钟茂初,李梦洁,杜威剑.环境规制能否倒逼产业结构调整——基于中国省际面板数据的实证检验[J].中国人口·资源与环境,2015,25(08):107-115.

[296] 占佳,李秀香.环境规制工具对技术创新的差异化影响[J].广东财经大学学报,2015,30(06):16-26.

[297] 赵龙凯,陆子昱,王致远.众里寻"股"千百度——股票收益率与百度搜索量关系的实证探究[J].金融研究,2013(04):183-195.

[298] 朱颖,赵颖博,邓淑莲,李奇璘.公众诉求与地方财政透明度——基于中国省级面板数据的经验分析[J].财经研究,2018,44(11):90-105.

[299] 周五七,朱亚男.金融发展对绿色全要素生产率增长的影响研究——以长江经济带11省(市)为例[J].宏观质量研究,2018,6(03):74-89.

[300] 张华,丰超,时如义.绿色发展:政府与公众力量[J].山西财经大学学报,2017,39(11):15-28.

[301] 张同斌,刘俸奇.贸易开放度与经济增长动力——基于产能利用和资本深化途径的再检验[J].国际贸易问题,2018(01):20-31.

[302] 张军.资本形成、工业化与经济增长:中国的转轨特征[J].经济研究,2002(06):3-13.

[303] 张军,吴桂英,张吉鹏.中国省际物质资本存量估算:1952—2000[J].经济研究,2004(10):35-44.

[304] 张志辉.中国区域能源效率演变及其影响因素[J].数量经济技术经济研究,2015,32(08):73-88.

[305] 张梅,陈春伟,李冰茹.新媒体监督、环境规制与企业绿色发展理念——基于中国重污染行业的实证分析[J].重庆理工大学学报(社会科学),2019,33(09):62-70.

[306] 张晓.中国水污染趋势与治理制度[J].中国软科学,2014(10):11-24.

[307] 张济建,于连超,毕茜,潘俊.媒体监督、环境规制与企业绿色投资[J].上海财经大学学报,2016,18(05):91-103.

后　记

当我执笔写此篇,意味着本书即将付梓成稿。此书蕴含着我对非正式环境规制下工业环境绩效问题的思考,承载着我从经济学小白到逐渐独立开展研究的学术理想,见证着我从华东师范大学博士生到南京邮电大学教师身份的转变,是我第一本学术专著,也是对我前期科研工作的总结。

当前,中国正处于转型发展的关键期,生态环境治理的任务艰巨,无论是从环境治理的边际成本还是治理的范围与难度来看,结构转型与环境治理面临严峻的挑战。2020年3月,中共中央办公厅、国务院办公厅印发《关于构建现代环境治理体系的指导意见》,强调要坚持多方共治的基本原则,明晰政府、企业、公众等各类主体权责,畅通参与渠道,形成全社会共同推进环境治理的良好格局。环境规制是推动环境治理实现可持续发展的重要手段,针对环境规制效果的评估日益成为学术界的热点,目前也形成了一系列具有重要参考价值的研究成果。考虑到公众成为推动中国环境保护的重要力量,由此启发我从非正式环境规制的视角,探讨公众环境诉求在工业绿色发展中的作用。

本书的完成和最终出版离不开师长的指导、亲友的关怀以及朋友的鼓励,对此表示最诚挚的感谢!感谢我的两位博士生导师董直庆教授和王林辉教授,你们不但教会了我在学习与科研中的知识与技能,而且在生活与职业规划方面给予我帮助与指引;感谢我的硕士生导师杨向阳教授,是您带我步入经济学的大门,让我有机会领略到经济学的魅力。各位老师严谨的治学态度、深厚的专业素养以及崇高的人格魅力值得我一直学习。感谢我师门的同仁,赵景博士、杨博博士、王辉博士、赵星博士、胡晟明博士、谭玉松博士、曹章露博士、赵贺博士等,怀念与大家一起学术研讨的时光,也感谢大家对我学术论文的指导与帮助。感谢我的室友刘峻峰博士,感谢你伴随着我科研与生活的1460个日日夜夜。

感谢我的父母及亲人,感谢你们一如既往的支持、关心与爱护,让我有足够的选择权与自由度,坚定了我的科研道路,感谢南京大学出版社及王日俊老师对本书的辛苦校对与编辑,感谢江苏省社会科学基金的资助。

刘　备

南京邮电大学图科楼

2023年7月